MENSCHEN ÜBERZEUGEN, DIE RECHT HABEN WOLLEN

MARIE-THERES BRAUN

MENSCHEN ÜBERZEUGEN

DIE RECHT HABEN WOLLEN

28 KOOPERATIVE TECHNIKEN

Campus Verlag
Frankfurt/New York

MIX
Papier | Fördert gute Waldnutzung
FSC® C089473
www.fsc.org

ISBN 978-3-593-51757-5 Print
ISBN 978-3-593-45476-4 E-Book (PDF)
ISBN 978-3-593-45477-1 E-Book (EPUB)

Umschlaggestaltung: *zeichenpool, München
Umschlagmotiv: © shutterstock, abeadev
Satz: DeinSatz Marburg UG | tn
Druck und Bindung: Beltz Grafische Betriebe GmbH, Bad Langensalza
Beltz Grafische Betriebe ist ein klimaneutrales Unternehmen (ID 15985-2104-1001).
Printed in Germany

Campus Verlag® / www.campus.de

INHALT

TEIL 1

28 KOOPERATIVE TECHNIKEN

TEIL 2

DIE ÜBERZEUGENDE PERSÖNLICHKEIT

TEIL 3

ONLINE-KOMMUNIKATION UND IHRE BESONDEREN HERAUSFORDERUNGEN

WOZU DISKUTIEREN WIR EIGENTLICH?

»Mein Chef ist cholerisch. Wie schaffe ich es, mit so einem zu reden?« Es vergeht kaum ein Tag, an dem ich nicht im Rahmen eines Trainings oder Vortrags damit konfrontiert werde, dass jemand im näheren Umfeld entweder narzisstische, toxische Züge hätte oder anderweitig wahnsinnig, mindestens aber wahnsinnig schwierig im Umgang sei. Wenn ich davon ausgehe, wie häufig meine Beratungen sich um dieses Thema drehen, könnte ich mittlerweile annehmen, dass die überwiegende Mehrheit der Menschen, die nicht meine Beratung suchen, unter einer massiven Persönlichkeitsstörung leidet. Als wäre jedes vernünftige Gespräch mit ihnen unmöglich und für unsere Alltagskommunikation Hopfen und Malz verloren.

Die gute Nachricht zuerst: Dem ist nicht so. Die andere gute Nachricht gleich nachgeschoben: Selbst mit den schwierigsten Menschen lässt sich in den meisten Fällen – nicht in allen, aber in den meisten – eben doch reden. In der Regel lohnt sich die Diskussion.

Doch wie kommt der Eindruck zustande, dass wir alle von geradezu unmöglichen Menschen umzingelt sind? Und wie kommen wir mit diesen Leuten klar, die uns das Leben schwer machen und denen wir im Alltag oft nun mal nicht entfliehen können? Es gibt viele Situationen, in denen verschiedene Meinungen aufeinandertreffen und wir versuchen, andere für unseren Standpunkt zu öffnen: Wenn wir Kollegen von unseren Ideen überzeugen wollen, Kundinnen von unseren Produkten, die Vorgesetzte von einer Gehaltserhöhung, den Partner von unserer Abendgestaltung, wenn wir miteinander Verträge schließen oder in Teams zusammenarbeiten. Und manchmal wird es dabei schwierig, nämlich dann, wenn sich einer der Diskussionspartner verschließt, die andere Seite nicht hören will, oder wenn es auf einmal um Grundsätzliches geht. Ging es vorher nur um eine Gehaltserhöhung, die nicht bewilligt wurde, geht es wenig später auf einmal um die kapitalistische Führungskraft, die sowieso nur in ihre eigene Tasche wirtschaftet. Aus einer harmlosen Diskussion wird schnell ein Streit zwischen zwei Lagern, die sich mit steigender Vehemenz voneinander abgrenzen: die »egoistischen Kapitalisten« und die »linksgrünen Idealisten«, die »alten weißen Cis-Männer«, die ihre Privilegien nicht hinterfragen, und die »unzufriedenen Feministinnen«, die in allem einen Angriff sehen, die »Macher« und die »Jammerer«, »die da oben« und »wir hier unten«, die »Sprachpolizei« und die »Rassisten«, die »Covidioten« und die »Schlafschafe«. Überall lauern sie, die schwierigen Themen, die uns das Diskutieren schwer machen.

Solche Diskussionen sind anstrengend und vor allem hochemotional. Wie gelingt es, auch beim größten Sturkopf nicht an die Decke zu gehen? Und wie schaffen wir es, andere für unsere Sichtweise zu öffnen – sei es unser Produkt, das nächste Urlaubsziel oder eine politische Einstellung? Gerade wenn Sie es mit festgefahrenen Ansichten zu tun haben, kommen Sie mit einer »harten Kante« nicht weiter. Ihr Gegenüber wird sich dann erst recht gegen Ihre Sicht der Dinge wehren. Mit kooperativen Techniken ist es dagegen möglich, Diskussionen zu entschärfen und selbst schwierige Menschen zu »knacken«. Ein plumpes »Ich versteh dich, aber …« ist dabei wenig hilfreich und entspricht oft nicht der Wahrheit, denn: Verstehen Sie den Kollegen, der an Ihrer Kompetenz zweifelt, wirklich?

Deshalb lernen Sie 28 rhetorische Techniken kennen, mit denen ein gemeinsames Gespräch trotz hochstrittiger Themen gelingt und mit denen Sie die Argumente und Wertvorstellungen des Gegenübers geschickt aufnehmen, um sie anschließend in die eigene Argumentation einzubinden. Anhand von Alltagsgeschichten sowie faszinierenden Geschichten aus Forschung und Öffentlichkeit werden verborgene Strukturen hinter Diskussionen aufgedeckt und die rhetorischen Techniken dahinter offengelegt. Schritt-für-Schritt-Techniken und Praxistipps ermöglichen sogar konfliktscheuen Menschen mehr Durchsetzungsvermögen und Überzeugungskraft.

Dabei geht es nicht darum, anderen mit schlagfertigen Sprüchen zu zeigen, wo der Frosch die Locken hat, sondern darum, ein zugewandtes Gespräch zu führen und andere für den eigenen Standpunkt zu gewinnen, ohne verbrannte Erde zu hinterlassen. Denn Sie wollen auch morgen noch mit Ihren Kollegen und Geschäftspartnerinnen zusammenarbeiten. Überzeugungskraft muss weder laut noch schlagfertig sein. Sie hat viele Facetten. Kluge Gesprächstechniken helfen, diese zu entdecken, sich nicht mehr machtlos anderen gegenüber zu fühlen und für die eigenen Ideen einzustehen.

Der erste Teil des Buchs ist mit seinen 28 kooperativen Techniken wie die Chronologie eines Gesprächs zu verstehen. Er beginnt damit, die Sichtweise des anderen zu verstehen und herauszufinden, was hinter seinen Argumenten wirklich steckt. Das baut gleichzeitig eine positive Beziehungsbasis auf, die die Chance auf einen respektvollen Austausch und den eigenen Einfluss erhöht. Erst danach beginnt die eigene Argumentation, die die Sichtweise des anderen einbindet. Die Werte des anderen erhalten dabei besondere Beachtung. Zusätzlich erhalten Sie anschließend wichtige Hinweise, wie Sie Ihren Standpunkt und Ihre Argumente im besten Licht erscheinen lassen. Sobald Sie Ihre Sichtweise preisgeben, bekommen Sie es womöglich mit Unverständnis und Angriffen zu tun. Wie Sie diese souverän abwehren und zu einem positiven Gespräch zurückfinden, erfahren Sie im Kapitel *Sich selbst behaupten.* Diese Chronologie ist gleichzeitig auch eine Abbildung verschiedener Eskalationsstufen: Mit Zuhören und Verständnis begonnen, geht es gegen Ende auch darum, dem anderen glasklar zu verstehen zu geben, wo er aus Ihrer Sicht falschliegt, seine Argumente zu entkräften, und darum, Angriffe zu parieren und die Augenhöhe zu wahren.

Um das zeigen zu können, werden auch hochsensible Themen und extreme Beispiele besprochen. Denn von Extremen können wir lernen. Alles, was bei explosiven Themen funktioniert, funktioniert in harmloseren Alltagsdiskussionen erst recht. In keinem dieser Beispiele sollen Sie als Leserinnen und Leser inhaltlich von etwas überzeugt werden. Es geht in diesem Buch um das Reden über Inhalte, nicht um die Inhalte selbst. Deshalb baue ich als Autorin auf Ihr Abstraktionsvermögen, sobald es in manchem Beispiel um Werte geht, die Ihnen persönlich am Herzen liegen.

Im zweiten Teil des Buchs geht es um Sie als überzeugende Persönlichkeit: Wie können Sie Ihre Stimme, Körpersprache und Wortwahl so einsetzen, dass Sie als Person glaubwürdig wirken und Ihr Gegenüber Ihren Inhalten Bedeutung beimisst? Gleichzeitig tragen die Tipps dazu bei, emotionale Gespräche zu deeskalieren.

Dieser Punkt spielt auch bei der Online-Kommunikation eine große Rolle. Hier eskalieren Diskussionen in den Kommentarspalten besonders schnell. Warum das so ist, wie Sie damit umgehen und weshalb dennoch eine große Chance in der Online-Kommunikation steckt, lesen Sie in Teil 3.

Die Wahrheit liegt nicht in der Mitte

Mein Bruder hat am 29. Februar Geburtstag, alle vier Jahre. Wenn es den nicht gibt, weil gerade kein Schaltjahr ist, sagen die einen: »Man muss am 28. Februar gratulieren, denn er hat am letzten Tag des Februars Geburtstag und einen Tag vor dem 1. März.« Die anderen sagen: »Nein, er hat am Tag nach dem 28. Februar Geburtstag, und man sollte nie zu früh gratulieren, also muss man am 1. März gratulieren.« Beide Seiten haben Recht. Es ergibt keinen Sinn, sich weiter darum zu streiten, wer mehr Recht hat. Genauso wenig ergibt es Sinn, einen Kompromiss zu schließen, der in der Mitte um 0 Uhr liegt. Eine Entscheidung muss her. Wenn Sie sich mit Ihrem Partner darüber unterhalten, wo Sie Abendessen gehen wollen – er schlägt ein Restaurant am anderen Ende der Stadt vor, Sie eins am gegenüberliegenden Ende der Stadt –, einigen Sie sich hoffentlich nicht in der Mitte und gehen am dreckigen Hauptbahnhof essen – mitten in einer Baustelle, wenn man wie ich in Stuttgart wohnt. Mit der Mitarbeiterin, die ständig unpünktlich kommt, einigt sich die Führungskraft hoffentlich auch nicht darauf, in Zukunft »ein bisschen pünktlich« zu sein. Und doch glauben viele, dass es das Ziel einer jeden Auseinandersetzung sei, die »vernünftige Mitte« zu finden. Das ist nicht der Fall, vor allem nicht dann, wenn einer von beiden auf dem Holzweg ist.

Wir brauchen die Fähigkeit, miteinander zu diskutieren und auf gemeinsame Lösungen zu kommen, die sinnvoll sind. Eine Möglichkeit, das zu erreichen und Konflikte zu lösen, ist zu verhandeln.[1] Wir befinden uns immer dann in einer Verhandlung, wenn zwei Menschen unterschiedlicher Meinung sind und sich einigen wollen – von der Honorarverhandlung bis zur Urlaubsplanung. Das Ergebnis kann der eigene Standpunkt sein, aber auch der des anderen oder eine ganz andere Lösung, die alle Wünsche berücksichtigt. Je überzeugender Sie sich behaupten, desto näher liegt das Ergebnis an Ihrem Standpunkt. Wir brauchen für Konflikte also sowohl Verhandlungs- als auch Überzeugungskompetenzen. Ziel ist es, keinen Rückzieher zu machen oder falsche Kompromisse zu schließen, sondern die beste Lösung zu finden, indem Sie auch Ihren Standpunkt überzeugend einbringen.

Manchmal ist aber auch keine Einigung notwendig. Das ist dann der Fall, wenn beide Varianten richtig und möglich sind. Die einen feiern am 28.2., die anderen am 1.3. Zwei unterschiedliche Ansätze dürfen nebeneinander existieren. Das ist nach dem US-amerikanischen Philosophen John Rawls der »Reasonable Pluralism«, ein vernünftiger Pluralismus. Er geht davon aus, dass Menschen – selbst wenn sie sich gründlich und logisch Gedanken machen – zu unterschiedlichen Schlüssen kommen können und dass es möglich ist, diese nebeneinander bestehen zu lassen, wenn keine gemeinsame Lösung notwendig ist. Es ist in Ordnung, dass unterschiedliche Religionen, unterschiedliche Beziehungs- und Familienkonzepte und Weltanschauungen nebeneinander existieren, solange sie sich gegenseitig nicht beeinträchtigen und niemandem schaden. Dies im Hinterkopf zu haben, schützt uns vor wilden Anschuldigungen, wenn jemand anderer Meinung ist.

Sich mit der Haltung aus der Affäre zu ziehen, dass wir uns nicht einigen müssen, und somit jeglicher Diskussion aus dem Weg zu gehen, wäre die einfachste Lösung. Schließlich sind Diskussionen anstrengend, und für unseren Seelenfrieden wäre es heilsamer, sich von den größten Sturköpfen fernzuhalten. In diese Kerbe schlagen viele, die einem einen Rat geben wollen: »Grenze dich ab von schwierigen Menschen«, »Verabschiede dich von Energievampiren«, »Umgib dich mit Gleichgesinnten!«, »So wird dir die Meinung anderer komplett egal. Mach dein Ding!«. Diese Ratschläge sind so lange zielführend, wie sie nicht als Abgrenzung gegen alles, was unserer Meinung nicht entspricht, missverstanden werden. Was passiert, wenn wir uns vorschnell von Menschen abgrenzen, die anders denken als wir? Wenn wir nur noch mit Menschen sprechen, die hochsensibel kommunizieren und die gleichen

Werte vertreten wie wir? Wir verlieren Kritikfähigkeit, Gesprächskompetenzen, merken nicht, wenn wir in die falsche Richtung laufen, verlieren Beziehungen und: die Chance, doch noch zu überzeugen.

Wer keine Gesprächskompetenzen hat und wichtige Verhandlungen zum Beispiel aus Trotz abbricht (»So nicht!«), verliert die Chance auf gewinnbringende Geschäftsbeziehungen. Wer sich über seine Kollegen echauffiert: »Die verstehen einfach nicht, wie spitzenmäßig meine Ideen sind, dann eben nicht!«, der wird keine Durchsetzungsfähigkeit entwickeln. Ich bin Trainerin für Rhetorik und Verhandlung. Hier geht es genau darum, andere zu bewegen und nicht sofort aufzugeben, wenn jemand keine positive Energie versprüht oder Nein sagt. Ein Nein ist erst der Beginn einer Diskussion. Dann ist die Frage: Wie können wir jemanden hin zu einem anderen Standpunkt bewegen und die andere Person doch noch für unsere Perspektive begeistern? Das funktioniert, indem wir die Inhalte so verpacken, dass sie ihre bestmögliche Wirkung entfalten.

Es geht nicht darum, wer Recht hat

Wenn wir mit anderen diskutieren, die in wichtigen Angelegenheiten anderer Meinung sind, stellen wir sie schnell unter den »DKB-Verdacht«: Der andere muss dumm, krank oder böse sein. »Da muss man sich mal informieren!«, »Das ist doch nicht normal?!« Oder: »Das macht der nur, weil …« Zusätzlich tendieren wir dazu, unseren eigenen Standpunkt grundsätzlich als objektiver, vernünftiger und logischer zu bewerten.[2]

Das führt zu Überheblichkeiten, Frust und Wut. Sich sicher zu sein, Recht zu haben, und gleichzeitig kaum eine Chance zu sehen, an die andere Person heranzukommen, und eine Ohnmacht zu verspüren, ist eine explosive Mischung. Natürlich kann es sein, dass Sie tatsächlich Recht haben. In diesem Buch wird nicht die Auffassung vertreten: »Jeder hat Recht, alles ist eine Frage der Perspektive.« Das gilt nicht ausnahmslos, und es gibt Menschen, die näher an den Fakten liegen als andere. Doch für die Gesprächsführung spielt es keine Rolle, ob Sie Recht haben oder nicht. Die Gesprächstechniken sind die gleichen.

Wenn Sie jemanden überzeugen wollen, ist etwas notwendig, an dem viele scheitern, nämlich eine Entscheidung zu treffen: Möchten Sie überzeugen oder möchten Sie der anderen Person beweisen, was für ein Trottel sie ist? Beides zusammen funktioniert nicht. Tun Sie Letzteres, wird sich kaum jemand bedanken: »Vielen Dank, dass Sie mich als Trottel hinstellen, dann will ich mal überlegen, ob Sie vielleicht Recht haben.« Angriff provoziert Gegenangriff oder Verteidigung.

Deshalb gilt im berühmten Harvard-Verhandlungskonzept der Grundsatz: »Hart in der Sache, weich in der Art« (»Fortiter in re, suaviter in modo«). Denn Menschen sind Ihnen oft nicht deshalb böse, weil Sie die Dinge anders sehen, sondern weil Sie ihnen ihre Sicht der Dinge absprechen. Feingefühl und eine kooperative Haltung sind unabdingbar, wenn Sie andere für Ihre Perspektive gewinnen wollen. Gerade dann, wenn Sie es mit einem sturen Esel zu tun bekommen.

Falsche Vorbilder

Eigentlich wissen wir, dass Angriff Gegenangriff oder Verteidigung provoziert, und dennoch gehen wir auf Konfrontationskurs, auf der Suche nach dem besten Spruch, mit dem wir den anderen endlich mundtot machen. Warum tun wir das genaue Gegenteil von dem, was hilfreich wäre? Zum einen, weil unsere Wut uns einen Strich durch die Rechnung macht. Und zum anderen, weil wir falsche Vorbilder haben. Wir sehen Online- und TV-Diskussionen, in denen andere in die Ecke gedrängt werden und lautstark gegen die gegnerische Partei wettern. Die Zuschauer klatschen Applaus: »Endlich sagt es mal einer!«

Der grundlegende Unterschied zu unseren Alltagsdiskussionen ist allerdings, dass es in solchen Sendungen nicht darum geht, das Gegenüber zu überzeugen. Wenn Christian Lindner bei Markus Lanz zu Gast ist, versucht er nicht, Sahra Wagenknecht zu überzeugen, sondern das Publikum[3]. Es ist eine Drittüberzeugung. Hier kann man härter mit dem Gegenüber ins Gericht gehen, da Sahra Wagenknecht am Ende der Talkshow nicht sagen wird: »Christian, du hattest Recht.« Diejenigen, die überzeugt werden sollen, werden dagegen in Watte gepackt. Die Bürgerinnen und Bürger haben mit allem Recht, was sie sagen. Kaum ein Politiker würde zu einer unentschlossenen Wählerin gehen und ihr entgegnen, wie dämlich sie ist, dass sie immer noch nicht verstanden hat, weshalb seine Partei die richtige ist. Er wird immer eine gewisse Form von Verständnis walten lassen, um sie für sich zu gewinnen.

Private und berufliche Diskussionen mit Menschen, die wir überzeugen wollen, funktionieren nach gänzlich anderen Regeln als öffentliche Talkshows oder Debatten, in denen es darum geht, das Gegenüber möglichst dumm aus der Wäsche gucken zu lassen.

Der sture Esel

Manchmal scheitern wir trotz bester Argumente. Sektenanhänger geben ihren Glauben selbst dann nicht auf, wenn der prophezeite Weltuntergang nicht stattgefunden hat. Dabei müsste er der beste Beweis dafür sein, dass alles, an was sie geglaubt haben, Quatsch war. Doch das Gegenteil tritt ein: Sie glauben stärker als je zuvor, vor allem dann, wenn sie für ihren Glauben viel aufgegeben haben: ihre Jobs gekündigt, sich von ihren Familienmitgliedern abgewendet und andere versucht haben zu missionieren. Wie dumm würden sie jetzt dastehen, wenn das alles falsch sein soll? Es kann nicht sein, was nicht sein darf. Wenn der Tag kommt, an dem die Welt nicht untergeht, suchen sie sich deshalb eine andere Erklärung: Dass die Welt weiter besteht, ist nicht der Beweis, dass alles Quatsch ist, sondern das ist sogar der Beweis dafür, dass alles wahr ist. Ihr Glaube hat dazu geführt, dass die Welt nicht untergegangen ist. Sie sind jetzt überzeugter als je zuvor. Etwas Ähnliches findet beim Einnehmen von Hausmitteln statt, an die wir unbedingt glauben wollen. Selbst wenn sie einmal tatsächlich nicht gewirkt haben sollten, glauben manche dennoch an ihre Wirkung. Wenn sich das Krankheitsbild verschlechtert, ist die Erklärung: Das ist die berühmte Erstverschlimmerung: »Es muss ja erst einmal alles aus dem Körper raus.« Wurde es besser, ist das ebenfalls ein Zeichen dafür, dass es wirkt. Egal, was passiert – ob besser oder schlechter –, es ist ein Zeichen für die Wirkung.

Wir malen uns die Welt, wie sie uns gefällt, damit wir in unserer Meinung konsistent bleiben können, das heißt, dass wir heute das Gleiche sagen wie gestern. Wir tun mehr dafür, unsere Meinung beizubehalten, als sie zu verändern.[4] Der Psychologe Theodore Newcomb beschreibt das Streben nach Konsistenz sogar als zentralen Motivator unseres Handelns.[5] Es sorgt zum einen dafür, dass wir nach außen nicht wie ein Fähnchen im Wind, sondern standhaft wirken wollen. Wer sich einmal gegen eine bestimmte Firmensoftware ausgesprochen hat, kann sich am nächsten Tag nicht einfach so umentscheiden. Wie steht er dann da? Und wer sich ein Leben lang für eine bestimmte Partei eingesetzt hat, kann jetzt nicht so einfach zugeben, dass er falschlag. Je nach Persönlichkeit und Tiefe der Überzeugung wird das als Gesichtsverlust erlebt. Dabei ist es natürlich vollkommen in Ordnung, seine Meinung zu ändern. Wissen und Rahmenbedingungen ändern sich. Und ich hoffe, auch Sie denken heute über bestimmte Dinge anders als noch vor vier Jahren und entwickeln sich weiter. Doch viele empfinden das als unangenehm. Sie kennen vermutlich den Spruch »Ich bleibe mir selbst treu«. Wenn er meint, nach den eigenen positiven Werten zu leben, ist das wunderbar. Meint er allerdings, seine eigene Haltung zu Themen niemals zu verändern, ist er Ausdruck eines Konsistenzstrebens und macht uns stur.

Um unsere Meinung beizubehalten, schenken wir unbewusst eher der Information Glauben, die bestätigt, was wir sowieso schon denken. Wer sich einmal eine Meinung über ein bestimmtes Produkt oder eine Ernährungsweise gebildet hat, der hält im Online-Informationsdschungel eher die Information für glaubwürdig, die das bestätigt. Wer sich ein teures neues Auto gekauft hat, kann den neuen kritischen Artikel über dessen mangelnde Motorleistung in der *Auto Bild* jetzt nicht gebrauchen: »Der Auto-Enthusiast Jean-Pierre Krämer hat ein neues YouTube-Video über dieses Modell veröffentlicht und ist begeistert. Er ist kompetenter als jeder Redakteur. Was weiß die *Auto Bild* schon?«

Wir werden teilweise sogar blind für Informationen, die gegen unseren Standpunkt sprechen. Der US-amerikanische Kognitionswissenschaftler Steven Pinker beschreibt mehrere Untersuchungen, in denen Teilnehmende mit tiefen Überzeugungen dazu tendieren, seriös erhobenes Datenmaterial vollkommen fehlzuinterpretieren, nämlich dann, wenn die Daten ihren Überzeugungen nicht entsprechen. Das passiert sogar dann, wenn sie selbst statistisch versiert sind. In einem Magnetresonanztomografen konnte dieses Phänomen sogar neurologisch nachgewiesen werden.[6] Bei den Probanden mit tiefen politischen Überzeugungen, die mit unangenehmen Aspekten ihrer Überzeugungen konfrontiert wurden, waren Teile des präfrontalen Kortex, der für bewusstes Denken zuständig sind, inaktiv. Wenn jemand unseren Überzeugungen widerspricht, werden wir also ignorant. Je tiefer die Überzeugung, desto ignoranter.

Im Großen und Ganzen wollen wir also lieber Recht haben, als vom Gegenteil überzeugt zu werden. Deshalb ist die Chance, andere vom Gegenteil zu überzeugen, am größten, wenn Sie ihnen in so vielen Punkten wie möglich Recht geben und diese geschickt in die eigene Argumentation mit einbinden. Damit bauen Sie eine Brücke zwischen zwei Standpunkten, die vorher komplett gegensätzlich schienen.

Die Techniken in diesem Buch sind nicht als reine Anleitung zu verstehen: »Wenn Person A (X) sagt, muss Person B (Y) sagen.« Mit mechanischen Techniken ohne Erklärung kommen Sie in der Kommunikation nicht weiter, denn Ihr Gegenüber spürt, ob Sie etwas wirklich so meinen oder es ausschließlich lenken wollen. Zudem sagt Person A meistens nicht (X), sondern etwas ganz anderes. Deshalb erhalten Sie zu jeder Technik Erklärungen. Alle Techniken sollen in Summe ein Verständnis dafür schaffen, wie Kommunikation funktioniert, und die Freiheit ermöglichen, aus alten hinderlichen Mustern auszubrechen. So werden Sie kompetent für Ihre ganz eigene individuelle schwierige Gesprächssituation.

Wenn Sie einmal nicht weiterwissen und sich auf ein nächstes schwieriges Gespräch vorbereiten, sollen die Techniken in diesem Buch ein Verständnis dafür schaffen, woran es gelegen haben könnte, und gleichzeitig soll das Buch als Nachschlagewerk dienen, um zu prüfen, was Sie bereits probiert haben und was Sie noch tun können. Mit den vorgestellten Techniken haben Sie mehr in petto als Angriff oder Rückzug und können für sich aus der Summe an Möglichkeiten die passende auswählen oder verschiedene Möglichkeiten kombinieren. Nur so findet auch Ihr wichtiger Standpunkt Gehör, und Sie erreichen mehr als einen schlechten Kompromiss.

28 KOOPERATIVE TECHNIKEN

»Wer als Werkzeug nur einen Hammer hat, sieht in jedem Problem einen Nagel.«[1] Um der Vielfalt an Themen, Persönlichkeiten und Situationen in Diskussionen gerecht zu werden, brauchen wir mehr als nur eine Reaktionsmöglichkeit. Dennoch haben die meisten ihr eigenes persönliches Muster, dem sie immer wieder folgen. Die einen neigen zum Beispiel dazu, mit sehr großem Verständnis zu reagieren, sodass sie beinahe ihren eigenen Standpunkt aus den Augen verlieren. Andere sind zu konfrontativ. Wer mit seinem favorisierten Diskussionsmuster nicht weiterkommt, ist machtlos. Die folgenden 28 Gesprächstechniken erweitern Ihren Handlungsspielraum und eröffnen neue Chancen, Ihr Gegenüber zu erreichen. Denn so haben Sie gleich mehrere kooperative Techniken zur Verfügung, aus denen Sie die passende wählen können.

Dabei bedeutet »kooperativ« nicht, dass Sie nicht klar Ihre Meinung sagen würden. Es bedeutet lediglich, dass Sie das Ziel haben, miteinander im Gespräch zu bleiben und im besten Falle eine gemeinsame Lösung zu finden. Eine Konfrontation und glasklarer Stellungsbezug ist Teil davon.

NUR WER VERSTANDEN HAT, KANN ÜBERZEUGEN

Einer der größten Fehler in Diskussionen ist es zu glauben, bereits zu wissen, was das Gegenüber sagen will, und deshalb sofort die eigene Argumentation abzuspulen. Machen Sie es anders und nutzen Sie stattdessen die Chance, inhaltliche Nuancen herauszuhören und herauszufinden, was Ihr Gegenüber wirklich glaubt. So können Sie Ihre folgende Argumentation darauf abstimmen. Gleichzeitig tragen Sie zu einer positiven Gesprächsatmosphäre bei. In dieser ersten Phase lösen sich so die ersten Missverständnisse in Wohlgefallen auf, und nicht selten erreichen Sie schon erste Zugeständnisse.

Wie leicht Konflikte entstehen

Aus manch harmloser Unterhaltung wird nach kürzester Zeit ein Konflikt.[2] Kollege Meinhardt hält die Idee seiner Kollegin Müller für Murks und argumentiert: »Frau Müller, unter den aktuellen Budgetvoraussetzungen ist das nicht machbar, wir brauchen eine kostengünstige Lösung.« – »Auf lange Sicht wird uns diese Lösung Kosten sparen, weil …« – »Allerdings müssen wir *jetzt* Kosten sparen und können nicht auf das Prinzip Hoffnung setzen. Und wir haben aktuell leider keine Ressourcen für eine Umsetzung dieser Größenordnung.« – »Doch, wir können unsere Produktionsabteilung dafür einsetzen, und für Unterstützung wenden die sich an externe Experten.« – »Auf Kosten unseres Budgets. Das ist leider kein Vorschlag, den wir aktuell umsetzen können.«– »Dann machen Sie doch einen besseren Vorschlag, mal sehen, ob wir mit ›Hauptsache, billig‹ weiterkommen.«

Ob es um eine interne Projektbesprechung, ein Kundengespräch oder eine private Diskussion mit der Partnerin geht – viele Meinungsverschiedenheiten verlaufen emotional und verstärken die jeweilige Position sogar noch. Durch Rede und Gegenrede nimmt die übliche »Ja, aber«-Diskussion einen immer negativeren Verlauf. Jedes Argument mehr macht eine Verständigung schwieriger und den Konflikt größer. Denn je mehr Argumente die Diskutierenden nennen, desto größer und unüberwindbarer wird die Mauer, die zwischen ihnen steht.

Argumente können Mauern bauen

Mit jedem Argument reden sich die Beteiligten stärker in ihren eigenen Meinungsgraben hinein. Denn mit jedem weiteren Argument wird der sogenannte Konsistenzeffekt verstärkt: das Streben danach, die eigene Meinung beizubehalten. Mit jedem Argument mehr wird es also unwahrscheinlicher und unangenehmer, die eigene Meinung zu verlassen. Hinzu kommt: Je mehr Sie den Eindruck erwecken, das Gegenüber unbedingt zu etwas bewegen zu wollen, desto höher die Wahrscheinlichkeit, dass es in eine Abwehrhaltung verfällt, ähnlich einer Trotzreaktion: Jetzt erst recht![3] War Ihr Gegenüber sich zu Beginn des Gesprächs vielleicht gar nicht so sicher, ob seine Idee wirklich besser ist, ist es Ihr Gegenüber spätestens, nachdem Sie, ohne zu überlegen, vehement dagegen argumentiert haben.

Widerspricht jemand sofort und erweckt dabei den Eindruck, als hätte er sich keinerlei Gedanken darüber gemacht, was die andere Person sagt, provoziert das Unzufriedenheit, Gegenwehr und Verschlossenheit. Denn wie kann sich jemand eine Meinung erlauben, ohne sich die andere Seite angehört zu haben?

Die Recherchebrille aufsetzen

Es gibt etwas, das Sie tun können, damit eine Argumente-Mauer erst gar nicht entsteht: Stellen Sie Fragen. Was banal klingt, ist eines der kraftvollsten Werkzeuge der Überzeugung, die es gibt. Durch Fragen nehmen Sie keinen Gegenstandpunkt ein, und Ihr Gegenüber kann das Bedürfnis ablegen, seinen Standpunkt verteidigen zu wollen, es ist offener. Sie zeigen damit, dass Sie sich für Ihr Gegenüber interessieren. Das ist gut, denn Menschen wollen nicht überzeugt werden, Menschen wollen nach ihrer Meinung gefragt werden. Selbst wenn später das Ergebnis einer Verhandlung oder Besprechung nicht zu ihren Gunsten ausfällt, sind Menschen mit den Ergebnissen zufriedener, wenn sie vorher ihre Version der Geschichte erzählen durften.[4] Durch Nachfragen und Zuhören steigt auch die Wahrscheinlichkeit, dass Ihr Gegenüber Ihnen zuhört. Denn wer Respekt erfährt, ist auch eher bereit, Respekt zu erweisen. Das ist das urmenschliche Prinzip der Reziprozität: Wer etwas Positives erhält, ist motiviert, Positives zurückzugeben.[5] Und wenn Sie neugierig nachfragen und Interesse zeigen, darf Ihr Gegenüber Experte seines eigenen Standpunkts bleiben und ist eher bereit, die Grenzen des eigenen Wissens zuzugeben.

Durch die Antworten Ihres Gegenübers erfahren Sie außerdem, worum es Ihrem Gesprächspartner wirklich geht. Das Fragen baut zu Beginn eine Beziehungs- und Wissensbasis auf. Auf dieser Grundlage ist es danach möglich, inhaltlich zielgerichteter und wirkungsvoller zu argumentieren.

Trotz all dieser Vorteile stellen die wenigsten Fragen. Sobald uns ein Thema besonders am Herzen liegt und wir schon glauben zu wissen, was unser Gegenüber meint, sind wir schnell mit einem »Aber« am Start. Unser natürlicher Antwortreflex ist so groß, dass wir immer wieder in das Muster »Argument – Gegenargument« verfallen.

Um es zu durchbrechen, legen Sie den Gedanken ab, überzeugen zu wollen. Er hemmt uns, gut miteinander zu reden, und er führt zu schneller Frustration, sobald Ihr erstes Argument nicht zum Erfolg führt, was es selten tut. Lösen Sie sich von dem Druck, überzeugen zu wollen, und ersetzen Sie ihn durch das Ziel, verstehen zu wollen. Gehen Sie wie ein Journalist vor, setzen Sie eine Recherchebrille auf und versuchen Sie in Erfahrung zu bringen, was genau Ihr Gegenüber meint und wie es darauf kommt. Geben Sie ihm dabei zu verstehen, dass es Ihnen wichtig ist, zu erfassen, was es meint, und dass Sie den Willen haben, ihn richtig zu verstehen.

Um zu verstehen, worum es Ihrem Gesprächspartner wirklich geht, können Sie verschiedene Techniken anwenden, die ich Ihnen in diesem Kapitel vorstelle. Gleichzeitig entkommen Sie der Endlosschleife der üblichen Argumente, die seine Selbstreflexion verhindern. Es ist möglich, dass Sie allein durch diese erste Recherche in Ihrem Gegenüber Zweifel aufkommen lassen.

1. TECHNIK
Konkretisierende Fragen – Irrtümer aufklären

Liegt Ihnen in einer beginnenden Diskussion das »Aber« bereits auf der Zunge, verkneifen Sie es sich – selbst wenn der Vorschlag eindeutig schlecht ist. Helfen Sie Ihrem Gegenüber, das selbst zu erkennen. Wir alle sind manchmal fest überzeugt von etwas, bis jemand genau nachfragt. Das nennt man auch den »Effekt der ungelesenen Bibliothek«. Er beschreibt, dass wir glauben, über ein bestimmtes, vermeintliches Wissen zu verfügen. Wird dieses Wissen allerdings abgefragt, merken wir: Eigentlich haben wir gar keine Ahnung. In einer Studie wurden Probanden mit extremen politischen Einstellungen gebeten, das Parteiprogramm ihrer favorisierten Partei möglichst detailliert zu erklären. Dieses schwierige Unterfangen, das kaum gelang, führte dazu, dass ihre politische Einstellung danach weniger extrem war. Wurden die Personen allerdings nach ihrer persönlichen Motivation gefragt und sie sollten Gründe dafür aufzählen, weshalb sie ihre politische Meinung vertreten, trat dieser Effekt nicht auf, denn Unwissen fliegt so nicht auf. Lediglich bei der mechanischen Beschreibung, wie etwas funktioniert, war es möglich, dass sie ihre Wissenslücken selbst erkannten.[6]

Nutzen Sie dies in Diskussion: Stellen Sie konkretisierende Fragen zu den Details der Idee Ihres Gegenübers und fragen Sie nach, wie es darauf gekommen ist. Das funktioniert zum einen über die typischen W-Fragen: Was? Wer? Wie? Wo? Wann? Zum Beispiel: Wie sieht die Idee genau aus? Wie funktioniert die Umsetzung? Wer setzt das um? Wie viel Zeit benötigt das? Wo wird das durchgeführt? Wo hast du davon gelesen? Wie bist du darauf gekommen? Manche Menschen ärgern sich darüber, wenn sie an dieser Stelle ihre Wissenslücken bemerken und keine Argumente haben. Achten Sie deshalb darauf, dass Sie neugierig interessiert nachfragen, ohne vorwurfsvollen Stimmklang und ohne den Eindruck zu erwecken, vom Gegenteil überzeugen zu wollen.

Fällt Ihnen das neugierige Fragen schwer, da Sie bereits Gegenargumente im Kopf haben, die Sie kaum zurückhalten können, nutzen Sie diese: Verwandeln Sie sie in Fragen. Statt zu argumentieren: »Dafür haben wir kein Budget«, fragen Sie: »Wie viel Budget brauchen wir dafür?« und »Haben wir das?«. Anstatt zu argumentieren: »Dafür haben wir keine Ressourcen«, fragen Sie: »Welche Ressourcen brauchen wir dafür?« und »Haben wir diese?«. Statt zu argumentieren: »Dafür haben wir keine Zeit«, fragen Sie: »Wie viel Zeit brauchen wir dafür?« und »Haben wir die?«.

Dadurch kann Ihr Gegenüber selbst erkennen, wo Schwachstellen liegen. Je mehr Sie die andere Person als Expertin ihrer eigenen Vorstellungen betrachten, desto eher ist sie bereit, die Grenzen des eigenen Wissens zuzugeben: »Das müsste man nochmal prüfen, das müssen wir nochmal genauer durchdenken.«

Es gibt ein gemeines Sprichwort des amerikanischen Schriftstellers Josh Billings: »Die beste Methode, einen Narren von seinem Irrtum zu überzeugen, besteht darin, ihn seine Dummheiten ausführen zu lassen.« Jemanden als Narren anzusehen, bringt Sie zwar nicht weiter, doch der springende Punkt sind die konkretisierenden Fragen. Sie bringen Ihr Gegenüber nicht nur selbst zum Zweifeln. Manchmal merken Sie dadurch auch, wenn Sie einmal selbst falschliegen. Es geht nun nicht mehr darum, wer Recht hat, sondern darum, welche die beste Lösung ist.

KONKRETISIERENDE FRAGEN

Stellen Sie konkrete Nachfragen, um mehr über den gegenteiligen Standpunkt zu erfahren und Ihr Gegenüber gleichzeitig in eine Selbstreflexion zu bringen.

Stellen Sie W-Fragen, etwa: Wie funktioniert das genau? Wo hat das schon einmal funktioniert – kannst du dafür Beispiele nennen? Wer wird daran beteiligt sein? Was brauchen wir dafür?

Formulieren Sie Ihre Gegenargumente in Fragen um. Statt zu sagen: »Dafür haben wir kein Budget«, fragen Sie: »Wie viel Budget brauchen wir dafür? Haben wir das?«

2. TECHNIK

Argumente prüfen – worum geht es Ihrem Gegenüber wirklich?

Die Abteilungsleiterin lehnt eine Gehaltserhöhung ab mit den Worten: »Tut mir leid, ich kann Ihnen leider nicht mehr geben, wir haben kein Budget, da können wir nichts machen.« – »Die Kollegin Meyer hat letzte Woche auch noch eine Erhöhung bekommen, und ich habe viel für das Unternehmen getan, indem ich folgenden Mehrwert geliefert habe …« – »Das mag alles sein, nur leider sind mir die Hände gebunden.«

Ein typisches Gehaltsgespräch, in dem sich die Führungsperson auf eine Rahmenbedingung beruft, die sie selbst nicht ändern kann. Ende der Diskussion. Mit seiner Gegenargumentation ließ sich der Mitarbeiter auf ein genanntes Argument ein – das fehlende Budget –, ohne zu wissen, ob dies wirklich der wahre Beweggrund für das Nein ist. Eigentlich ahnte er sogar, dass das fehlende Budget nicht der echte Grund ist, weil die Kollegin letzte Woche ja auch eine Gehaltserhöhung bekommen hatte.

In Diskussionen passiert es sehr häufig, dass wir die Argumente des anderen annehmen und dagegen argumentieren, obwohl der wahre Grund ein ganz anderer ist. Manchmal merken wir das nicht. Lassen Sie sich nicht auf eine Diskussion ein, bevor Sie nicht die echten Beweggründe Ihres Gegenübers kennen. Denn sonst reden Sie aneinander vorbei und kommen nicht weiter. Prüfen Sie deshalb zunächst das Argument, indem Sie es durch eine hypothetische Frage ausschließen: Was wäre, wenn es das Argument nicht gäbe oder Sie eine Lösung dafür finden? Nach dem Muster: »Angenommen, wir finden eine Lösung für diesen Punkt – wären Sie ansonsten einverstanden?« Die Antwort Ihres Gegenübers offenbart Ihnen, ob doch etwas anderes dahintersteckt oder nicht. Sie finden heraus, worum es geht, um auf dieser Basis weiterzusprechen.

In der Gehaltsverhandlung kann der Mitarbeiter so prüfen: »Angenommen, Sie hätten mehr Budget zur Verfügung – würden Sie dann einer Gehaltserhöhung zustimmen?« Vielleicht antwortet die Abteilungsleiterin: »Ja, aber wir haben nun mal nicht mehr Budget zur Verfügung.« Wunderbar. Denn damit sagt sie gleichzeitig, dass sie mit Ihrer Leistung ansonsten zufrieden ist. Darauf kann sich der Mitarbeiter beziehen und gemeinsam hinsichtlich des Budgets nach einer Lösung suchen: »Das freut mich, dass Sie meine Leistungen sehen, vielleicht können wir gemeinsam bei der Geschäftsführung etwas bewirken.« Oder er vereinbart eine zeitnahe Gehaltserhöhung, sobald wieder Budget zur Verfügung steht. Vielleicht aber gibt sie auf die hypothetische Frage ihre wahren Beweggründe für die Ablehnung preis: »Nein, so ganz war ich in der letzten Zeit nicht von Ihrer Arbeit überzeugt, Sie waren im Homeoffice des Öfteren nicht erreichbar, und ich habe mich schon darüber gewundert, weshalb das Projekt Bornheimer so lange gebraucht hat.« Mit dieser Antwort weiß der Mitarbeiter, worum es wirklich geht, und kann versuchen, die Zweifel auszuräumen.

Lassen Sie sich auf keine Diskussion ein, bevor Sie nicht wissen, worum es geht. Und bringen Sie Ihr Gegenüber gleichzeitig zum Nachdenken. Auch wenn es um heikle Themen geht, die Emotionen entfachen, wie zum Beispiel das Gendern. Jemand sagt: »So ein Quatsch, das ist nur eine schreiende Minderheit, die uns etwas aufzwingen will!« Sein Argument ist »die schreiende Minderheit«. Sie dürfe der »schweigenden Mehrheit« nicht einfach etwas aufzwingen. Auch hier können Sie das Argument prüfen, indem Sie es hypothetisch ausklammern: »Was wäre, wenn sich die Mehrheit dafür aussprechen würde – würden Sie es denn dann anders sehen?« Sagt er dann: »Nein, dieses feministische Gequatsche von der Benachteiligung geht mir generell auf den Senkel«, dann wissen Sie, worum es ihm wirklich geht, und können sich darauf beziehen. Das letzte Beispiel zeigt, wie sehr die wahren Beweggründe voneinander abweichen können:

»Die Masken bringen doch überhaupt nichts. Falschinformationen der Medien. Ich habe gelesen, dass …« Je stärker Ihre Abneigung gegen das Gesagte ist, desto stärker die Emotion und desto höher der Antwortreflex. Wenn Sie der Versuchung widerstehen, klingt ein Prüfen des Arguments so: »Angenommen, die Masken wären hilfreich – würden Sie es dann anders sehen?« Mögliche Antworten sind: »Ja, aber sie helfen nun mal nicht.« Oder: »Nein, denn das Virus ist nicht gefährlich.« Oder: »Nein, denn dann würde mein Laden trotzdem pleitegehen. Niemand hat Lust, hier mit Maske einkaufen zu gehen und so vor dem Spiegel Kleidung anzuprobieren.«

Drei völlig verschiedene Antworten, die Sie nicht bekommen, wenn Sie nicht fragen. Missverständnisse sind nicht die Ausnahme, Missverständnisse sind die Regel. Erst wenn Sie beim wahren Beweggrund für einen Widerspruch angekommen sind, haben Sie die Chance, das Gegenüber mit geeigneten Argumenten zu überzeugen. Denn sie zielen nun auf das echte Motiv ab.

ARGUMENTE PRÜFEN

Prüfen Sie, noch bevor Sie ein Gegenargument vorbringen, worum es der anderen Person wirklich geht. Das tun Sie, indem Sie ihre Argumente ausklammern, etwa:

- »Angenommen, wir finden für [Argument X] eine Lösung – würden Sie dann anders darüber denken?«

3. TECHNIK

Emotional Labeling – mit Worten umarmen

Eine Filmredakteurin stellt ihrem Vorgesetzten ihr Filmkonzept für eine Pitch-Präsentation vor, die er nicht nur inhaltlich kritisiert. Die Stimmung kippt während des Gesprächs. Beide sitzen in seinem Büro am Schreibtisch und gehen die Seiten der Präsentation durch. Bereits ab dem ersten Chart ist ihr Vorgesetzter angespannt und hat viele Kritikpunkte. Alle Vorschläge der Redakteurin schmettert er ab. Auf Nachfragen, was genau falsch ist, reagiert er gereizt. Und als die Redakteurin wissen möchte, ob es gerade wirklich nur um die Präsentation gehe, ist er noch gereizter: »Ja, sag ich doch, du musst da einfach nochmal drübergehen!«

Situationen wie diese gibt es öfter: Sie merken, eine unangenehme Spannung macht sich breit, aber Ihr Gegenüber rückt nicht mit der Sprache heraus. Sie fragen sich, was der echte Beweggrund für seine schlechte Stimmung ist.

Egal, ob kleine oder große Emotionen, ignorieren Sie sie nicht. Binden Sie sie stattdessen ein, denn sie verhelfen Ihnen sogar zu einem gelungenen Gesprächsverlauf. Emotionen verraten nämlich, worum es wirklich geht, und sie können auch Spannungen auflösen. In Geiselverhandlungen werden Emotionen eingebunden, um ein tiefes Verständnis für den anderen zu signalisieren und eine Verbindung zum unter Anspannung stehenden Geiselnehmer aufzubauen. Das funktioniert durch »Emotional Labeling«[7], auch »Affect Labeling« genannt. Das bedeutet nichts anderes als das Ansprechen von Emotionen. Erkennen und benennen Sie sie: »Sie wirken verzweifelt«, »Sie klingen wütend«, »Du wirkst verletzt«, »Sie scheinen noch unsicher zu sein«. Alternativ schließen Sie direkt eine Frage an: »Sie wirken zweifelnd – was ist es, worüber Sie noch nachdenken?« Damit zeigen Sie ein tiefes Verständnis für die andere Person. Es stellt Rapport her und ebnet die Basis für einen weiteren positiven Gesprächsverlauf. Deshalb wird auch diese Technik vom FBI in Verhandlungen mit Geiselnehmern angewandt. Der ehemalige FBI-Ermittler und -Verhandler Gary Noesner beschreibt sie als eines seiner wichtigsten Tools.[8]

Das gezielte Ansprechen von Emotionen kann diese zwar erst einmal verstärken. Befindet sich Ihr Gegenüber in einer Notlage und fühlt sich dadurch verstanden, können auch schon mal Tränen fließen. Eine Wirkung wie eine Umarmung: Man kann sich zusammenreißen, bis einen jemand in den Arm nimmt. Dann entlädt sich die Anspannung. Danach aber klingt sie schnell wieder ab.[9] Auch Wut verschafft sich Luft: »Ja, ich bin auch wütend! Dieses Projekt liegt seit Monaten auf dem Tisch, wir besprechen uns jede Woche, und niemand tut etwas außer mir!« Der Grund für die Wut kommt zum Vorschein. Emotionen sind wie ein prall gefüllter Luftballon. Hat man erst einmal Luft abgelassen, sind die Emotionen auch schnell verpufft, und das Gespräch kann danach ruhiger und zielgerichtet weitergehen. Die Wahrscheinlichkeit, dass beim Ansprechen der Emotionen die Wahrheit ans Licht kommt, ist hoch. Denn wir können schlechter lügen, wenn es um Emotionen geht, als wenn es um die reinen Fakten geht.[10]

Im Gespräch mit ihrem Vorgesetzten interpretierte die Redakteurin seine Emotionen: »Du wirkst gestresst. Ich habe gerade den Eindruck, dass meine Ideen und all das, was in dieser Präsentation steht, falsch ist und du genervt davon bist.« Er atmete tief durch und sagte: »Ich bin auch gestresst. Heute ist so viel los, und ich muss gleich noch den Quartalsabschluss bis morgen fertig machen. Entschuldige bitte.« Sie besprachen in geklärter Atmosphäre nur noch die wichtigsten beiden Punkte. Die anderen besprach die Redakteurin direkt mit dem Kameramann, sodass ihr Chef an diesem Tag damit keine Arbeit mehr hatte.

Wenn ein Verkaufsgespräch zum Stocken kommt, weil sich die Kundin gerade noch einmal genau das Produkt anschaut, oder wenn jemand während einer Verhandlung sehr ernst wirkt, bringt ein »Sie wirken noch zweifelnd – was ist es, worüber Sie nachdenken?« das Gespräch auf einer ehrlichen Beziehungsebene wieder in Gang. Er kann seine Beweggründe erklären. Wenn Sie von Ihrem Gegenüber hören, woran es zweifelt, können Sie Ihre anschließenden Argumente daran anpassen.

Manchmal haben Emotionen nichts mit dem aktuellen Kontext zu tun. Und manchmal doch. Gerade dann ist es gut zu wissen, wo der wahre Knackpunkt sitzt. Emotional Labeling eignet sich immer dann, wenn der emotionale Elefant im Raum steht. Indem Sie ihn ansprechen, sorgen Sie dafür, dass Emotionen abklingen und zudem bisher verborgene Gründe für die Emotion ans Licht kommen.

Fakt-Emotions-Verknüpfung – bringen Sie die Wahrheit ans Licht

Dass Menschen bei der Interpretation von Gefühlen ehrlicher sind als bei Fakten, können Sie nutzen, wenn Sie den Eindruck haben, dass bestimmte Fakten noch nicht auf dem Tisch liegen oder bestimmte Aussagen nicht ganz der Wahrheit entsprechen. Hat Ihr Partner wirklich kein Problem damit, dass Sie heute Abend länger unterwegs sind – oder sagt er das nur? Und ist es wirklich kein Problem für Ihren Lieferanten, die vereinbarte Lieferzeit einzuhalten, obwohl er so zögerlich antwortet?

Wenn Sie dies wissen möchten, nutzen Sie eine besondere Form des Emotional Labelings und verknüpfen Sie den fragwürdigen Fakt mit der Emotion, die Sie beobachten: »Du sagst zwar, dass es dir nichts ausmacht, wenn ich morgen länger wegbleibe, wirkst aber bedrückt.« Die Wahrscheinlichkeit steigt, dass Sie nun die Wahrheit erfahren: »Ja, weil wir schon so lange keinen Abend mehr zusammen verbracht haben.« Bleibt

Ihr Partner dabei und sagt dennoch nicht, was ihn bedrückt: »Nein, nein, es ist alles okay«, steigen mit dem Ansprechen der Emotionen die Nervositätsanzeichen, sodass diese für Sie leichter erkennbar sind.

Wollen Sie in einer Verhandlung sichergehen, dass der Lieferant seine Zusage auch guten Gewissens gibt, sprechen Sie ihn auf seine emotionale Regung an: »Sie sagen zwar, dass Sie bis Ende des Jahres liefern können, wirken aber zurückhaltend.« Er kann die Vermutung nun auflösen: »Ja, ich mache mir noch Gedanken um unsere Ressourcen. Ich sollte es noch mit unseren Subunternehmern absprechen, bevor ich Ihnen das zusichere.« Gibt er seine Zweifel aber nicht zu, dann werden seine Nervositätsanzeichen beim Lügen über die eigene Emotion umso sichtbarer – wenn etwas dahintersteckt.

Haben Sie keine Bedenken, dass Sie Emotionen falsch interpretieren könnten. Ihr Gegenüber stellt diese im Zweifel richtig: »Nein, nein, ich denke nur bereits über die Umsetzung nach. Die Lieferzeit können wir einhalten. Wir hatten letztes Jahr ein ähnlich großes Liefervolumen.«

Mit der Fakt-Emotions-Verknüpfung provozieren Sie, dass Ihr Gegenüber die Wahrheit sagt. Tut es dies nach wie vor nicht, werden seine Nervositätsanzeichen nun deutlicher, sodass Sie diese leichter erkennen.

EMOTIONAL LABELING

Sprechen Sie Emotionen Ihres Gegenübers an. Dadurch verstärken Sie diese zunächst, bevor sie danach umso schneller abklingen:

- »Du wirkst wütend/verzweifelt/traurig.«

Die Fakt-Emotions-Verknüpfung ist eine Variante des Emotional Labelings. Haben Sie den Eindruck, dass Ihr Gegenüber in Bezug auf eine bestimmte Information nicht die Wahrheit sagt, verknüpfen Sie diesen Fakt mit seiner Emotion, etwa:

- »Sie sagen zwar, dass [...], doch Sie wirken [unsicher/zweifelnd/fast glücklich darüber, dass ...].«
- »Du sagst zwar, dass es dir nichts ausmacht, dass [...], doch du wirkst [wütend/traurig ...].«

4. TECHNIK

Paraphrasieren – der kontrollierte Dialog

In Trainings gebe ich oft die Aufgabe: »Der kontrollierte Dialog.« Er verhindert, dass Diskussionen eskalieren, und stellt gleichzeitig sicher, dass beide Parteien nicht aneinander vorbeireden. Dazu finden sich die Teilnehmenden in Paaren zusammen und sollen zunächst ohne weitere Anweisungen über ein Thema diskutieren, bei dem sie unterschiedlicher Meinung sind und Argumente austauschen. Sie sollen auf Handgreiflichkeiten verzichten, ansonsten gibt es keine weiteren Vorgaben. Nicht selten wird es trotz dessen, dass es sich nur um eine Übung handelt, laut im Raum.

In der zweiten Variante diskutieren sie noch einmal – mit einem Unterschied: Jeder muss das, was sein Gegenüber gesagt hat, paraphrasieren, also mit eigenen Worten wiedergeben. Erst wenn die andere Person zustimmt, dass diese Paraphrase richtig war, darf er sein eigenes Argument nennen. Das ist der kontrollierte Dialog.

Nach dieser zweiten Variante sind die Beteiligten meistens verblüfft über besonders einen Punkt: wie falsch die Zusammenfassungen und Interpretationen dessen, was die andere Person gesagt hat, waren. Beim Thema »Tempo 130 auf deutschen Autobahnen?« lautete zum Beispiel eine Zusammenfassung: »Du findest das Tempolimit also sinnlos und bist dafür, dass auf der Autobahn jeder so schnell fahren kann, wie er möchte.« – »Nein, das denke ich nicht, ich bin für eine Grenze bei 180 km/h, für alles andere müssen die Leute auf Rennstrecken ausweichen.«

Es ist erstaunlich, wie wenig und akkurat wir uns etwas merken können, wenn das Gesagte der eigenen Haltung widerspricht. Umso wichtiger, dies zu klären. Zusätzlich ist die Lautstärke bei Variante 2 weitaus geringer als bei Variante 1, bei der sich die Stimmung bereits einige Male so hochgeschaukelt hat, dass die Beteiligten anschließend mit zumindest halbroten Köpfen an ihren Tischen saßen.

Um korrekt paraphrasieren zu können, ist eine Voraussetzung notwendig: Ihr Gegenüber ausreden zu lassen und zuzuhören. Das tun wir oft nicht. Im Rahmen von Arzt-Patienten-Gesprächen wurde der Reflex zu unterbrechen untersucht: Ärzte unterbrachen 69 Prozent der Patienten zu Beginn des Gesprächs im Schnitt bereits nach 15 Sekunden. Würden sie die Patienten ausreden lassen, würden diese insgesamt durchschnittlich nur 64 Sekunden brauchen, um alles zu sagen, was sie sagen wollen.[11] Nicht nur Ärzte unterbrechen – unter anderem aus Zeitnot –, sondern auch wir unterbrechen uns gegenseitig ständig, vor allem dann, wenn unser Gegenüber völlig entgegengesetzter Meinung ist. Dann ist der Antwortreflex besonders stark. Das belastet die Beziehung, denn es wirkt nicht respektvoll. Verkneifen Sie sich, der anderen Person sofort in die Parade zu fahren, und lassen Sie sie ausreden. Ein urteilsfreies und aufmerksames Zuhören, »high quality listening« genannt, verringerte in Experimenten extreme Einstellungen. Denn es reduziert die Angst, vom Zuhörer abgelehnt zu werden, und hat den Vorteil, dass die sprechende Person selbst Unstimmigkeiten in ihrer eigenen Argumentation entdecken kann.[12] Im Anschluss ist es erst möglich, korrekt zu paraphrasieren. Dieses Paraphrasieren hat drei positive Folgen: Es reduziert Missverständnisse, es nimmt Spannungen, und es zeigt Respekt, denn Sie gehen nicht einfach über das Gesagte hinweg. In einer Studie bekamen Kellner, die die Bestellung ihrer Gäste wiederholten, sogar doppelt so viel Trinkgeld.[13] Sobald sich jemand gehört fühlt und merkt, Sie verstehen ihn, fühlt er sich wohler. Er weiß, er muss auch in Diskussionen seinen Standpunkt nicht immer und immer wiederholen. So stärkt es die Beziehung und sichert gleichzeitig ein gemeinsames Verständnis. Deshalb nutzt das FBI das aufmerksame Zuhören mit Paraphrasieren der Worte des anderen in Verhandlungen mit Geiselnehmern. In einer frühen Phase der Verhandlung angewandt, ist es ein entscheidender Faktor für die Lösung von verfahrenen Situationen und eine essenzielle Fähigkeit von Geiselverhandlern, um Beziehung herzustellen und Lösungen zu entwickeln.[14]

Paraphrasieren ist mehr als reines Nachplappern. Das Wort kommt aus dem Griechischen und bedeutet übersetzt sinngemäß »umschreiben«. Sie nutzen also Ihre eigenen Worte, um den Kern des Gesagten wiederzugeben. Die Kunst ist, auch das herauszuhören und wiederzugeben, was die andere Person nicht explizit gesagt, aber gemeint hat. Eine gute Anleitung dafür ist: Paraphrasiere so, dass die andere Person sich wünschte, sie hätte es selbst so treffend ausdrücken können.[15] Paraphrasieren Sie immer dann, wenn Sie Ihr Verständnis ausdrücken, Spannungen nehmen oder sicherstellen wollen, dass Sie vom Gleichen sprechen.

Merkt Ihre Kundin in einem Beratungsgespräch an: »Es ist doch alles wahnsinnig teuer und kompliziert geworden«, erkennen Sie ihr Bedürfnis dahinter und paraphrasieren Sie: »Das heißt also, Sie wünschen sich ein gutes Preis-Leistungs-Verhältnis und möchten, dass die Leistungsabwicklung für Sie nachvollziehbar ist.« Bemerkt jemand: »Heutzutage lässt man den Kindern auch wirklich alles durchgehen. Manche Kinder brauchen mal eine ordentliche Ansage statt ständiges Gequatsche ›auf Augenhöhe‹. Früher hat man sich von den Kindern nicht auf der Nase rumtanzen lassen!«, paraphrasieren Sie positiv: »Das heißt, Sie finden, dass Kinder heute verwöhnt werden und dass sie zu wenig Grenzen gesetzt bekommen, die sie dringend brauchen?«

Es ist eine große Herausforderung, den entgegengesetzten Standpunkt wohlwollend zu paraphrasieren. Doch ist genau das eine der Kernkompetenzen in einer Auseinandersetzung. Widerstehen Sie der Gefahr, Ihrem Gegenüber die negativste Unterstellung unterzuschieben, und unterstellen Sie in Ihrer Paraphrase stattdessen Positives. Es lohnt sich, denn so schaffen Sie eine gemeinsame Wissens- und Beziehungsbasis. Sobald sich Ihr Gegenüber verstanden fühlt, wird es auch emotional herunterfahren.

Die herausfordernde Paraphrase – Zugeständnisse provozieren

Möchten Sie mit der Paraphrase eher zum Ausdruck bringen, wie überzogen bestimmte Sichtweisen sind, schieben Sie eine leicht negative Interpretation ein. Manchmal führt das bereits zu Zugeständnissen.

Zwei Kollegen diskutieren über das Verhalten ihres Chefs, der eine Mitarbeiterin mehrmals sexuell belästigt haben soll. Nach einem Jahr fand sie einen neuen Job, meldete ihren ehemaligen Chef bei der Geschäftsführung und zeigte ihn an. Der Kollege Meyer bemerkt: »Na ja, wenn sie sich jetzt so beschwert und aufregt – sie hätte doch jederzeit das Unternehmen verlassen können, es steht jedem frei. Sie ist erwachsen.« Sein Kollege antwortet: »Das heißt, Sie finden sein Verhalten in Ordnung und die Verantwortung liegt allein bei der Angestellten, die entweder bleiben und sich das gefallen lassen soll oder gehen?« – »Nein, natürlich finde ich das Verhalten nicht in Ordnung, wenn das so stattgefunden hat. Ich denke nur, wenn nichts hilft, muss man Eigenverantwortung übernehmen.«

Eine Beraterin spricht mit ihrem Kollegen über den Grafiker. Er sei von der Geschäftsführung auf unzureichende Arbeitsergebnisse hingewiesen worden, doch er habe sich vehement gewehrt und der schlechten Kommunikation der Beratungsabteilung die Schuld gegeben. Aus seiner emotionalen Reaktion schließt die Beraterin: »Tja, da scheint sich jemand erwischt zu fühlen. Getroffene Hunde bellen eben.« Der Kollege paraphrasiert: »Bedeutet das für dich, dass Menschen, die sich wehren, grundsätzlich Unrecht haben?« – »Das nicht. Aber ich frage mich schon, warum er gleich so einen Ton anschlägt.«

Wo Paraphrasieren eher schadet als nützt

Bei allem positiven Nutzen birgt das Paraphrasieren auch Nachteile, denn es kann durch die Wiederholung den Standpunkt des anderen auch vertiefen. In zwei Fällen ist deshalb Vorsicht geboten.

Zum einen bei Drohungen: »Ja, spreche ich denn hier nur mit Vollidioten?! Wenn das so weitergeht, fliegt einer hier im Raum hochkant aus diesem Unternehmen!« Schlecht wäre nun die Paraphrase der Drohung: »Das heißt also, Sie werden einem von uns die Kündigung aussprechen, wenn das so weitergeht.« Das kann unter Umständen gut ausgehen, wenn das Gegenüber trotz Wut merkt, dass seine Reaktion überzogen ist. Möglich ist aber auch, dass die Wiederholung seine Drohung bekräftigt: »Darauf könnt ihr euch verlassen!« Deshalb ist in diesen Fällen ein »minimalisierendes Paraphrasieren« sinnvoller.[16] Es reduziert die Härte der Drohung und könnte in diesem Fall so lauten: »Das heißt also, wenn wir hier keine vernünftige Möglichkeit finden, miteinander zu reden, wird das Konsequenzen haben.« Damit nehmen Sie das Gegenüber in seiner Wut ernst, schwächen die Drohung aber ab. Konsequenzen bedeuten nicht automatisch Kündigung. Sie wird nicht im anschließenden Protokoll vermerkt sein.

Zum anderen sollten Sie in Verhandlungen darauf verzichten, die hohe Preisforderung Ihres Verhandlungspartners zu wiederholen. Sie vertiefen sonst seinen Preis-Anker, an dem sich alle weiteren Zahlen orientieren.[17]

Verzichten Sie also auf die Wiederholung: »Sie möchten also 2 800 Euro«, sondern setzen Sie sofort ein plausibles Gegenangebot: »Wir sind zu dem Ergebnis gekommen, dass 2 150 Euro angemessen sind, weil …« So geht es nicht mehr um die hohe Forderung des anderen, sondern auch um Ihren Standpunkt und Ihr Angebot. Damit verschieben Sie die Mitte einer eventuell folgenden Kompromisslösung zu Ihren Gunsten.

PARAPHRASIEREN

Wiederholen Sie wohlwollend in Ihren eigenen Worten, was die andere Person ausdrücken wollte. Mögliche Formulierungen sind:

- »Wenn ich Sie richtig verstehe, möchten Sie …«
- »Das bedeutet, Ihnen ist wichtig, dass …«
- »Das heißt, Sie sind der Meinung, dass …«
- »Für Sie ist also wichtig, dass …«

Die herausfordernde Paraphrase schiebt eine leicht negative Interpretation des Gesagten ein, etwa:

- »Das würde bedeuten, dass [negative Interpretation] …«
- »Du möchtest damit also sagen, dass [negative Interpretation] …«

Ausnahmen

Drohungen: Verzichten Sie auf die Wiederholung und schwächen Sie die Drohung durch »minimalisierendes Paraphrasieren« ab.
Preisverhandlung: Setzen Sie einem Preisangebot umgehend Ihr eigenes Angebot entgegen.

5. TECHNIK

Perspektivwechsel – Einsicht anstoßen

Manchmal fällt es schwer, das Denken und Handeln von anderen zu begreifen. In der Arbeitswelt erleben Führungskräfte immer wieder, dass sich Mitarbeitende nicht an Absprachen halten oder unpünktlich sind. Auch wenn sie diese darauf hinweisen, fruchtet das nicht immer. Manche Menschen sind sich der Konsequenzen ihres (Nicht-)Handelns nicht bewusst: »Ist doch nicht so schlimm. – Das wird schon.«

In Mitarbeitergesprächen mündet der Hinweis auf Unzuverlässigkeit häufig in Detailscharmützeln: »Da hatte ich Halsschmerzen«, »An dem Tag hatte eine Kollegin versprochen, dass sie sich darum kümmert, ich habe sie extra gefragt«, »Zu der Besprechung wurde ich doch gar nicht eingeladen«, »Wieso fragen Sie eigentlich nicht Müller, der kommt doch viel öfter zu spät«. Sie diskutieren sich an den Details entlang in eine Sackgasse.

Ein Teamleiter, den ich in meinen Trainings begleitet habe, hatte ständig solche Probleme mit einem seiner Mitarbeiter. Zunächst versuchte er, eine Veränderung des Verhaltens beim Mitarbeiter mit einer freundlichen, klaren Bitte vor versammelter Mannschaft herbeizuführen. Als der Mitarbeiter wieder einmal zu spät kam, sagte er: »Gut, dass Sie da sind, das Protokoll schreiben heute Sie.« Doch das sorgte nur für kurze Zeit für eine Besserung. Der Mitarbeiter schien die Konsequenzen seines Verhaltens zu unterschätzen. Er verstand nicht, was an seinem Zuspätkommen so schlimm sein sollte. Und ohne dieses Verständnis konnte er auch kaum zur Einsicht bewegt werden.

Und genau das ist der Kern vieler Meinungsverschiedenheiten: Es fällt schwer, sich in andere Menschen hineinzuversetzen und zu verstehen, warum sie etwas schlimm, richtig oder falsch finden und was sie zu ihrer Meinung bringt. Doch das ist wichtig. In Experimenten ließen Probanden ihre extremen Haltungen und Vorurteile los, sobald sie sich in andere hineinversetzten und deren Perspektive einnahmen.[18] Um jemanden besser zu verstehen, hilft es, sich selbst zu fragen: »Was kann ich an der anderen Seite verstehen?«, »Welche guten Gründe könnte die Person haben?«. Das nimmt sofort das emotionale Feuer und verhindert einen daraus resultierenden Ton von oben herab. Denn Sie verstehen besser, warum sich jemand so verhält, wie er sich verhält. Leider bedeutet dies aber noch nicht automatisch, dass die andere Person auch versucht, *Sie* zu verstehen. Tut sie das nicht, helfen bestimmte Fragen, andere zu einem Perspektivwechsel anzuregen. Der Teamleiter versuchte es mit einer Frage, wie wir sie bei Meinungsverschiedenheiten häufiger hören: »Was meinen Sie, wie es mir geht, wenn ich mich nicht auf Sie verlassen kann und Termine verlegen muss, sodass sie sich mit anderen Terminen überschneiden?« Doch auch damit hatte er keinen Erfolg. Warum?

Fragen ist gut – richtig fragen ist besser

Es lag an der Art der Fragestellung. Um ein Umdenken zu erreichen, ist entscheidend, *wie* Sie einen Perspektivwechsel formulieren. Die Forscher Dr. Esther Kang und Dr. Arun Lakshmanan prüften bei einer Versuchsreihe mit diagnostizierten Narzissten, wann diese zum Spenden bereit wären. Zunächst sollten sie sich die Lebensbedingungen syrischer Flüchtlinge vorstellen, wozu ihnen Fotos gezeigt wurden. Das erhöhte die Spendenbereitschaft jedoch nicht. Wurden sie aber dazu angehalten, sich selbst in die Situation der Flüchtlinge hineinzuversetzen, erhöhte das ihre Empathie und in Folge die Bereitschaft zu spenden[19] – ein egozentrischer Perspektivwechsel.

Die berühmte Frage »Was meinst du, wie ich mich fühle?« hilft also weniger. »Stell dir vor, du wärst in meiner Situation – wie würdest du reagieren?« ist dagegen wirkungsvoll. Die Methode funktioniert umso besser, je näher die vorgestellte Situation an der eigenen Lebenswelt ist. Deshalb gibt es zwei Möglichkeiten des Perspektivwechsels:

1. **In der Lebenswelt des Geschädigten:** Fordern Sie Ihr Gegenüber auf, sich in die Situation des Geschädigten hineinzuversetzen, und fragen Sie, wie es sich an dessen Stelle fühlen oder wie es reagieren würde.
2. **In der Lebenswelt des Gesprächspartners:** Erinnern Sie Ihr Gegenüber aktiv an eine Situation, in der es ihm ähnlich ging. Oder konstruieren Sie ein Beispiel aus seiner Lebenswelt.

Der Teamleiter entschied sich für Variante 1 und fragte: »Stellen Sie sich vor, Sie wären an meiner Stelle und leiten ein Team. Ein Mitarbeiter kommt immer wieder zu spät, hält sich nicht an bestimmte Regeln und lenkt auch nach mehreren Bitten nicht ein – was würden Sie an meiner Stelle tun?« Der Mitarbeiter wirkte danach überrumpelt und antwortete nach kurzem Nachdenken zögerlich: »Wahrscheinlich das Gleiche wie Sie.« – »Und was schlagen Sie nun vor, wie wir das Problem lösen?«, fragte der Teamleiter. Der Mitarbeiter wollte von nun an nur noch seine Teilnahme an solchen Meetings zusagen, an denen er auch wirklich teilnehmen und pünktlich erscheinen könnte. Die Zeit reiche einfach nicht für alle. Die beiden vereinbarten, dass er sich ab jetzt rechtzeitig meldet, wenn er nicht erscheinen kann. Daran hielt er sich.

Der Teamleiter nahm seinen Mitarbeiter mit in die Lösungsverantwortung. Denn der weiß selbst am besten, warum er so handelt – nämlich weil er keine Zeit hat für alle Meetings – und wie er die Situation verändern kann. Das wurde ihm aber erst klar, nachdem er nachfühlen konnte, warum sein Verhalten ein Problem ist. Der Perspektivwechsel dient in erster Linie dazu, ein Verständnis zu erreichen, um auf dieser Basis ohne Ärger lösungsorientiert weitersprechen zu können.

Darf die andere Person in ihrer eigenen Lebenswelt bleiben, wird der Perspektivwechsel noch drastischer: »Stellen Sie sich vor, Sie würden ein Meeting für Ihren wichtigen Kunden X einberufen, Sie haben sich extra Zeit genommen, und zwei der beiden zuständigen Kundenbetreuer tauchen erst 30 Minuten später zum Termin auf – wie würden Sie reagieren?«

Kann jemand nicht verstehen, dass Sie aktuell wegen Ihres vollen Terminplans nach Feierabend wenig Zeit haben, gemeinsam etwas zu unternehmen, erinnern Sie ihn an seine Zeit, in der er abends gleichzeitig ein Fernstudium gemacht hat: »Da hattest du wahrscheinlich auch manchmal Tage, an denen du für nichts anderes mehr einen Kopf hattest.«

Ich selbst nutze als Rhetoriktrainerin die Technik des Perspektivwechsels auch immer wieder. In einem Kommunikationstraining in einer Firma war die Stimmung zu Beginn schlecht. Schon während der Vorstellungsrunde hörte ich: »Wir sollen unsere Kommunikation verbessern, aber der, der es eigentlich braucht, ist leider nicht da!« Es herrschte ein regelrechter Brass auf die Chefetage. Also bat ich die Teilnehmenden, eine leere Seite in zwei Spalten aufzuteilen und links alle Punkte aufzuschreiben, die sie bei den Arbeitsabläufen in ihrem Job störten. Wie so oft entstand eine lange Liste. Danach bat ich darum, in der rechten Spalte Lösungsvorschläge für die genannten Punkte einzutragen. Das überraschte viele der Mitarbeiter, und diese Liste wurde viel kürzer. Bei näherer Betrachtung dieser Punkte wurde klar: Die genannten Lösungsvorschläge sind nicht so einfach umzusetzen. Für die Vorgesetzten ist es gar nicht so leicht, Prozesse zu organisieren, damit Mitarbeitende Überstunden abbauen können, Budgets einhalten, Termine koordinieren und so weiter. Ist ein erstes Verständnis durch einen Perspektivwechsel einmal hergestellt, fällt alles andere leichter.

Ein weiteres Beispiel für den Nutzen eines Perspektivwechsels: Ein Mitarbeiter aus der Grafikabteilung echauffierte sich über die Kollegen aus der Kundenberatung, die so oft alles besser wüssten und immer wieder mit neuen Änderungswünschen daherkämen: »Dabei haben die doch gar keine Ahnung von Design!« Die Kollegin aus der Beratungsabteilung fragte: »Wenn du in der Beratung sitzt und sowohl von Kundenseite als auch aus der Chefetage das Feedback bekommst, das ändern zu lassen – was würdest du tun?« – »Ich würde dann wahrscheinlich auch erst einmal zur Grafikabteilung kommen, aber nicht mit einer Anweisung, sondern mit Nachfragen.« Die beiden einigten sich darauf, dass die Beratungsabteilung in Zukunft, bevor sie Änderungen zusagt, mit der Grafikabteilung spricht.

Ein Perspektivwechsel öffnet die Tür für das Verständnis anderer Positionen. Er schafft damit eine Basis, um Konflikte zu deeskalieren und Probleme in der Kommunikation zu lösen.

PERSPEKTIVWECHSEL

Fordern Sie die andere Person aktiv dazu auf, sich in die Situation der Beschuldigten hineinzuversetzen. Dafür haben Sie zwei Optionen:

1. **In der Lebenswelt des Beschuldigten:** »Stell dir vor, du wärst in seiner Situation … – wie würdest du reagieren?«
2. **In der Lebenswelt des Gesprächspartners:** »Wenn du an [eine ähnliche Situation] zurückdenkst – wie hast du da reagiert?«
   »Stell dir vor, dir geht es so, dass [eine ähnliche Situation aus dem eigenen Leben] … wie fühlst du dich dann?«

Verzichten Sie dabei auf wirkungslose Sätze wie: »Was glaubst du, wie sich andere fühlen, wenn …?«

GEMEINSAMKEITEN ERKENNEN UND NUTZEN

Sich unbedingt von anderen abgrenzen zu wollen, reflexartig die Unterschiede betonen, sich moralisch emporheben, andere belehren – all das hemmt die Kommunikation und macht eine Verständigung unwahrscheinlich. Und nicht selten schlägt solches Verhalten sogar in offene Feindseligkeit um. Lagerdenken, Wagenburgmentalität und überzogene Identitätsbildung verhindern den Austausch und damit auch die Möglichkeit, andere zu überzeugen.

Hilfreicher ist es dagegen, das Wir zu stärken. Gemeinsamkeiten verbinden, schaffen eine Vertrauensbasis und erleichtern die Kommunikation. Haben wir etwas gemeinsam, lassen wir uns auch leichter überzeugen. Deshalb ist es wichtig, Gemeinsamkeiten mit unseren Diskussionspartnern zu erkennen und diese in unsere Gespräche einzubinden. Auch dafür gibt es eine Reihe von erprobten Techniken.

Lagerdenken überwinden

Eine der größten Überzeugungsbremsen ist Überheblichkeit. Sobald Ihr Gegenüber den Eindruck bekommt, Sie halten sich für etwas Besseres und es liegt vollkommen falsch mit allem, was es denkt, haben Sie wenig Chancen, es für Ihren Standpunkt zu gewinnen. Denn es wird nun in einen Verteidigungsmodus gedrängt. Würde es Ihnen auch nur teilweise zustimmen, gäbe es damit auch Ihren Schuldzuweisungen Recht.

Sehr gut zu beobachten ist diese Dynamik bei Gesprächen zwischen Fleischessern und Veganern. Nach kürzester Zeit nimmt die Negativspirale ihren Lauf und zwei Parteien sitzen sich gegenüber: Dort die moralisch Guten und hier die moralisch verwerflich Handelnden. Ein Lagerdenken findet sich in vielen Diskussionen. Ein binäres Denken, das davon ausgeht, es gebe nur zwei Möglichkeiten: entweder richtig oder falsch, entweder ganz oder gar nicht. Hier die Feministinnen, dort die alten weißen Männer; hier die Kapitalisten, dort die grünen Aktivisten; hier die Empathiker, dort die Narzissten; hier die Schlafschafe, dort die Covidioten. Die Facetten dazwischen gibt es nicht. Das macht zum einen empfindlich für Gegenargumente: »Jemand ist nicht für mich? Dann muss er gegen mich sein.« Denn dazwischen gibt es nichts. Zum anderen schürt es Feindseligkeit und schafft Verdachtsmomente: Jemand ist nicht empathisch? Dann muss er ein Narzisst sein!

Dieses Lagerdenken führt zum sogenannten »In-Group-Bias«, der Diskussionen verschärft. Sie vermeiden ihn, indem Sie auf ein Lagerdenken verzichten und die Zugehörigkeit zur gleichen Gruppe betonen.

In-Group-Bias

In sozialpsychologischen Experimenten wurden Probanden in Gruppen eingeteilt, nach rein zufälligen Kriterien wie Kleidung oder Augenfarbe.[20] Schon nach wenigen Sekunden versuchten sich die Gruppen Vorteile gegenüber den anderen Gruppen zu verschaffen. Im Gegensatz dazu waren in Umfragen jüdische Studenten eher bereit, den Deutschen für ihre Gräueltaten in der Vergangenheit zu vergeben, wenn nicht von Deutschen und Juden die Rede war, sondern von ein und derselben Gruppe: Menschen haben Menschen etwas Schreckliches angetan.[21]

Es scheint, als ob das Zugehörigkeitsgefühl zu ein und derselben Gruppe unsere Haltung zueinander und die Sympathie füreinander verändert. Dies kann sich in Körpersprache, Erscheinungsbild und Sprache ausdrücken. So stärkt beispielsweise eine »Wir-Sprache«, die ein »Du« und »Ich« ersetzt, erheblich das Gefühl einer gemeinsamen Identität.[22] Auch in der amerikanischen Bürgerrechtsbewegung wurde die gleiche Gruppe sprachlich hervorgehoben, ihr Tenor war etwa: »Sie sind weiß und ich bin schwarz, aber wir sind beide Amerikaner, oder nicht? Sind wir nicht beide Menschen?«[23]

Auf Überheblichkeiten verzichten

Jemand, die beim sensiblen Thema des Fleischessens auf Überheblichkeiten verzichtete und damit Erfolg hatte, ist die Journalistin Elisabeth Raether. Sie war in der Talkshow *Markus Lanz* zu Gast und berichtete[24] von ihren Recherchen zu deutschen Schlachthöfen. Ihr Auftritt löste ein Medienecho aus: »Warum man nach ›Markus Lanz‹ zum Vegetarier werden könnte«[25], »Journalistin schildert drastisch, was Fleischesser nicht wahrhaben wollen«[26]. Trotz ihrer schonungslosen Erzählungen waren kaum Stimmen zu finden, die sie aufgrund ihres Auftritts persönlich verunglimpften, nicht ernst nahmen oder sie gar zu den »militanten Veganern« zählten.

Denn sie machte zwei Dinge grundlegend anders, als es viele von uns tun: Zum einen beschrieb sie die Zustände mit einer journalistischen Recherchebrille und erzählte vom mechanischen Vorgang des Schlachtens; der Kraft, die dabei aufgewendet werden muss; den Sekunden, in denen die Tiere ersticken; den Geräuschen; den wartenden Tieren; und von den Schlachtern, die mit dem Erlebten umgehen müssen – doch das alles, ohne jemandem dafür einen Vorwurf zu machen. Weder denjenigen gegenüber, die die Tiere schlachten, noch denjenigen gegenüber, die sie essen. Die Zuschauenden mussten sich von ihr nicht beschuldigt fühlen und konnten ohne innerliche Abwehr zuhören.

Zum anderen diskutierte sie aktiv auf Augenhöhe mit allen Beteiligten. Sie sprach nicht von oben herab, sondern sie sprach in einem »Wir-Modus«, etwa: »Es geht uns allen gleich. Wir wissen es, und dennoch tun wir es, auch ich.« Das Pronomen »Wir« zeigt: Wir gehören zur selben Gruppe. Die Journalistin erzählte, wie schwierig es für uns alle sei, auch bei anderen Themen Wissen in Handeln umzusetzen, erklärte sachlich das daraus entstehende Phänomen der kognitiven Dissonanz[27], den Unterschied zwischen Handeln und Wissen, der schwer zu ertragen sei, weshalb wir uns die Dinge schönreden, schöner, als sie in der Realität sind.

Das Erstaunliche: Elisabeth Raether war zumindest zum Zeitpunkt der Ausstrahlung keine Veganerin oder Vegetarierin. Vielleicht war sie gerade deshalb so überzeugend.

Distanz überwinden mit dem Wir-Modus

Im beruflichen und privaten Umfeld ist selten die Rede von einem Wir-Modus. In einer Verhandlung wird von der *gegnerischen* Partei statt vom Verhandlungs*partner* gesprochen. Es wird *gegeneinander* debattiert oder verhandelt statt *miteinander*. Wenn Sie überzeugen möchten, verzichten Sie im direkten Gespräch auf Überheblichkeiten oder Belehrungen, die eine Diskussion erheblich verschärfen[28] und sie in unterschiedliche Gruppen einteilen, betonen Sie lieber, dass Sie Teil der gleichen Gruppe sind. Gerade dann, wenn Sie das Gefühl haben, dass es überhaupt nicht der Fall ist. Sprechen Sie nicht von unterschiedlichen Abteilungen, von »Sie« und »Ich«, sondern von »Wir«: »Wir als Mitarbeiterinnen und Mitarbeiter dieses Unternehmens«, »Wir als diejenigen, die dieses Projekt zusammen stemmen«, »Wir als diejenigen, die in dieser Verhandlung ein für alle faires Ergebnis erzielen wollen«.

Es gibt weitere vielfältige Möglichkeiten, die Gruppenzugehörigkeit herzustellen und zu nutzen, die Sie in diesem Kapitel finden.

Shared Identity: gleiche Werte

Es gibt Situationen, in denen wir verzweifeln. Egal, wie gut unsere Argumente sind, wir kommen damit nicht durch. Denn es gibt Menschen, die dafür einfach nicht zugänglich sind. Christine Vigeant war bis 2019 eine radikale Impfgegnerin. Niemand konnte mit Argumenten zu ihr durchdringen – bis zu dem Moment, als eine Aussage alles veränderte. (Keine Angst, ich möchte niemanden von irgendeiner Impfung überzeugen. Es geht nicht um den Inhalt, sondern um den Mechanismus, den dieses Beispiel verdeutlichen soll.)

2014 lebt Christine Vigeant noch in South Carolina, wo ihre Tochter zur Welt kommt. Ab diesem Zeitpunkt schließt sie sich einer alternativen Elterngruppe an, die alles ablehnt, was nicht »natürlich« ist, und dabei einem strengen Regelwerk folgt. Die Mitglieder der Gruppe verweigern sich allem, was von der Pharmaindustrie produziert wird. Medikamente und Impfungen sind für sie »Gift«. Christine lässt ihre

Tochter aus tiefster Überzeugung nicht impfen. Selbst als sie 2018 aus South Carolina wegzieht und nicht mehr mit der Elterngruppe in Kontakt steht, ändert sich ihre Einstellung nicht.

Bis zu einem Tag im Jahr 2019, als sie auf Facebook einen Post sieht, nämlich den einer alten Freundin aus South Carolina, mit der sie ihre Überzeugungen teilt. Glaubte sie zumindest. Diese Freundin schrieb: »Ich habe meinen Kindern beim Arzt gerade Gift reinjagen lassen, aber es ist okay, ich habe ihnen danach einen Biololly gegeben.« Das ist das erste Mal, dass Christine sich für die Argumente der anderen Seite interessiert. Sie klickt auf den Post und liest die Kommentarspalte, in der ihre Freundin verständnisvoll auf Fragen, Gegenargumente und Zweifel ihrer Community reagiert. Das ist für Christine der Anstoß, sich nicht mehr nur für Informationen zu interessieren, die ihre Meinung bestätigen. Sie öffnet sich Argumenten der anderen Seite. Einige Zeit später lässt sie ihre kleine Tochter impfen.

Was ist da passiert? Christine vertraute ihrer Freundin, weil sie beide eine gemeinsame Identität haben – eine »Shared Identity«[29], wie dies in der Sozialpsychologie genannt wird. Sie teilen dieselben für sie wichtigen Werte. Deshalb ist ihre Freundin für sie eine ernst zu nehmende Quelle.

Wenn Sie also in einer Diskussion nicht weiterkommen, ist es hilfreich, eine Quelle zu finden, die größeren Einfluss hat als Sie selbst. Eine, der Ihr Gegenüber vertraut.

Die nächste Frage ist, ob Sie unbedingt Ihr Gegenüber überzeugen müssen oder ob es jemand anders sein kann, der sich schneller und leichter von Ihrem Produkt oder Ihrer Dienstleistung überzeugen lässt.

6. TECHNIK
Die akzeptierte Autorität

Wie ernst wir Fakten nehmen, hängt oft nicht von den Fakten selbst ab, sondern davon, von wem sie stammen. Dieses Phänomen sorgt dafür, dass Menschen Inhalte und Vorschläge tendenziell häufiger ablehnen, sobald sie vom »Feind« stammen. Das zeigt unter anderem eine Untersuchung mit Teilnehmenden mit einer Pro-Israel-Einstellung einerseits und andererseits einer neutralen Haltung zum Konflikt zwischen Palästina und Israel. Ihnen wurden Texte vorgelegt, von denen der eine angeblich von der israelischen Arbeiterpartei verfasst wurde und der andere angeblich von einer palästinensischen Organisation. Beide Texte waren inhaltlich exakt gleich, doch sowohl die neutralen als auch die pro-israelischen Teilnehmenden nahmen den zweiten Text als pro-palästinensisch wahr.[30] Es ist eine natürliche Reaktion, dass wir Aussagen des »Feindes« kritischer betrachten.

Während der Impfdiskussion haben viele mit Autoritäten argumentiert: »Aber das Robert-Koch-Institut gab gestern die Information heraus, dass … « Nicht überzeugend für Menschen, die am Institut, ihrer Arbeit und dessen Vorsitzenden zweifeln. Auf der anderen Seite: »Alexander Kekulé sagt aber, dass …« Doch »was weiß er schon, sein letztes Paper ist Jahre her.«

Wenn es Ihnen schwerfällt, jemanden zu überzeugen, der Sie und Ihre Quellen nicht anerkennt, dann fragen Sie sich: Wer ist für Ihr Gegenüber eine ernst zu nehmende Quelle, der es Glauben schenken könnte? Es geht nicht darum, wen *Sie* für glaubwürdig halten, sondern Ihr Gegenüber. Dies kann jemand sein, mit dem die Person die gleichen Werte teilt, der somit auf ihrer Seite steht. Oder es kann ein anerkannter Experte sein, der weder auf Ihrer noch auf der Seite Ihres Gegenübers steht. Wichtig ist: Er steht nicht auf Ihrer Seite, sonst gilt er als »Feind«.[31] Beziehen Sie sich auf diese Person oder sorgen Sie für einen direkten Austausch mit ihr.

So haben zum Beispiel Streetworker, die mit drogenabhängigen oder kriminellen Jugendlichen arbeiten, einen größeren Einfluss, wenn sie selbst einmal in derselben Situation gesteckt haben. Die Jugendlichen wissen genau: Der versteht sie, er ist einer von ihnen, und er weiß, wovon er spricht – im Gegensatz zu einem unnahbaren Experten, der vielleicht eher die Interessen der Eltern vertritt und außerdem gar nicht nachempfinden kann, wie sie sich fühlen.

Vielleicht glaubt Ihr Chef nicht Ihnen oder psychologischen Instituten, die behaupten, dass ein positives Betriebsklima die Leistungsfähigkeit der Angestellten steigert, und er ist nach wie vor gegen eine »Verweichlichung« am Arbeitsplatz. Doch vielleicht glaubt er dem Wirtschaftsmagazin *Capital*, das er regelmäßig liest und das darüber einen langen Artikel veröffentlicht hat.

Wenn Sie es selbst nicht sind – wer ist es dann, den Ihr Gegenüber als glaubwürdige Quelle akzeptieren würde?

Ohne Beziehung keine Überzeugung

Wie schafft man es, eine Vertrauensbasis aufzubauen, die es dem Gegenüber erlaubt, uns zu glauben und uns mit unseren Argumenten ernst zu nehmen? Wie man in nur kurzer Zeit dafür sorgt, dass das Gegenüber einem vertraut, selbst wenn man sich gar nicht oder nur wenig kennt, zeigt das Beispiel der sogenannten »Pick-up-Artists« – Männer, die Frauen »aufreißen« und »abschleppen« wollen – mit größtenteils fragwürdigen Methoden. Trotzdem nutzen sie etwas, das wir alle brauchen, um zu überzeugen, nämlich wie Menschen in kurzer Zeit eine Beziehung zueinander aufbauen. Kennen Sie die Tipps aus den einschlägigen Ratgebern dieser Pick-up-Artists, können Sie sich nicht nur vor ihnen schützen, sondern bestimmte Methoden in positiver Form – und darauf kommt es an – für Verhandlungen und Diskussionen nutzen.

Einer der Tipps lautet, sich ein Hobby anzueignen, das andere in Staunen versetzt. Die Zauberei und das Gedankenlesen seien dafür gut geeignet. Zudem sollte man beim ersten Date an möglichst vielen unterschiedlichen Orten unterwegs sein, damit die Frau das Gefühl hat, schon wahnsinnig viel miteinander erlebt zu haben. Und zu guter Letzt sollten beide miteinander etwas unternehmen, das den Puls und das Herz schneller schlagen lässt. Diese aufregenden Körperreaktionen verbindet die Frau fälschlicherweise mit dem Verführer. Sie wird falsch konditioniert, jedes Mal, wenn sie ihn sieht, erinnert sie sich unbewusst an die erlebte Situation, und ihr Herz schlägt höher. Deshalb findet die Fernsehsendung *Der Bachelor* und *Die Bachelorette*, in der die begehrte Hauptperson nach potenziellen Partnern oder Partnerinnen sucht, auch nicht in Bochum statt, sondern in Mexiko.

Als ich das gelesen habe, dachte ich an ein früheres erstes Date zurück. Wir waren an sehr vielen unterschiedlichen Orten. Erst im Restaurant (1). Das war ihm zu spießig, er wollte lieber irgendwohin, wo es Schnitzel und Bier gibt. Also sind wir mit seinem Jaguar (2) – Statussymbol – ein Dorf weiter gefahren, um dort am Ammersee (3) entlang auf einem Steg zu laufen, der abgesperrt war. Also sind wir verbotenerweise über die Absperrung geklettert – wie aufregend! Von dort sind wir ins nächste Wirtshaus (4) zum Essen gegangen und von dort wieder am Wasser entlang (5) in eine Bar (6), wo er – Zaubertricks (!) vorgeführt hat. Mein Date war übrigens *kein* Pick-up-Artist …

Gemeinsame Erlebnisse stärken die Bindung. Je aufregender, desto besser. Das zeigt sich auch in wesentlich unverfänglicheren Situationen. So kamen Menschen laut einer Studie leichter ins Gespräch und fühlten sich bei physischen Berührungen wohler, wenn sie ein gemeinsames Schicksal teilten, wie zum Beispiel das Festsitzen in einem liegen gebliebenen Zug.[32]

Nun müssen Sie nicht mit Ihren Geschäftspartnern und -partnerinnen, die Sie überzeugen wollen, gemeinsam viele unterschiedliche Orte gesehen haben oder in einem Zug liegen geblieben sein – schlecht wäre es allerdings nicht. Der Punkt ist, dass Sie miteinander Gemeinsames teilen. Sie zeigen: Sie sind sich ähnlich, Sie gehören zur gleichen Gruppe. Das erhöht Ihre Sympathiewerte. Mit steigender Sympathie steigt auch Ihr Einfluss auf andere.[33] Je besser Ihre Beziehung ist, desto direktere Worte können Sie sich erlauben. Sagt jemand, den Sie mögen: »Darüber kann ich nur lachen, das ist doch Blödsinn!«, nehmen Sie das eher ernst, als wenn das von jemandem kommt, von dem Sie nichts halten. Sie können beispielsweise auch niemandem erfolgreich eine Gardinenpredigt halten, wenn der Sie nicht respektiert. Es wird ihm weniger wichtig oder sogar egal sein, solange Sie keinerlei positive Anknüpfungspunkte zueinander haben.

Beziehungsaufbau durch Gemeinsamkeiten wirkt überall, auch im Verkauf: Wir kaufen lieber von Freunden als von Fremden. Wir glauben eher Freunden als Fremden. Niko Rittenau ist der bekannteste Ernährungswissenschaftler in Deutschland, der vegan lebt und viele Menschen zum Umdenken bewegt hat. Er sagte mir in einem Gespräch etwas, was sich mit den Erkenntnissen der Überzeugungspsychologie deckt: »Mir ist in erster Linie wichtig, dass andere eine positive Erfahrung mit einem vegan lebenden Menschen machen.« Genauso funktioniert es. Erst wenn uns jemand sympathisch ist, interessieren wir uns für den Inhalt. Ohne Beziehungsebene keine Inhaltsebene.

DIE AKZEPTIERTE AUTORITÄT

Wer ist für Ihr Gegenüber eine ernst zu nehmende Quelle, weil sie die gleichen Werte oder Ansichten teilt oder weil sie eindeutig unparteiisch ist? Beziehen Sie sich auf diese, etwa:

- »[Autorität] informierte gestern darüber, dass …«

Wenn es möglich ist, sorgen Sie alternativ für einen direkten Austausch mit der Person.

7. TECHNIK
Positiver Filter

In Diskussionen fordern viele: »Da muss man klare Kante zeigen!« Klare Kante zeigen ist gut – nur müssen Sie zunächst wissen, wo diese überhaupt ist. Wo liegen in einer Diskussion die Grenzen? Wo liegen die Probleme? Was sind die Unterschiede? Das finden Sie heraus, indem Sie mithilfe Ihrer Recherchebrille Fragen stellen (siehe *Nur wer verstanden hat, kann überzeugen*). Mindestens genauso wichtig ist: Zeigen Sie nicht zu früh klare Kante! Sie verbauen sich sonst Ihren Einfluss. Schieben Sie die Probleme erst einmal beiseite und sorgen Sie für eine gute Beziehungsebene.

Das tun wir meistens aber nicht. Schauen Sie sich diese fünf Rechnungen an und prüfen Sie, was Ihnen auffällt:

$$\begin{aligned} 36 + 11 &= 47 \\ 4 \times 12 &= 48 \\ 186 - 15 &= 171 \\ 47 + 4 &= 52 \\ 190 + 10 &= 200 \end{aligned}$$

Abbildung 1: Der Stein im Weg

Wenn ich in einem Vortrag diese Frage stelle, sind viele der im Publikum Anwesenden darauf stolz, wenn sie den Fehler gefunden haben.

Sie werden keinen Taschenrechner benötigen, um festzustellen, dass 47+4 nicht 52, sondern 51 ist. Es ist ganz normal, den Fehler zu fokussieren, denn so funktionieren wir: Wir sehen den einen Punkt, der falsch ist. Dass da vier Rechnungen stehen, die richtig sind, ist nicht der Rede wert. So läuft es auch in Verhandlungen und generell in Diskussionen. Es gibt viele Dinge, die die Beteiligten ähnlich sehen, doch meistens geht es um den einen strittigen Punkt. Wir haben einen Negativ-Fokus und können es nicht abwarten, uns mit den Problemen zu beschäftigen. Doch damit zeigen Sie sofort, dass Sie auf unterschiedlichen Seiten stehen. Suchen Sie gerade zu Beginn eines Gesprächs nicht danach, wozu Sie Nein sagen wollen, sondern danach, wozu Sie Ja sagen können. So stellen Sie Rapport her, den Sie brauchen, um Einfluss üben zu können. Ersetzen Sie zu Beginn eines Gesprächs Ihren Negativ-Filter durch einen Positiv-Filter: Verschweigen Sie zunächst die Unterschiede und heben Sie sowohl inhaltliche als auch persönliche Gemeinsamkeiten hervor.

Sie haben sicher selbst schon einmal die Erfahrung gemacht, dass Sie sich in Sekundenschnelle mit jemandem gut verstanden haben. Vielleicht haben Sie gleich festgestellt, dass Sie aus derselben Stadt kommen oder an derselben Schule Ihr Abitur gemacht haben: »Das ist ja ein Zufall, dann kennen Sie auch noch die Biologielehrerin Frau Mögle?« Und schon finden Sie sich sympathisch, nur weil Sie etwas gemeinsam haben. Gemeinsamkeiten verbinden, Unterschiede trennen. Für diese Erkenntnis muss man kein Philosoph sein. Und doch agieren wir im Alltag anders.

Kommt Ihr Gegenüber gerade aus dem Skiurlaub und Sie fahren auch gerne Ski, erwähnen Sie es. Erzählt die andere Person davon, wie gestresst sie ist, weil sie gerade im Stau stand, und Ihnen ging es heute Morgen genauso, erwähnen Sie es. Es geht nicht darum, sich krampfhaft Gemeinsamkeiten aus dem Ärmel zu schütteln, die nicht wahr sind. Sondern darum, aus dem typischen Negativ-Filter herauszukommen und den Fokus aktiv auf das Positive und Gemeinsame zu lenken.

Schauen Sie auch inhaltlich auf die Punkte, denen Sie zustimmen. Finden Sie keine, weil Ihr Gegenüber gegen alles wettert, gegen das man überhaupt wettern kann, und Sie finden das überzogen, gehen Sie eine Kommunikationsebene höher: »Das ist eine schwierige Situation«, »Ja, das Projekt ist herausfordernd«, »Ich denke, wir wollen alle, dass es wieder bergauf geht«, »Da stecken wir beide gerade in einer schwierigen Verhandlung«. Selbst wenn die Vorgesetzte außer sich ist: »Diesen Vollpfosten sollten wir sofort kündigen!«, können Sie das Fazit ziehen: »Wir brauchen definitiv eine Lösung, die nachhallt.«

Was auch immer es ist – finden Sie etwas, dem Sie zustimmen können.

Offenheit zeigen

Bei manchen Menschen glaubt man, dass es weder inhaltlich noch persönlich Gemeinsamkeiten gibt. In diesem Fall hilft eine Weisheit des ehemaligen US-Präsidenten Abraham Lincoln: »Ich mag diesen Menschen nicht, ich muss ihn wohl erst besser kennen lernen.« Wenn Sie nichts voneinander wissen, können Sie keine Gemeinsamkeiten finden.

Offenheit ist die Basis, um Beziehung aufzubauen und Gemeinsamkeiten zu entdecken. Eine besondere Art der Offenheit ist diejenige, die offenbart, wie Sie zu Ihrem Standpunkt gekommen sind. Welche persönliche Erfahrung und welche Gedanken führten dazu, dass Sie heute so denken? In Untersuchungen erreichten die Menschen, die offen über ihre eigenen Erfahrungen im Hinblick auf das Thema sprachen, eine deutlich höhere Akzeptanz für ihren Standpunkt.[34] Sobald wir Beweggründe und Gedanken der anderen erfahren, die oftmals auch eine Verletzlichkeit offenbaren, gehen wir damit in Resonanz, das heißt, wir finden Punkte, die uns miteinander verbinden, die wir sympathisch finden, und wir haben das Gefühl, auf der gleichen Wellenlänge zu liegen. Offenheit stärkt die Beziehungsebene und ermöglicht, Gemeinsamkeiten überhaupt erst zu entdecken und Gedankengänge nachzuvollziehen.

Die Sympathie, die durch Offenheit entsteht, wird auch in Filmen und Serien genutzt, um die Hauptfiguren auch bei fragwürdigen Handlungen sympathisch darzustellen.

Der »Joker« ist als Hauptfigur in Comics und vor allem in *Batman*-Filmen ein brutaler Serienmörder. Doch wenn die Zuschauer seine traurige Kindheitsgeschichte hören, kommt auf einmal der Gedanke auf: »Mensch, der arme Tropf, kein Wunder, dass er Menschen tötet!« Persönliche Informationen über andere Menschen provozieren in uns Empathie für ihr Handeln. Wichtig dabei: Verständnis bedeutet nicht

Einverständnis. Sie können nachvollziehen, warum jemand so handelt. Das bedeutet jedoch nicht, dass er damit Recht hat.

Seien Sie deshalb in einem schwierigen Gespräch offen. Reden Sie zu Beginn auch über Themen abseits des strittigen Themas. Nicht umsonst gilt der vermeintlich unwichtige Small Talk als Schmiermittel im sozialen Getriebe. Wir brauchen ihn, um uns langsam anzunähern und um die Person besser kennen zu lernen. Sprechen Sie über die letzten Tage, Ihren Urlaub, den aktuellen Streik der Verkehrsbetriebe, gemeinsame Ärgernisse und Herausforderungen oder über Persönliches wie Ihre Hobbys oder Ihre Familie. Geht es um das strittige Thema selbst und ist Ihr Gegenüber verschlossen und stur, erklären Sie Ihre persönlichen Beweggründe und wie Sie zu Ihrer Einstellung gekommen sind. Fragen Sie auch Ihr Gegenüber danach, was es dazu bewegt, so zu denken.

In einem Streit über das Verharmlosen von Cannabis beziehungsweise die Übertreibung seiner Gefahren betonte eine Gesprächsteilnehmerin: »Ich habe es in der eigenen Familie erfahren, was es bedeutet, Drogen zu nehmen. Meine Schwester hat dadurch, dass sie anfing, Gras zu rauchen, Psychosen entwickelt. Sie lebte über ein Jahr lang in ihrer eigenen Welt, wanderte aus, war ganz allein, litt unter Depressionen, und niemand kam an sie heran. Sie sah uns alle auf einmal als Feinde. Wahrscheinlich ist es mir deshalb so wichtig, auf die Gefahren von Cannabis hinzuweisen.« Der Gesprächspartner stimmte ihr deshalb nicht sofort zu, doch er wurde umgehend ruhiger, interessierte sich dafür, wie es so weit kommen konnte, und war offener für Gegenargumente.

POSITIVER FILTER

Eine positive Beziehungsebene erhöht Ihren Einfluss. Um sie aufzubauen, verschweigen Sie zu Beginn eines Gesprächs die Unterschiede und heben Sie inhaltliche und persönliche Gemeinsamkeiten hervor, etwa:

- »Das sehe ich genauso. Es ist wichtig, dass …«
- »Sie mögen (X). Das mache ich in meiner Freizeit auch gerne.«
- »Um ehrlich zu sein, teilen wir diese Abneigung.«

Offenheit zeigen

Sprechen Sie neben dem strittigen Thema auch über andere Themen, die sich eignen, um Gemeinsamkeiten zu entdecken.
Geben Sie auch Ihre persönlichen Beweggründe preis, die zu Ihrem heutigen Standpunkt führen, etwa:

- »Ich habe (Geschichte) erlebt. Deshalb ist es mir heute so wichtig, dass …«

Fragen Sie auch nach den Beweggründen Ihres Gegenübers. Wenn Sie erfahren, dass es für sein Unternehmen im letzten Jahr Insolvenz anmelden musste und es das schwierigste Jahr seines Lebens war, werden Sie ein anderes Verständnis für die Person und ihre daraus resultierende Wut und Meinung aufbringen.

Verhandlungsspielraum erweitern – die Grenzen des Möglichen verschieben

Sie möchten Ihre Uhr verkaufen und dafür mindestens 2 400 Euro haben. Sie sprechen mit einem potenziellen Käufer, der maximal 2 600 Euro für eine Uhr ausgeben möchte. Der Verhandlungsraum, auch ZOPA (»Zone of possible agreement«) genannt, liegt nun also zwischen 2 400 und 2 600 Euro. Wunderbar, Sie kommen ins Geschäft. Möchte Ihr Gegenüber allerdings nicht einmal Ihren Mindestpreis von 2 400 zahlen, sondern nur 1 800 Euro, liegt die Kunst darin, seinen Verhandlungsraum aktiv zu erweitern, indem Sie die Grenzen Ihres Gegenübers verschieben, in diesem Fall nach oben, damit es bereit ist, mehr zu bezahlen.

Das Verschieben von Grenzen ist eine von mehreren Möglichkeiten, den Verhandlungsraum zu erweitern. Das funktioniert bei Preisen genauso wie bei anderen Themen, wie zum Beispiel bei Diskussionen über Ihr nächstes Urlaubsziel oder beim Vertragsabschluss im Fitnessstudio.

8. TECHNIK

Positive Verstärkung

Stellen Sie sich vor, Sie sind Trainer oder Trainerin in einem Fitnessstudio und wollen einer potenziellen Kundin nach einem Probetraining einen Vertrag schmackhaft machen. Sie aber möchte nicht: »Das Training hat mir gut gefallen, aber ich muss zugeben, es ist mir zu teuer, und außerdem bin ich mir nicht sicher, ob ein Fitnessstudio wirklich besser ist, als einfach zu Hause zu trainieren. Da muss ich nirgendwo extra hinfahren.« Schlüssige Einwände.

Mögliche Überzeugungsversuche könnten die Vorteile des Fitnessstudios hervorheben: »Aber wir haben hier die neuesten Geräte, sie bieten die Möglichkeit, ...« – »Das stimmt, aber mir ist es leider zu teuer.« – »Teuer ist immer relativ, womit vergleichen Sie den Preis? Wir sind ein hochwertiges Studio mit persönlicher Betreuung, das ist im Gegensatz zu anderen vergleichbaren Studios günstig. Dort bezahlen Sie bis zu 110 Euro im Monat.« – »Ja, aber diesen Service brauche ich vielleicht auch gar nicht. Ich melde mich nochmal.«

Eine typische »Ja, aber«-Diskussion, die sich auf die Unterschiede fokussiert. Der Sprachwissenschaftler und Verhandlungsberater Dr. Hartwig Eckert weist darauf hin, dass sich die meisten Überzeugungsversuche auf den Unterschied, den Einwand, fokussieren, der nach dem »aber« genannt wird.[35] Das lenkt nicht nur den Blick auf die Einwände, zusätzlich überlassen wir die Verhandlungsführung unserem Gegenüber, wenn wir jedem seiner Einwände hinterherlaufen. Deshalb schlägt Hartwig Eckert vor, aus diesem Muster auszubrechen, indem wir heraushören, in welchen Punkten unser Gegenüber bereits zustimmt oder zumindest Zugeständnisse macht. Betonen wir diese Punkte, indem wir sie wiederholen und vertiefende Fragen dazu stellen, übernehmen wir wieder die Führung.

Schärfen Sie Ihr Ohr für positive Aussagen. Denn unser Negativ-Filter hört nur den Einwand nach dem »aber«. Das Zugeständnis im Satz liegt aber oft vor dem »aber«. Wenn also die Kundin im Fitnessstudio sagt: »Das Training hat mir gut gefallen, ...«, dann kann die Trainerin genau hier ansetzen, um durch eine vertiefende Frage das Gespräch in eine bessere Richtung zu lenken: »Wenn Sie sagen, es hat

Ihnen gut gefallen – was hat Ihnen denn gefallen?« – »Das digitale Zirkeltraining hat mir Spaß gemacht, und ich muss sagen, die Umkleiden sind schon sauberer als in anderen Fitnessstudios. Es ist nur leider ziemlich teuer.« Trainerin: »Ja, das übliche Hygieneproblem. Wir legen hier großen Wert darauf, dass alles sauber ist. Auch die Geräte werden bei uns regelmäßig desinfiziert. Außerdem haben wir hier die neuesten Geräte. Das hat seinen Preis, das stimmt. Was ist Ihnen denn beim Trainieren besonders wichtig?« Kundin: »Dass es sauber ist und dass die Geräte hier nicht überfüllt sind.« Trainerin: »Durch das Zirkeltraining und den schnellen Wechsel haben Sie eine maximale Wartezeit von einer Minute.«

Die Interessentin benennt jetzt auch Vorteile, die sie in der vorherigen »Ja, aber«-Diskussion noch gar nicht genannt hatte, weil der Fokus auf dem Einwand lag. Durch die Konzentration auf das Zugeständnis und die Vorteile bringt die Trainerin sich wieder zurück ins Gespräch. Der Einwand »zu teuer« ist damit zwar nicht sofort aus der Welt geschafft, doch durch die positive Verstärkung wächst der Wunsch und die Motivation der Interessentin. Sie benennt selbst noch einmal die Vorteile, die sie sieht. Und das wiegt grundsätzlich stärker als Argumente, die andere äußern. Denn so überzeugen wir uns quasi selbst. Je mehr Argumente jemand selbst für etwas nennt, desto unangenehmer wird das Gefühl, wenn die eigenen Wünsche und Überzeugungen nicht in die Tat umgesetzt werden. Dieser Widerspruch zwischen Denken und Handeln nennt sich kognitive Dissonanz.

Durch den Fokus auf das Positive steigt die Bereitschaft, mehr zu bezahlen. Sie erweitern also aktiv den Verhandlungsraum. Das Schöne an der Technik der positiven Verstärkung ist: Sie quatschen niemanden in etwas hinein, das er oder sie nicht will. Es geht ausschließlich darum, den Blick für die Vorteile so sichtbar wie möglich zu machen.

Wenn Sie sich mit Ihrer Partnerin über das Urlaubsziel streiten und sie Ihren Vorschlag, nach Rom zu fliegen, ablehnt: »Auf keinen Fall fliege ich mit dir schon wieder nach Rom, da waren wir doch schon die letzten fünf Jahre!« Wie würden Sie versuchen, ihr Ihr Lieblingsziel doch noch schmackhaft zu machen? Vielleicht indem Sie ihr die Vorteile unterbreiten, warum es so schön war und was sie selbst daran mochte: »Du fandest es doch auch schön, Rom hat so viel Kultur zu bieten, wir gehen kein Risiko ein, weil wir bereits wissen, wie gut es uns gefällt, es ist schön warm, nette Leute.« – »Ja, aber ich würde gern mal was Neues ausprobieren. Mallorca ist doch auch toll, schön warm, wenig Touristen zu dieser Jahreszeit, und da waren wir noch nie.« – »Mallorca, diese Partyinsel? Da wünsche ich mir wirklich mehr vom Urlaub.« – »Mallorca besteht aus viel mehr als dem Ballermann, es gibt dort wundervolle Berge.«

Trotz der Einwände gibt es auch hier ein Zugeständnis, nämlich: »Da waren wir doch schon die letzten fünf Jahre.« Erweitern Sie den Verhandlungsraum, indem Sie danach vertiefend fragen: »Das war schön, oder?« Oder: »Was war der Grund, dass du mit mir fünf Jahre lang dorthin geflogen bist?« – »Ich hatte keine Lust, lange zu organisieren, und kann mich einfach gut entspannen, wenn ich einen Ort schon kenne. Außerdem war es schön, dort unsere Freunde zu besuchen.«[36] So erinnert sich Ihre Partnerin selbst noch einmal an ihre wichtigsten Argumente. Wenn noch ein Funken Hoffnung besteht, dass sie mit Ihnen nach Rom fliegt, wird er dadurch aktiviert.

Erkennen Sie in Gesprächen Worte und Satzteile, die Raum für Ihr Angebot und Ihren Standpunkt lassen. Nicht immer gibt es ihn: »Bernd, du bist doch das Single-Dasein leid, sprich doch mal die da am Nachbartisch an. Die sieht doch richtig gut aus.« Klaus: »Ja, find ich auch, aber ich bin schwul.«[37] »Ja, find ich auch« ist in diesem Fall kein Zugeständnis. Der Verhandlungsraum ist geschlossen.

Wie es weitergeht, wenn nichts mehr geht

Eine besondere Form der positiven Verstärkung ist die Frage nach der ursprünglichen Motivation. Sie hilft uns dann, wenn wir denken, das Ende der Fahnenstange sei erreicht und es gebe kein Zugeständnis, zum Beispiel bei eigentlich glasklaren Absagen. Eigentlich.

Stellen Sie sich vor, Sie bewerben sich um eine neue Position, und die Antwort nach dem Vorstellungsgespräch lautet: »Wir denken, dass die neue Position für Sie nicht geeignet ist. Deshalb müssen wir Ihnen leider absagen.«

Es scheint alles verloren, die Entscheidung ist gefallen. Wer sich jetzt noch zurück ins Gespräch bringen möchte, wird vermutlich nach den Gründen für die Absage fragen und damit ungünstig provozieren, dass sich das Gegenüber noch einmal selbst in seiner Entscheidung bestärkt: »Ja, das können wir Ihnen genau sagen: Die Gründe sind erstens [...], zweitens [...] und drittens [...].« Jetzt haben Sie erst recht keine Chance mehr.

Doch es gibt eine Chance, sich wieder zurück ins Gespräch zu bringen. Denn egal, wo Sie zum Bewerbungsgespräch, Geschäftstermin oder zu einem Pitch eingeladen wurden, seien Sie sich sicher: Es gab einen Grund, Sie einzuladen. Irgendetwas muss für Sie oder das Produkt gesprochen haben. Deshalb können Sie selbstbewusst in jedes Vorstellungsgespräch gehen. Sie wissen, dass einige Argumente auf Ihrer Seite sind, sonst wären Sie nicht hier. Genau das können Sie nach einem Nein nutzen. Öffnen Sie den Verhandlungsraum wieder, indem Sie die Frage nach der ursprünglichen Motivation stellen. Fragen Sie danach, was der ursprüngliche Grund war, sich für Sie oder ein Produkt zu interessieren.

Im Bewerbungsgespräch lautet diese Frage etwa: »Darf ich noch einmal fragen, welcher der Grund war, dass Sie mich dafür ursprünglich in Betracht gezogen hatten?« – Personalerin: »Wir dachten, durch Ihre Erfahrung in den Bereichen X, Y und Z könnte das eine gute Ergänzung in diesem Bereich sein [...].« Der Fokus ist verschoben. Ihr Gegenüber ist jetzt wieder mit den Punkten beschäftigt, die für Sie sprechen und nicht gegen Sie, ohne dass Sie ihm Ihren Mehrwert vorkauen müssen, der vielleicht gar nicht den Punkt trifft, der Ihrem Gegenüber wichtig war. Die Personalerin weiß selbst am besten, weshalb sie Sie eingeladen hat. Natürlich bedeutet das nicht, dass Sie die Stelle nun in jedem Fall bekommen. Aber es bedeutet, dass Sie noch einmal zurück auf dem Spielfeld sind. Und wenn es irgendeine Chance gibt, dass Sie nun doch die Stelle bekommen, ist sie wieder aktiviert.

Das funktioniert auch außerhalb des Büros, zum Beispiel bei Wohnungsbesichtigungen, bei denen Ihr Interessent anmerkt: »Danke für die Besichtigung. Aber eine Wohnung ohne Balkon kommt für uns leider nicht infrage.« Auch hier ist kein positives Wort zu finden. Doch die Interessenten haben, obwohl es keinen Balkon gibt, die Wohnung besichtigt. Also muss sie in der Anzeige etwas anderes begeistert haben: »Was war denn ursprünglich der Grund, weshalb Sie sich die Immobilie dennoch angeschaut haben?«

Entscheidet sich im Verkauf jemand auf einmal um und sagt: »Ich brauche den großen Kühlschrank gar nicht und nehme lieber den kleinen«, fragen Sie nicht danach, weshalb er sich dagegen entscheidet. Damit würde er seine neue Entscheidung noch einmal vertiefen: »Er nimmt schon sehr viel Platz weg. Außerdem ist er teurer als das, was ich ausgeben wollte.« Lenken Sie ihn auf die positiven Aspekte des größeren Modells: »Was war der Grund, dass Sie zuerst über den großen nachgedacht hatten?« – »Weil wir eben doch oft Gäste haben und es dann nicht nur in unserem Gefrierfach eng wird. Außerdem möchte ich mich beim Einkaufen nicht limitieren. Dann muss ich auch nicht mehr so oft gehen, weil das Gemüsefach nicht reicht.«

Wenn Sie sich jemals gefragt haben, wie sich jemand bei Ihnen nach Ihrem Nein subtil und sympathisch wieder zurück ins Gespräch gebracht hat, dann kennen Sie jetzt die Technik dazu.

POSITIVE VERSTÄRKUNG

Verlassen Sie die typischen Gesprächsmuster, die sich auf den Einwand beziehen, und fokussieren Sie sich mittels Ihres Positiv-Filters auf das Zugeständnis im Satz. Das funktioniert dadurch, dass Sie den Verhandlungsraum erkennen und erweitern, etwa:

- »Wenn Sie sagen, dass Sie X interessant finden – welche Punkte sind das?«

Oder dadurch, dass Sie nach der ursprünglichen Motivation fragen, etwa:

- »Was war der Grund, dass Sie das ursprünglich in Erwägung gezogen haben?«

9. TECHNIK

Die goldene Brücke der brandneuen Information

Wir streben danach, bei unserer Meinung zu bleiben und heute das Gleiche zu sagen wie gestern oder sogar jetzt das Gleiche wie vor fünf Minuten. Haben wir uns eben noch leidenschaftlich für einen Standpunkt eingesetzt – wie stünden wir dann da, wenn wir uns so einfach umstimmen ließen und uns dem Gegenteil anschließen? Wir alle teilen das Streben nach Konsistenz, manche haben es besonders stark in sich. Deshalb ist es wichtig, dafür zu sorgen, dass Ihr Gegenüber sein Gesicht wahren kann, sollte es sich aufgrund unserer Überzeugungsarbeit umentscheiden. Es muss das Gefühl haben, dass sein bisheriger Standpunkt berechtigt war und zusätzlich ein triftiger Grund vorliegt, der im besten Fall außerhalb seiner Verantwortung liegt, um die ursprüngliche Position zu verlassen.

Bauen Sie ihm eine goldene Brücke. Dies tun Sie, indem Sie betonen, dass Sie seinen bisherigen Standpunkt ebenfalls geteilt haben, sich nun aber brandneue Informationen ergeben haben, die alles ändern, zum Beispiel eine ganz aktuelle Studie, Erkenntnis oder Erfahrung, von der Sie gehört haben[38], etwa: »Ich habe genauso wie du gedacht, bis ich erfahren habe, dass …«

Wird uns eine neue Information auf Augenhöhe mitgeteilt, können wir sie leichter annehmen. Augenhöhe in Verbindung mit brandneuer Information ist eine wirksame Kombination. Hilfreich sind Sätze wie: »Ich wusste das vorher auch nicht.« Oder: »Man dachte das früher, doch es gibt eine ganz neue Untersuchung, die ein anderes Licht darauf wirft.« Die neue Information hilft aus dem Konsistenzstreben heraus, denn sie ist die beste Rechtfertigung für eine Meinungsänderung: Jetzt, wo jemand *das* weiß, ändert sich natürlich alles.

Die Mutter eines Kindes mit Verhaltensauffälligkeiten wollte ihr Kind auf keinen Fall auf ADHS, die Aufmerksamkeitsdefizit-Hyperaktivitätsstörung, testen lassen. Das sei eine Trenddiagnose, das gebe es gar nicht. Sie vertraute den Pädagoginnen und Pädagogen in der Kita nicht. Bis eine von ihnen sinngemäß erklärte: »Ich dachte auch, dass ADHS sicher eine Trenddiagnose ist. Ich bin auch in den Neunzigern aufgewachsen, als uns erklärt wurde, das sei Quatsch. Die Kinder seien einfach quirlig und dürfen das als Kinder auch sein, und wenn es überhandnimmt, dann müsse man sie einfach richtig erziehen. Ich habe das alles auch gedacht, bis in den letzten Jahren immer wieder neue Untersuchungen belegt haben, dass es dieses Phänomen tatsächlich gibt. Und dass es an fehlendem Dopamin im Gehirn liegt. Es kann nicht durch Erziehung aufgefangen werden, die Kinder brauchen dringend frühzeitig Hilfe. Heute ist man ein ganzes Stück weiter.« Die Mutter nahm den so begründeten Einwand das erste Mal ernst und begann, sich mit dem Thema zu beschäftigen. Nach vielen Artikeln und Podcasts nahm sie Kontakt mit einer psychologischen Psychotherapeutin sowie der Uniklinik Tübingen auf, um ihr Kind untersuchen zu lassen. Es wurde eine eindeutige ADHS-Diagnose gestellt.

Wenn Ihr Gegenüber Ihnen in einer Verhandlung noch einmal mit dem Preis entgegenkommen soll, nehmen Sie ihm das unangenehme Gefühl, das sich einstellt, wenn es doch nochmal von seinem Standpunkt abweicht: »Nach bisherigem Stand nachvollziehbar, allerdings kam heute die Pressemeldung über die sinkenden Rohstoffpreise, vielleicht können Sie dementsprechend den Preis noch einmal nach unten anpassen.«

Wollen Sie jemanden davon überzeugen, seine Meinung zu ändern, dann fragen Sie sich: »Welche neue Studie oder Erfahrung gibt es, die einen Wechsel zum Gegenstandpunkt legitimiert?« Erklären Sie dies, nachdem Sie Verständnis für die bisherige Sicht ausgedrückt haben.

DIE GOLDENE BRÜCKE DER BRANDNEUEN INFORMATION

Machen Sie deutlich, dass Sie den bisherigen Standpunkt auch vertreten haben, bis Sie eine brandneue Information bekommen haben, die alles veränderte. Diese ist die goldene Brücke zum anderen Standpunkt:

1. **Verständnis**, etwa:
   - »Das war mir auch immer wichtig, weil ...«
   - »Das war lange der wissenschaftliche Konsens ...«
2. **Neue Information**, etwa:
   - »Bis ich erfahren habe, dass ...«
   - »Neueste Erkenntnisse zeigen, dass ...«

10. TECHNIK

»Gerade weil«-Technik – nutzen Sie Gegenargumente für sich

Die frisch gebackene Gründerin eines Start-ups suchte Investoren für ihr neuartiges Produkt, ein spezielles Pflaster, das Wunden schneller heilen lässt. Sie wollte es nun zur Marktreife bringen. Bei den Investorenterminen beschrieb sie überzeugend, welchen besonderen Mehrwert ihr Produkt im Unterschied zu anderen hat, und präsentierte ihren durchaus schlüssigen Business Model Canvas. Trotzdem hatten die potenziellen Investoren Zweifel. Einer sagte ganz offen, warum: »Ich weiß nicht. Ich verstehe schon, warum das einen Nutzen hat, und ich finde das toll. Das Problem ist, dass es ein medizinisches Produkt ist. Das heißt, man braucht spezielle Zulassungen, das ist mir leider zu kompliziert und zu heikel.«

Die Gründerin hätte nun ganz ehrlich antworten können: »Das stimmt, man braucht leider viele Zulassungen, und es fehlt auch noch eine.« Der Fokus ihrer Aussage läge so allerdings auf dem Problem. Sie entschied sich für eine andere Formulierung und nutzte ein Gegenargument aktiv für sich: »Das stimmt, man braucht diese Zulassungen. Und *gerade weil* das so ist, haben wir einen riesigen Vorteil. Wir haben die meisten Zulassungen schon, damit sind wir den Wettbewerbern weit voraus. Da müssen die erst einmal hinterherkommen und die brauchen lange, um einen Fuß in den Markt zu bekommen.« Der Investor, der erst nicht wollte, war zurück im Spiel.

Die Technik funktioniert durch einen einfachen Kniff. Setzen Sie ein »Gerade weil« vor das Gegenargument: »Gerade weil [Gegenargument], haben wir einen Vorteil.« Sie funktioniert auch mit ähnlichen Formulierungen: »Gerade die Tatsache, dass [Gegenargument] …, ist unser Vorteil, denn …«, »Eben deswegen …« oder »Genau deshalb …«.

Auf diese Weise lassen Sie das Gegenargument für sich sprechen. Es hilft zum einen, andere zu überzeugen, zum anderen verhilft es auch Ihnen selbst zu mehr Selbstsicherheit. Denn anstatt bei Einwänden konsterniert dazustehen und sich vielleicht sogar zu denken: »Na ja, ein bisschen stimmt es ja«, hilft ein »Gerade weil« wieder aus der Sprachlosigkeit heraus und erinnert Sie daran, weshalb genau das für Sie spricht.

»Gerade weil« entlarvt auch persönliche Angriffe

Ich habe in jungen Jahren schon während meines Rhetorikstudiums angefangen, als Kommunikationstrainerin zu arbeiten. Dazu bin ich eine Frau und meine Haare sind blond – da kam einiges zusammen, was meiner wahrgenommenen Kompetenz nicht unbedingt von Nutzen war. Ich habe schon darauf gewartet, dass jemand sagt: »Was wollen Sie denn uns gestandenen Führungskräften und Vorständen erzählen? Sie haben doch gar keine Erfahrung. Sie sind ja viel zu jung!« Eine »Gerade weil«-Antwort nimmt solchen Widerständen den Wind aus den Segeln: »Gerade weil ich jung bin, kenne ich die neusten Studien und Techniken. Ich komme Ihnen nicht mit veralteten, nicht funktionierenden Methoden aus den 1990ern wie ›Halten Sie beim Präsentieren Ihre Hände auf Bauchnabelhöhe‹ oder einem Satz wie ›Moment, jetzt rede ich!‹, sondern mit subtileren, wirksameren Techniken, die nach neusten Untersuchungen heute auch wirklich wirksam sind.« Auch wenn niemand so einen Einwand äußert: Die »Gerade weil«-Technik hilft dabei, sich bereits im Vorfeld daran zu erinnern, wo vermeintliche Gegenargumente eigentlich zu einem Vorteil gedreht werden können. Und sie ist nützlich, sich seiner eigenen Stärken bewusster zu werden.

Auch die medizinischen Fachassistentinnen und -assistenten haben oft mit Widerständen hinsichtlich ihrer Kompetenz zu kämpfen, wie ich in meinen Trainings erfahren habe. Sie haben es beispielsweise mit zweifelnden Patienten zu tun, die aus Angst vor Infusionen oder Ähnlichem fragen: »Kann das nicht lieber die Ärztin machen? Sie sind die Assistentin, oder?« In den Trainings schlugen sie mit einem Augenzwinkern folgende Antwort vor: »Gerade weil ich die Assistentin bin, sind Sie bei mir in besten Händen. Denn ich mache das jeden Tag. Seien Sie froh, dass Sie bei mir sind, die Ärztin macht das nämlich gar nicht so oft.«

Selbst bei sensiblen Wertediskussionen ist die »Gerade weil«-Technik hilfreich: Während der Oscarverleihung 2022 verpasste der Schauspieler Will Smith dem Moderator Chris Rock einen ordentlichen Denkzettel, nachdem der einen beleidigenden Spruch über seine Frau gemacht hatte. Will Smith saß im Zuschauerraum, schaute in die gekränkten Augen seiner Frau, stand auf und lief geradewegs auf die Bühne auf Chris Rock zu und knallte ihm eine. Als er sich wieder hinsetzte, schrie er: »Keep my wife's name out of your f***** mouth!« Ein Schock während der Verleihung. Viele Außenstehende reagierten darauf später mit Zustimmung: »Richtig so!«, »Chris Rock hat es verdient, der Spruch war respektlos!« Andere wiederum wendeten ein, es sei absurd, dass gerade Menschen, denen Sensibilität wichtig ist, mit den äußersten Mitteln für diese kämpfen. Eine kooperative »Gerade weil«-Antwort betont die gemeinsamen Wertvorstellungen hinter den beiden scheinbar gegensätzlichen Positionen: »Gerade weil ich rücksichtsloses Verhalten (wie von Chris Rock) ablehne, halte ich es für falsch, es ebenfalls zu sein, in Form von körperlicher Gewalt (wie von Will Smith). So entstehen Teufelskreise, weil einer immer wieder eins draufsetzt.«

Die »Gerade weil«-Formulierung zeigt, dass Sie das gleiche Ziel haben und, wie in diesem Fall, den gleichen Wert teilen. Sie erhöhen das Gewicht Ihres Arguments, weil es auf dem Wert des Gegenübers basiert.

»GERADE WEIL«-TECHNIK

Lassen Sie Gegenargumente für Sie sprechen.

1. Gegenargument identifizieren
2. Setzen Sie »Gerade weil« vor das Gegenargument und leiten Sie damit die Präsentation Ihrer Argumente ein, etwa:
    - »Gerade weil [Gegenargument], halte ich es für sinnvoll, dass ...«
    - »Gerade die Tatsache, dass [Gegenargument] ..., ist für uns ein Vorteil, weil ...«

11. TECHNIK
Altercasting

Wie würden Sie mitten in der Nacht ohne Ihre Zimmerkarte einen sturen Rezeptionisten davon überzeugen, Sie wieder in Ihr Hotelzimmer zu lassen, wenn er Ihnen nicht glaubt, dass Sie Gast in diesem Hotel sind? Sie haben keinen Ausweis dabei, und zu allem Übel kann er Sie nicht im Buchungssystem finden. Er ist felsenfest davon überzeugt, dass Sie nicht eingebucht sind, und will sich auf keine Diskussion einlassen. Genau das ist meinem Bruder passiert. Der Rezeptionist wollte ihm keine Ersatzkarte aushändigen und blieb stur – bis er sich durch eine kleine Änderung in der Gesprächsführung doch noch umstimmen ließ.

Das letzte Weihnachtsfest verbrachten wir Geschwister und Familie zusammen und buchten uns gemeinsam in ein Hotel ein. Ich lag nach dem Fest schon im Bett, als mein Bruder mitten in der Nacht aufgelöst anrief: »Hast du meine Zimmerkarte, ich finde die nicht mehr.« – »Nein, aber ist doch nicht schlimm, hol dir eine neue. Ist unten noch jemand?« – »Ja, aber der glaubt mir nicht, dass ich hier Gast bin.« Er hatte den Rezeptionisten nach einer Ersatzkarte gefragt, wusste aber seine Zimmernummer nicht mehr. Als der Rezeptionist ihn nicht im System fand, glaubte der ihm nicht, dass er Gast ist. Er verwies ihn auf ein anderes Hotel in der Nähe: »Sie sind sicherlich bei unseren guten Freunden, dem Hotel XY, untergebracht und haben sich vertan. Sonst würde ich Sie hier im System finden.«

»Der Typ lässt nicht mit sich reden. Ich habe ihm gesagt, dass ihr hier auch untergebracht seid, aber er glaubt mir nicht. Ich steh draußen im Regen und gehe jetzt ins andere Hotel.« – »Ich komme jetzt runter, dann sieht er ja, dass ich hier auch ein Zimmer habe und dass deine Geschichte stimmt.« Ich war mir sicher, dass der Rezeptionist einlenken würde, wenn er sah, dass die Schwester hier ebenfalls eingecheckt hatte. Mittlerweile fragte ich mich auch, wie viel mein Bruder getrunken haben musste, dass er so wirkte, als sei er kein Gast dieses Hotels.

Ich lief also in meinem mit Rentieren gemusterten Weihnachtsschlafanzug nach unten. Der Rezeptionist schaute mich verwundert an und fragte, ob er mir helfen könnte. »Ja, mein Bruder ist anscheinend ausgesperrt und kommt nicht mehr rein, können Sie helfen?« – »Ach, Sie sind die Schwester! Na, dann löst sich doch jetzt alles in Wohlgefallen auf.« Weit gefehlt. Denn als er mich nach der Zimmernummer meines Bruders fragte und auch ich ihm nur zwei unsichere Möglichkeiten nennen konnte, guckte er genervt: »Nein. Dann geht's nicht, das tut mir wirklich leid. Wenn Sie die Zimmernummer nicht wissen, kann ich Ihnen nicht helfen.« Er muss einen wahnsinnig schlechten Tag gehabt haben. Er ließ meinen Bruder draußen sprichwörtlich im Regen stehen.

Es gab nun mehrere Möglichkeiten: zum Beispiel die persönlichen Taschen und Dinge meines Bruders zu beschreiben und die beiden Zimmer öffnen zu lassen, um das zu prüfen. Oder subtil auf die negativen Konsequenzen am nächsten Tag hinzuweisen. Wir haben uns unbewusst für eine andere Variante entschieden: Altercasting[39].

Diese Gesprächstechnik ist moralisch umstritten. Sie hält dazu an, dem Gegenüber (»alter«) eine soziale Rolle zuzuschreiben (»casting«), die seinem gewünschten Image entspricht und zudem mit dem Produkt oder der Sache, der es zustimmen soll, im Einklang steht. Zum Beispiel:

- »Ich habe Sie als kritische und faire Lehrerin kennen gelernt, die sich immer mehrere Seiten anhört – werden Sie denn im Wirtschaftsunterricht auch noch auf die positiven Seiten des Kapitalismus eingehen?«
- »Als Mutter, die ihren Kindern ihre Hobbys und freie Entfaltung ermöglichen möchte und gleichzeitig aufs Geld achtet, ist es sicher nicht immer leicht. Ein Van wie dieser macht es zumindest leichter.«
- »Sie wirken auf mich empathisch und als ob Ihnen eine für alle faire Lösung am Herzen liegt, deshalb würde ich Ihnen gerne nochmal meine Sicht der Dinge beschreiben.«
- »Sie scheinen ein wissenschaftlicher Typ zu sein, der auf Fakten Wert legt, deshalb lassen Sie mich Ihnen einmal die wichtigsten Zahlen (der Gegenseite), die letzte Woche herauskamen, präsentieren.«

Diese Technik spielt mit der Angst, eine positive soziale Rolle und das eigene positive Selbstbild nicht zu erfüllen, wenn man auf die folgende

Forderung nicht eingeht. Zwar gibt es für die Wirksamkeit des Altercastings keine wissenschaftlichen Nachweise, doch wird sie oft erfolgreich im Verkauf – und im Hotel bei drohender Obdachlosigkeit – eingesetzt.

Auf das Altercasting fiel sogar der mit allen Wassern gewaschene US-Chef-Diplomat Henry Kissinger herein, als er mit Ägyptens Staatschef Anwar as-Sadat verhandelte. Der schmeichelte ihm kurz vor der Verhandlung damit, dass Kissinger und seine Landsleute für ihre Fairness und ihre schnellen Entscheidungen bekannt seien. Die taten daraufhin während der Verhandlungen alles, um ihrem guten Ruf gerecht zu werden, und verzichteten darauf, alle Vorschläge eingehend zu prüfen. Kissinger winkte die Vorschläge ohne weitere Prüfung durch.[40]

Uns hat diese Technik an der Rezeption ebenfalls geholfen. Als ich mit meinem Bruder telefonierte – immer noch im Weihnachtsschlafanzug –, sagte ich ihm so, dass der Gemeinte mithören konnte: »Das ist doch ein professioneller Rezeptionist, der weiß, wie er solche Situationen handhaben kann. Dass du im System nicht zu finden bist, ist natürlich absolut unprofessionell, ein No-Go, dass das jetzt so schwer ist, wieder in das eigene Zimmer zu kommen. Das müssen wir morgen dringend zurückmelden. Dafür kann er aber nichts und findet eine Lösung. Es ist ja offensichtlich, dass wir beide zusammengehören. Er ist ja nicht blöd und durchschaut die Situation. Er wird dich sicher nicht draußen im Regen ohne deine Sachen zum nächsten Hotel laufen lassen, obwohl du dein Zimmer hier hast, das ist ja vollkommen absurd.«

In dem Moment nickte der Rezeptionist und flüsterte in meine Richtung mit einem Augenzwinkern: »Ja, ja, ich krieg das hin.« Er tippte wild auf den Tasten des Computers herum und fand nichts, während ich meinen Bruder am Telefon beruhigte. Danach wandte ich mich ihm zu, und er sagte, er finde niemanden aus unserer Familie im System, da müsse jemand beim Einchecken einen Fehler gemacht haben. Aber er sei nun so kulant und gebe eine Ersatzkarte aus. Die positive Annahme, die zum gewünschten Verhalten passte, zahlte sich tatsächlich aus. Zusätzlich befanden wir uns nun auf derselben Seite, nicht mehr auf zwei unterschiedlichen. Bad Cop war das Hotel, Good Cop er, der uns aus dem Schlamassel herausholt. Kann es so einfach sein? Anscheinend ja.

Doch Achtung, diese Technik hat auch Nachteile: Zum einen birgt sie die Gefahr, dem anderen ein Bild zuzuschreiben, welches dieser ablehnt. Will jemand nicht der »Zahlentyp«, »Wissenschaftstyp« oder schon wieder der »Retter in der Not« wegen nicht funktionierender Technik sein, bewirkt sie das Gegenteil. Außerdem ist sie durchschaubar, sobald sie rein strategisch als Technik angewandt wird, etwa: »Müller, Sie sind doch hervorragend im Umgang mit Excel, deshalb habe ich hier genau die richtige Aufgabe für Sie.« Das ist plump. Manipulativ angewandt, kann sie nach hinten losgehen. Deshalb ist eine positiv abgewandelte Form dieser Technik, die Annahme über die andere Person ernst zu meinen und das Gute in ihr zu sehen.

Das probierte ich aus. Ich wollte wissen, ob diese Hotelgeschichte ein Zufallstreffer war oder ob diese Technik auch in anderen Situationen funktioniert, und wandte sie in positiv abgewandelter Form bei einer Allgemeinärztin an. In dieser Gemeinschaftspraxis war ich es gewohnt, egal, bei welchem Arzt, und egal, bei welchen Schmerzen, immer erst einmal wieder weggeschickt zu werden mit den Worten: »Abwarten und hier noch ein entzündungshemmendes Schmerzmittel.« Selbst wenn man nach einer eingehenden Untersuchung fragt, wird diese eher schnell abgefertigt. Strikte Abrechnungsvorschriften und ein hohes Arbeitspensum lassen oftmals nicht mehr zu. Diesmal testete ich die Grenzen aus. Also sagte ich zur Ärztin nach der Begrüßung: »Ich habe auf der Homepage gesehen, dass Sie lange in einer orthopädischen Praxis gearbeitet haben, deshalb komme ich zu Ihnen. Sonst wird man ja meistens mit Schmerzmitteln und Abwarten wieder weggeschickt. Sie haben bestimmt ein anderes Auge darauf.« Dieser Gedanke war echt und nicht rein strategisch aus dem Ärmel geschüttelt. Sie machte daraufhin eine genaue Anamnese und Untersuchung, die ich in dieser Praxis noch nie erlebt hatte. Sie prüfte meinen Arm eingehend in alle Richtungen, testete die Schmerzpunkte und schlug mir verschiedene Therapien vor. Sie verschrieb mir eine spezielle Triggertherapie und schickte mich unter das Ultraschallgerät.

Im Arbeitsalltag hilft es, andere für die eigenen Worte zu öffnen, zum Beispiel, wenn Sie der Grafikabteilung Feedback geben möchten und davon ausgehen, dass die Zuständigen eventuell in ihrer künstlerischen Ehre gekränkt sein könnten: »Erfahrene Grafiker sind ja meistens für Feedback offen, wenn es klar ist, deshalb versuche ich, es möglichst klar zu formulieren: …« Die Bedingung (»Wenn es klar ist«) lenkt vom gewünschten Verhalten ab, sodass es selbstverständlich wirkt.

Wenn Sie in einer Besprechung der Rechthaberei vorbeugen möchten: »Die meisten, die ein Projekt nach vorne bringen wollen und nicht sich selbst auf Biegen und Brechen durchsetzen müssen, sind ja offen für Ideen der anderen und entwickeln sie gemeinsam weiter. Ich freue mich, mit Ihnen die verschiedenen Ideen jetzt durchzugehen.«

ALTERCASTING

Der anderen Person eine soziale Rolle zuschreiben, die ihrem gewünschten Image entspricht und sich gleichzeitig mit dem gewünschten Verhalten deckt.

Direkt, etwa:

- »Ich habe Sie bisher als [fair/offen/kritisch/genau …] kennen gelernt, deshalb [eine Frage, Anmerkung].«

Indirekt, etwa:

- »Die meisten, die [kompetent/erfahren/verständnisvoll …] sind, haben kein Problem mit [gewünschtes Verhalten]. Deshalb freue ich mich, …«
- »[Kompetente/verständnisvolle/nette] Menschen sind ja meistens sehr offen für [gewünschtes Verhalten], wenn [Bedingung], deshalb bemühe ich mich, [Bedingung] einzuhalten.«

Achtung: Sobald Sie diese Technik in ein plumpes strategisches Schmeicheln verzerren, verliert sie zum einen ihre Wirkung und ist zum anderen kein Teil der **kooperativen** Techniken mehr.

12. TECHNIK

Das Konsistenzargument

In einem Live-Interview mit dem britischen TV-Sender Channel 4 News[41] wurde der klinische Psychologe Jordan Peterson mit unfairen Gesprächstechniken konfrontiert und schaffte es dennoch, das Interview zu seinen Gunsten geschickt zu drehen und die TV-Journalistin Cathy Newman sprachlos zu machen. Das Video des Interviews ging viral und durch die Presse – zu Ungunsten der Journalistin.[42]

Was war geschehen? Die britische Journalistin bezweifelte immer wieder Jordan Petersons Aussagen. Während des gesamten 30-minütigen Interviews unterbricht sie ihn immer wieder, verdreht seine Äußerungen und unterstellt ihm falsche Aussagen. Peterson berichtigt sie wiederholte Male mit den Worten: »Nein, das habe ich nicht gesagt. Was ich sage, ist …«

Auf dem Höhepunkt des Interviews geht es um freie Meinungsäußerung und speziell um die Frage, ob und wie auf die Gefühle von Transsexuellen Rücksicht zu nehmen sei. Die Journalistin wirft Peterson vor, dass er andere Menschen diskriminiere, wenn er immer wieder auf die Meinungsfreiheit pocht und darauf, dass jeder alles sagen dürfe: »Warum ordnen Sie das Recht auf Redefreiheit dem Recht einer transsexuellen Person, sich nicht angegriffen zu fühlen, über?« An diesem Punkt gibt Peterson dem Interview eine andere Richtung und konfrontiert die Journalistin mit ihrem Verhalten: »Um uneingeschränkt denken zu können, muss man das Risiko eingehen, jemandem zu nahe zu treten. Unsere Unterhaltung ist ein gutes Beispiel. Sie sind offensichtlich dazu bereit, mir zu nahe zu treten, um der Wahrheit näher zu kommen. Wer gibt Ihnen das Recht dazu? Ich fühle mich dadurch auch angegriffen.« Und er bekräftigt weiter: »Sie tun, was Sie tun sollen. Sie stellen unangenehme Fragen, um Antworten zu bekommen. Das sollten Sie auch tun. Und indem Sie von Ihrer Redefreiheit Gebrauch machen, gehen Sie unumgänglich das Risiko ein, mich zu verletzen. Und das ist gut so. Tun Sie sich keinen Zwang an.« Damit hob er hervor: Sie tut in ihrem Interview genau das, wofür er einsteht.

Sie wurde unsicher und stotterte: »Okay, das heißt, Sie haben nicht gesagt, dass … Und …« Sie machte eine Pause, atmete schwer und stotterte weiter: »Ich versuche, das nur nochmal anders herauszuarbeiten. Ich meine …« Atmen. Pause. Peterson: »Jetzt hab ich Sie.« Newman: »Ja, das haben Sie.«

Die Journalistin war deshalb sprachlos, da Peterson hier eins zeigt: Cathy Newman handelt gegen ihren eigenen Wert der Sensibilität, für den sie argumentiert. Oder positiver gesagt: Sie stimmt zwar Jordan Peterson nicht inhaltlich zu, aber in ihrem Verhalten tut sie es. Sie macht Gebrauch von ihrem Recht der freien Meinungsäußerung, ohne Rücksicht auf die Gefühle ihres Gegenübers zu nehmen. Damit haben sie beide eine Gemeinsamkeit: Ihr Verhalten deckt sich mit seinem Wert, für den Peterson einsteht.

Peterson deckt den Unterschied zwischen ihrer Einstellung und ihrem Verhalten auf. Beides ist nicht konsistent, nicht deckungsgleich: »Einerseits sagst du, andererseits tust du.« Für jeden Menschen ist das höchst unangenehm, denn wir möchten konsistent sein. Wir möchten heute den gleichen Standpunkt vertreten wie gestern und auch nach den Werten handeln, die wir von uns und anderen einfordern. Konsistenz bedeutet Widerspruchsfreiheit.

Das Streben nach Konsistenz

Der Mensch verfolgt grundsätzlich das Ziel, sein Verhalten mit seiner Überzeugung in Einklang zu bringen. Ich habe zu einem bestimmten Thema eine Einstellung und Überzeugung; gleichzeitig verhalte ich mich zu diesem Thema.

Im besten Falle stimmt beides überein. Beispielsweise hält jemand Rauchen für ungesund, dementsprechend verhält er sich und raucht nicht. Einstellung und Verhalten stehen miteinander in Einklang, ein gutes Gefühl. Was aber, wenn es jemand nicht schafft, trotz dieses Wissens mit dem Rauchen aufzuhören? – Dann entsteht eine kognitive Dissonanz: Sie beschreibt den Widerspruch zwischen verschiedenen Gedanken, Einstellungen und Absichten, die nicht miteinander vereinbar sind[43] und ein unangenehmes Gefühl verursachen. Sie tritt auch auf, wenn Verhalten und Einstellung nicht übereinstimmen.

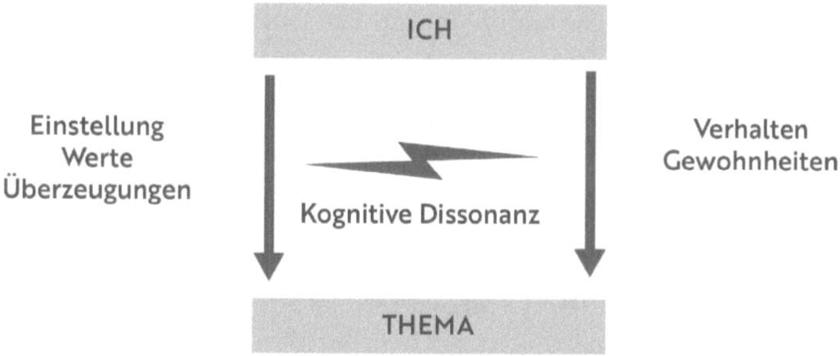

Abbildung 2: Kognitive Dissonanz

Als Folge muss eines von beiden angepasst werden. Entweder hört die Person auf zu rauchen, oder – weil das zu schwer ist – sie passt ihre Einstellung an und erzählt sich eine andere Geschichte: »So schlimm ist es nicht«, »Ich könnte auch jederzeit von einem Auto überfahren werden, dann darf man ja gar nichts mehr machen«. Das Gleiche im Arbeitskontext. Der Kollege weiß eigentlich, wie wichtig die Vorbereitung für eine Kundenpräsentation ist, schafft es aber nicht, sich vorzubereiten. Seine Einstellung passt sich an: »Na ja, dafür war es authentisch. Manchmal sind Präsentationen besser, wenn sie nicht bis ins Detail geplant sind.« Diese Selbstrechtfertigungen werden auch »erlaubnisgebende Gedanken« genannt. Durch sie ist es leichter, das eigene inkonsistente Verhalten zu ertragen. Denn wir streben danach, dass unsere Einstellung zu unserem Verhalten passt. Dieses wirkt wie ein Magnet auf unsere Einstellung, die ihm folgt, und umgekehrt.

Das können Sie in Diskussionen für sich nutzen. Normalerweise müssen wir mit unserem eigenen Standpunkt sowohl gegen die aktuelle Einstellung des anderen konkurrieren als auch gegen dessen Verhalten. Das ist schwer. Doch passt bei unserem Gegenüber sein Verhalten nicht zu seiner Einstellung, haben wir es leichter. Denn diese Inkonsistenz in Verhalten und Einstellung bedeutet gleichzeitig, dass eines von beidem bereits mit unserem Standpunkt übereinstimmt. Diesen Widerspruch können wir deutlich machen nach dem Schema: »Du tust/sagst selbst, dass … Das ist genau das, wofür ich einstehe.« Die Betonung der Gemeinsamkeit ist das Konsistenzargument.

Diese Vorgehensweise wählte Jordan Peterson, als er die Journalistin darauf hinwies, dass sie genau das tut, wofür er einsteht. Sie muss zugeben, dass es eben doch nicht immer möglich ist, niemanden zu verletzen. Sie kommt um Zugeständnisse kaum herum, um ihr eigenes Verhalten zu rechtfertigen. Decken Sie auf und betonen die Gemeinsamkeiten zwischen Ihrem Standpunkt und dem aktuellen Verhalten (oder der Einstellung) Ihres Gegenübers, dann erkennt es selbst, dass es hier nicht richtiglag.

Das Konsistenzargument kann auch provokativ genutzt werden, so wie es der Kabarettist Florian Schroeder 2020 auf einer Querdenken-Demo in Stuttgart gemacht hat. Die Organisatoren dachten, er sei einer von ihnen. Schroeder nahm eine Einladung an, um die Grenzen der Meinungsfreiheit zu testen, für die die Demonstrierenden ja nach eigener Aussage unbedingt stehen. Er ließ während seiner Rede offen, auf welcher Seite er steht, bis er den Höhepunkt seiner Rede vorbereitete: »Ihr seid für Meinungsfreiheit, das finde ich cool. Ich bin auch für Meinungsfreiheit. […] Brauchen wir mehr Meinungsfreiheit?!« – »Ja!«, antwortete die Menge. Er fragte weiter: »Okay, wollt ihr die totale Meinungsfreiheit?« – »Ja!«, antworteten die Teilnehmenden der Kundgebung wieder. Und Florian Schroeder löste anschließend auf: »Sehr gut, dann möchte ich euch mit etwas konfrontieren: Ich bin der Auffassung, dass Corona eine hochgefährliche ansteckende Krankheit ist, und ich bin der Überzeugung, dass Maskentragen und Abstandhalten das Beste ist, was wir in diesen Tagen tun können.« Nach einigen Buhrufen ergänzte er: »Das ist meine Meinung. Wenn ihr für Meinungsfreiheit seid, müsst ihr meine Meinung aushalten.« Damit führte er die Gruppe der Querdenker vor. Er zeigte, dass sie einen Wert vertreten, dem sie selbst nicht folgen. Und damit erntete er viele Schlagzeilen.

Ein solch konfrontativer Ansatz ist allerdings nicht geeignet, wenn Sie Ihr direktes Gegenüber überzeugen und Ihre Beziehung schützen wollen. Dann gehen Sie kooperativer und wohlwollender vor. In Stuttgart unterhalte ich mich auch manchmal mit den Anhängern der Querdenker-Bewegung. Einer von ihnen stellte mir seine »Sechs Maxime eines guten Menschen« vor. Eine lautete: »Ein guter Mensch lässt sich zu keiner Zeit und von niemandem aus der Ruhe bringen.« Damit zielte er auf die Menschen ab, die ihn und seine Freunde auf der Straße immer wieder beschimpfen. Allerdings widersprach er damit gleichzeitig seinem eigenen Verhalten, denn natürlich ist er vermutlich selbst in seinen bisherigen rund 50 Lebensjahren nicht jeden Tag erleuchtet und besonnen durchs Leben spaziert. Mit diesem Verhalten stimmte er bereits meinem Standpunkt zu. Deshalb sagte ich ihm daraufhin: »Ich glaube, einige von uns sind teilweise nicht gerade die Ruhe selbst, und ich kann mir vorstellen, dass auch Sie schon mal aus gutem Grund aus der Haut gefahren sind und trotzdem ein guter Mensch sind.« Er stimmte zu und sagte, er müsste seine Maxime sowieso nochmal überarbeiten, es gebe auch Ausnahmen. Für diese Art der Argumentation ist etwas Zentrales notwendig: in einer Doppelmoral eine kooperative Chance zu sehen und den Widerspruch wohlwollend aufzudecken, anstatt einen Gegenangriff zu starten.

Das Konsistenzargument hilft aber auch »ein paar Nummern kleiner«, wenn es nicht um große Wertediskussionen geht, sondern um ganz alltägliche Widersprüche: Hält sich Ihre Chefin mit der Bezahlung einer Weiterbildung zurück, erinnern Sie sie an ihre eigenen Worte zu einer stetigen Weiterentwicklung, auf die Ihre Weiterbildung einzahlt. Bekommen Sie im Elektrofachhandel keinen Rabatt, erinnern Sie den Verkäufer an die Werbung, in der der beste Preis versprochen wurde, das Produkt aber woanders günstiger zu haben ist. Werden Sie in einem Wellnesshotel frühmorgens aus dem Schlaf gerissen, weil das Hantieren mit dem Frühstücksgeschirr bis in Ihr Zimmer in den ersten Stock zu hören ist, erinnern Sie das Hotel an sein Versprechen der Erholung, die Sie aktuell leider nicht spüren können.

DAS KONSISTENZARGUMENT

Erkennen Sie Widersprüche zwischen Denken und Verhalten beim anderen. Verzichten Sie auf den Vorwurf der Doppelmoral und nutzen Sie stattdessen denjenigen Strang, der mit Ihrer Einstellung übereinstimmt.

- Erkennen Sie den Widerspruch zwischen Verhalten und Einstellung Ihres Gegenübers.

- Verzichten Sie darauf, Öl ins Feuer zu gießen. Stimmen Sie stattdessen dem Verhalten oder der Einstellung zu, je nachdem, worin Sie übereinstimmen, und nutzen Sie es wohlwollend als Ihr Argument, etwa:
  - »Wenn ich Sie richtig verstanden habe, wollen Sie [Interesse, Einstellung]. Mein Vorschlag zahlt genau darauf ein«, »Sie halten [Interesse, Einstellung] für wichtig. Das tue ich auch, deshalb stehe ich dafür ein, dass …«
  - »Sie haben [Verhalten] getan, und das ist genau das, wofür ich einstehe – wir sollten alle viel mehr …«, »Sie tun gerade [Verhalten]. Genau das unterstütze ich.«

WERTEDISKUSSIONEN SENSIBEL FÜHREN

Mit manchen Menschen wollen wir nicht reden – weil wir überzeugt davon sind, wenig gemeinsam zu haben. Das passiert dann, wenn wir nicht die gleichen Werte teilen. Unterschiedliche Werte verhindern Gespräche oder sorgen im Hintergrund dafür, dass ein Gespräch nicht gut wird. Werte sind häufig der Grund für Online-Hetzjagden oder sogar Kriege, stets geführt »im Namen des Guten«. Das ist das Phänomen des »Moral Licensing«, der moralischen Legitimierung. Glauben wir, für eine gute Sache einzustehen, tun wir ohne Schuldgefühle etwas Schlechtes. Wir glauben, dass unser Wert wichtiger ist als die Methoden, derer wir uns bedienen. Unser Urteil über Menschen, die andere Werte haben, mag noch so hart und unerbittlich ausfallen: Wir fühlen uns im Recht! Alles andere tritt hinter die Verteidigung der eigenen Werte zurück.

Das Problem mit den Werten ist, dass andere auch welche haben

Die Kollegin hat mit dem Chef geschlafen? Das macht man nicht. Grund genug, beide fertigzumachen. Der Kollege war gestern mit seiner Familie im Zoo. Wie kann man Tierquälerei unterstützen, der gehört direkt selbst eingesperrt! Der Chef hat einen Witz unter der Gürtellinie gemacht. Toxische Männlichkeit at its worst. Weg vom Posten!

Eine zu starke Identifikation mit einem Wert kann eine Kommunikation vergiften. Sie verringert den Respekt gegenüber Menschen, die auf den ersten Blick nicht denselben Wert teilen. Werte machen uns rechthaberisch und verringern unsere Fähigkeiten, mit anderen Menschen zu diskutieren. Eine Studie von 2020 zeigte das. Eine Gruppe von Menschen sollte zu einem Thema moralisch argumentieren, und die andere Gruppe sollte zum gleichen Standpunkt pragmatisch mit Fakten argumentieren. Das Ergebnis: Moralisch argumentierende Menschen waren rechthaberischer und hatten weniger Geduld, sich die andere Seite anzuhören.[44]

Das bedeutet nicht, dass wir nun unsere Moral über Bord werfen sollten. Hoffentlich behalten Sie Ihre moralischen Leitplanken. Vielmehr heißt es, dass wir gerade dann, wenn es um Werte und Moral geht, darauf achten sollten, wie wir mit anderen reden, und dass wir anderen ihre Werte nicht absprechen.

Wer unsere Werte angreift, greift uns persönlich an

Werte machen uns stur und lassen Diskussionen hochkochen. Das liegt daran, dass sie identifikationsstiftend sind. Genauso wie Ziele, für die wir uns einsetzen, große Projekte, die uns am Herzen liegen, Gewohnheiten und Prägungen. Sie sind Teil unserer Persönlichkeit[45]. Bei Wertethemen ist es kaum möglich, den berühmten Grundsatz der Harvard-Verhandlungsmethode zu beachten, der besagt: »Trenne Person und Sache.« Denn die Sache, um die es geht, ist Teil der Persönlichkeit. Bei Fakten, die sehr eng mit ihr gekoppelt sind, fühlt es sich in Diskussionen an, als ginge es darum, das eigene Leben zu verteidigen. Im Gehirn werden dieselben Reaktionen ausgelöst wie bei einer lebensbedrohlichen Situation.[46] In schwierigen Gesprächen geht es also nicht nur um Fakten, sondern um die eigene Identität.

Ob es in einer Diskussion um Werte und Prägungen geht, erkennen Sie vor allem an drei Punkten:

1. **Wortwahl:** Benutzt jemand häufig das Wörtchen »man« im Sinne von: »Das macht *man* so« oder spricht er oder sie allgemeingültig, etwa: »Das gehört sich nicht«, erkennen Sie schnell, dass jemand von eigenen Prägungen und Werten spricht.

2. **Moralisierung:** Menschen, die es anders sehen, sind schlechte Menschen.
3. **Überempfindlichkeit:** Emotionale Reaktion auf Widerspruch mit Wut und Herablassung.[47]

Diese drei Punkte sind Anzeichen dafür, dass die Offenheit für andere Meinungen eingeschränkt ist.

Im Alltag gibt es immer wieder Streitthemen, die mit Werten in Verbindung stehen: Gleichberechtigung, Impfen, Rassismus. Auf Basis von Werten zu diskutieren ist legitim, sie halten eine Gesellschaft zusammen. Schwierig wird es erst dann, wenn sie in einem Extrem gelebt werden. Wie gehen Sie damit um und wie brechen Sie harte Wertefronten auf, um die andere Person zu erreichen? Wenn wir die Dynamik in Wertediskussionen durchschauen, fällt es uns leichter, sie zu unterbrechen und in eine positive Richtung zu lenken. Denn erkennen Sie einmal die positiven Werte des anderen in seinen extremen Aussagen, ist es möglich, diese geschickt in die eigene Argumentation zu integrieren.

Authentisch oder wirkungsbewusst?

In Konflikten treffen meistens zwei völlig entgegengesetzte Werte aufeinander, die sich einander auszuschließen scheinen. Bei genauerem Hinsehen tun sie das oft nicht, sie brauchen sich sogar gegenseitig. Erkennen wir dies, kommen wir wieder ins Gespräch.

Dazu das Beispiel eines Wertes, der Diskussionen befeuern kann: die Authentizität. Manchen Menschen ist es sehr wichtig, authentisch zu sein. Sie hassen es, sich zu verstellen. Sie sagen von sich selbst: »Ich bin eben ehrlich und direkt. Damit müssen die anderen klarkommen.« Sie wollen auf keinen Fall lügen, weshalb sie alles sagen, was sie denken. Im Extremfall kommt eine solche Authentizität sehr schroff und schonungslos daher. Eine Führungskraft könnte authentisch schimpfen: »Was habt ihr Volltrottel schon wieder veranstaltet?!« Dann ist sie ehrlich und direkt, doch das Problem ist, dass ihre Mitarbeiter das Gesagte nicht annehmen können, weil hohe Impulsivität nicht automatisch gut ist. Eine schonungslose Offenheit kann andere auch überrumpeln und überfordern, wenn Themen breit ausgeführt werden, ohne Rücksicht auf das Gegenüber und ob es gerade offen dafür ist. Zudem können Sie in einer Mitarbeiterpräsentation authentisch langweilig, in Meetings authentisch unprofessionell und in Konflikten authentisch herablassend sein. »So bin ich eben« ist das Credo. Das ist eine hohe Hürde für eine gelingende Kommunikation, denn Professionalität und Rücksichtnahme bleiben auf der Strecke. Und wer 24 Stunden am Tag authentisch sein möchte, kann sich kaum weiterentwickeln. Wir alle haben wohl als Kinder das Essen mit Messer und Gabel nicht als authentisch empfunden, doch irgendwann haben wir es gelernt. Erst wenn wir Neuem eine Chance geben und es öfter tun, kann es irgendwann authentisch werden. Das allerdings lehnen Vertreter der reinen Authentizität ab: »Ich verstelle mich für niemanden.«

Anderen Menschen ist es gerade wichtig, wie ihr Auftreten bei anderen ankommt. Sie sind sich bewusst, wie ihre Worte wirken könnten, und fragen sich: »Wie sage ich es am besten, damit richtig ankommt, was ich meine?« Im Extremfall ist jemand mit einem hohen Wirkungsbewusstsein nicht mehr echt und richtet sich ausschließlich nach anderen Menschen, Situationen und Zielen: »Was muss ich tun, um etwas Bestimmtes zu erreichen oder zu vermeiden?« Die Erscheinungsformen sind vielfältig. Im Service sind das die »schmierigen Verkäufer«, die in den 1990er Jahren in entsprechenden Trainings ausgebildet wurden, die nur noch Techniken anwandten, ohne Rücksicht auf ihre eigene Persönlichkeit. Und manche Menschen verlernen durch eine überangepasste Fassade zu spüren, wer sie selbst eigentlich sind und was sie fühlen.

Im Konflikt treffen oft zwei Extreme aufeinander, die eine Kommunikation schwierig machen, in diesem Fall: die schonungslose Offenheit auf der einen und die Fassadenhaftigkeit auf der anderen Seite. Dabei steckt in beiden ein guter Kern.

Eine positive Authentizität meint eine Ehrlichkeit, genauer: eine Übereinstimmung von Verhalten und innerem Erleben. Menschen, die diese Kongruenz in Stimme, Körpersprache, Mimik, Wortwahl und innerer Haltung zeigen, sind echt und glaubwürdig. Doch um nicht in ein unverschämtes und schonungsloses Extrem zu rutschen, braucht sie eine Schwestertugend: das Wirkungsbewusstsein. In seiner positiven Ausprägung fragt es, wie Informationen so formuliert werden können, dass sie beim Gegenüber ankommen. Dafür müssen wir auch sensibel sein. Ohne Sensibilität ist Ehrlichkeit nutzlos, denn andere können nicht annehmen oder verkraften, was wir sagen.

Diese Dynamik beschreibt das sogenannte Werte- und Entwicklungsquadrat (siehe Abbildung 3). In seiner ursprünglichen Form stammt es als Wertequadrat von Aristoteles und wurde 1967 vom Psychologen Paul Helwig auf Grundlage seines Professors Nicolai Hartmann weiterentwickelt. Der Kommunikationspsychologe Friedemann Schulz von Thun zog es 1989 erstmals nicht nur als Werte-, sondern auch als Entwicklungsquadrat heran, um es für die zwischenmenschliche Kommunikation und Persönlichkeitsentwicklung nutzbar zu machen.

AUTHENTIZITÄT	WIRKUNGS-BEWUSSTSEIN
SCHONUNGS-LOSE OFFENHEIT	FASSADEN-HAFTIGKEIT

Abbildung 3: Werte- und Entwicklungsquadrat, Authentizität und Wirkungsbewusstsein[48]

Das Werte- und Entwicklungsquadrat zeigt die Spannungsverhältnisse verschiedener Werte. Authentizität ist positiv. Doch ohne ihren komplementären Wert des Wirkungsbewusstseins wird sie zur schonungslosen und unpassenden Offenheit.

Erinnern Sie sich noch an den ehemaligen CDU-Kanzlerkandidaten Armin Laschet, der nach der Hochwasserkatastrophe im Ahrtal während der Rede des Bundespräsidenten im Hintergrund gelacht hatte? Unter dem Hashtag *#laschetlacht* echauffierten sich anschließend die Internetuser über ihn. Die Menschen konnten nicht fassen, wie gefühlskalt er wohl sein muss. Doch ist er ein schlechter Mensch, weil er in so einer prekären Lage gelacht hat? Wir haben alle schon einmal in schlimmen Zeiten, sogar auf Beerdigungen, wenn wir uns von lieben Menschen verabschieden mussten, an genau diesem Tag unser Lachen wiedergefunden. Es ist menschlich und: authentisch. Doch das Lachen passt nicht zu seiner Rolle, Armin Laschet war in diesem Moment nicht wirkungsbewusst. Wenn Olaf Scholz sagt, er hätte ein ganz ordentliches Einkommen, dann ist das ehrlich und authentisch, kommt aber trotzdem nicht gut an.

Umgekehrt wäre Martin Luther Kings berühmte Rede nie so erfolgreich und wirkungsvoll gewesen, hätte er nur rein authentisch gesagt: »Es ist wichtig, dass Schwarze und Weiße gleichberechtigt sind!« Das wiederholte »I have a dream« hatte da eine ganz andere Schlagkraft.

Wir brauchen also für eine gelingende Kommunikation beide positiven Schwestertugenden. Sie schließen sich gegenseitig nicht aus. Das wird häufig angenommen, wenn sich Menschen fragen: »Ich bin eben ehrlich, soll ich etwa lügen?« Es ist nicht notwendig, sich zwischen Wahrheit, also Authentizität, und Lüge zu entscheiden. Denn es ist möglich, eine Wahrheit sensibel und wirkungsbewusst auszudrücken. Zudem prägte die Psychoanalytikerin Ruth Cohn den Begriff der »selektiven Authentizität«, die Authentizität und Wirkungsbewusstsein miteinander kombiniert. Ruth Cohn sagte: »Alles, was gesagt wird, soll echt sein; nicht alles, was echt ist, soll gesagt werden.«[49] Ein Leitsatz, der unsere Online-Plattformen zu einem besseren Ort machen würde.

Haben wir beide komplementären Werte im Blick, holen wir uns selbst aus einem Extrem heraus und werden überzeugender, da wir beide Fähigkeiten zur Verfügung haben, je nachdem, was die Situation von uns gerade verlangt.

Extreme überwinden – nicht alles ist toxisch

Streiten sich zwei Menschen, werden sie schnell blind für den guten Kern, der in den Aussagen des anderen steckt. Sie werfen sich gegenseitig Übertreibungen und drastische Aussagen vor. Das macht es schwierig, die andere Person und ihren Standpunkt zu respektieren.

Auf der gesellschaftlichen Ebene prallen immer wieder die Werte Freiheit und Sicherheit aufeinander. Wer es mit der Freiheit übertreibt, landet im Chaos: jeder, wie er will. Wer es mit der Sicherheit übertreibt, landet in der Erstarrung und Einengung: nichts ist mehr ohne Absicherung erlaubt. Je nachdem, wo Ihre persönliche Präferenz liegt, denken Sie bei Freiheit sofort an Chaos oder bei Sicherheit umgehend an ein enges Korsett. Die positiven Werte, die in diesen Übertreibungen stecken, sehen wir nicht mehr. Doch im Dialog und für ein gelingendes Zusammenleben brauchen wir beide. Sobald Menschen zu Vertretern von nur einem Wert werden, sprechen wir von Polarisierung.[50]

Schaffen wir es in Diskussionen, den positiven Wert des anderen wieder zu sehen, beruhigen wir uns selbst emotional und können wieder Respekt für die andere Person und ihren Standpunkt entwickeln.

Es fällt schwer, darauf zu verzichten, anderen Übertreibungen anzudichten. Ich werde häufig gefragt: »Wie rede ich mit einem Narzissten? Mein Chef hat schon wieder …« Dann stelle ich drei Fragen, und es stellt sich heraus, es handelt sich gar nicht um einen Narzissten, er ist einfach nur ein Arschloch. Das ist immer noch ein Unterschied. Nicht jeder Angeber ist ein Narzisst, und nicht jeder, der rücksichtslos ist, ist toxisch. Menschen werden leicht abgestempelt mit extremen Begrifflichkeiten. So entstehen vermeintlich Gruppen, die sich gegeneinanderstellen: die »hysterische Feministin« und der »alte weiße Mann«, die »Covidioten« und die »Schlafschafe«, die »Narzissten« und die »Empathiker«, »Macher« und »Jammerer«. Dazwischen gibt es offenbar nichts. Das schürt Feindseligkeit und schafft Verdachtsmomente: Jemand hat sich gerade rücksichtslos und empathielos verhalten. »Er muss ein toxischer Narzisst sein!« Sobald wir andere Menschen dämonisieren und uns unterschiedlichen Gruppen zuordnen, schmälern wir unsere Überzeugungschancen. Denn Menschen lassen sich eher überzeugen, wenn sie den Eindruck haben, für das Gleiche einzustehen und der gleichen Gruppe anzugehören.

Deshalb ist es wichtig, uns selbst wieder bewusst zu werden, dass eine bestimmte Verhaltensweise nicht den Menschen als Ganzes charakterisiert. Wer über etwas jammert, ist nicht generell ein Jammerer. Jammern kann im Übrigen helfen, Schmerzen leichter zu ertragen.[51] Doch wer erzählt, dass es ihm heute nicht optimal geht, wird von den

Vertretern der positiv denkenden »erfolgreichen Macher« schnell in die Schublade des »Jammerers« gesteckt. Wer aktuell in einer schwierigen Situation steckt, erfährt kein Mitgefühl. »Hören Sie auf zu jammern und machen Sie etwas aus Ihrem Leben! Jeder ist seines Glückes Schmied!« Die Message: Wenn Sie nicht erfolgreich sind, sind Sie selbst schuld. Kritik an diesem Weltbild und an einer 100-prozentigen Selbstverantwortung bedeutet eine »Opfermentalität« und ist nicht erwünscht, es würde das Erfolgskonzept der Macher ins Wanken bringen und bedeuten, dass auch sie ihren Erfolg nicht ausschließlich selbst zu verantworten haben. Sie internalisieren ihn, das heißt, sie schreiben ihn ihren eigenen Fähigkeiten zu, das ist Balsam für den Selbstwert, auch wenn das oft gar nicht stimmt, wie der US-amerikanische Ökonom Robert H. Frank beschreibt. Er erklärt, weshalb Erfolg auch stark von glücklichen Umständen abhängt.[52] Auf diese sollten wir allerdings mit Fleiß und Talent gut vorbereitet sein, um sie nutzen zu können.

Auf der anderen Seite gibt es diejenigen, die jede Anmutung von Optimismus als eine »toxische Positivität« betrachten. Der Begriff ist beliebt: »toxische Menschen«, »toxischer Feminismus«, »toxische Medien«, »toxische Maskulinität«. Begriffe aus der Psychopathologie machen den Anschein eines psychologisch begründeten Urteils und werden verwendet, um das eigene negative Urteil noch einmal »sachlich« zu bestärken. Aus dem gleichen Grund ist auch der Begriff »Narzisst« beliebt. Doch in der Psychologie gilt: Einen Anfänger erkennt man daran, dass er sofort eine Diagnose stellt.

Stellen Sie also besser keine Diagnosen und sehen Sie die Abstufungen zum Extrem.

So wird in Gesprächen wieder vieles möglich, was in der aktuellen Realität oft nicht der Fall ist: Eine Person darf einen Fehler in zwischenmenschlichen Beziehungen machen, ohne deshalb als toxisch zu gelten. Ein Mann darf für seinen Standpunkt eintreten, ohne ein Abbild unseres Patriarchats zu sein. Und eine Frau darf für ihre Rechte einstehen, ohne deshalb eine »Opferrolle« zu bedienen. Sie darf es auch ablehnen, öffentlich über ihren Zyklus zu sprechen, ohne dass ihr ein Problem mit ihrer Weiblichkeit angedichtet wird. Und einem Mann, der ungern Gefühle zeigt, wird keine toxische Maskulinität angedichtet. Eine Person darf auf jemanden wütend sein, der ihr Unrecht getan hat, ohne ihr die Last aufzuerlegen, auch noch »vergeben lernen« zu müssen.[53] Sie darf eine Beziehung beenden, ohne dass ihr Bindungsunfähigkeit angedichtet wird. Und man darf sich über etwas aufregen, ohne dass einen jemand darauf hinweist, dass man da wohl einen »wunden Punkt« habe, der »bearbeitet« werden müsse. Ein Mensch darf bestimmte Verhaltensweisen kritisieren, ohne dass ihm jemand sagt, er sei »getriggert«. Eine Gründerin darf zu Beginn ihrer Selbstständigkeit aus guten Gründen niedrige Preise nehmen, ohne dass ihr jemand ein »negatives Money Mindset« unterstellt. Und jeder von uns darf auch mal verunsichert sein, ohne dass uns jemand den gesunden Selbstwert abspricht!

Sehen Sie die vielen Facetten zwischen zwei Gegensätzen. Diese Extreme gibt es natürlich. Deshalb ist es notwendig, sie eindeutig benennen zu können. Doch die wenigsten Menschen leben diese Extreme und passen in diese Schubladen. Doch wenn wir sie so behandeln, passen sie vielleicht bald hinein. Denn Menschen verhalten sich tendenziell so, wie andere es von ihnen erwarten. Dieser Pygmalion-Effekt wurde erstmals in den 1960er Jahren von Robert Rosenthal, Professor für Psychologie, entdeckt. In seinem Experiment wurde Lehrern erzählt, dass bestimmte Schüler ein besonders hohes Leistungspotenzial hätten. Sie wurden völlig zufällig ausgewählt. Diese ausgewählten Schüler schnitten in späteren Intelligenztests besser ab als diejenigen, von denen vermeintlich keine besonderen Ergebnisse zu erwarten waren. Man geht davon aus, dass sich die Lehrer durch ihre positive Einschätzung den Schülern gegenüber anders verhalten haben, sodass diese ihr Potenzial ausschöpfen konnten. Was wir über andere denken, beeinflusst also deren Verhalten. Dieser Effekt tritt dann auf, wenn jemand bisher unterschätzt wurde und tatsächlich Potenzial hat und wenn ihm die Beurteilung seines Gegenübers wichtig ist.[54] Unterschätzen Sie also Ihr Gegenüber nicht – weder seine Fähigkeit betreffend, sich selbst zu reflektieren, was für die Überzeugung notwendig ist, noch was seine extreme Haltung betrifft. Es ist von großer Bedeutung, andere nicht mit den negativsten Etiketten zu versehen; das provoziert die denkbar schlechtesten Reaktionen. Und minimiert so die Chance, sie vom Gegenteil zu überzeugen.

Moralische Bescheidenheit

Werte, die sich zu widersprechen scheinen, laden zu moralischer Überheblichkeit ein. Gegenseitige Verurteilungen sind jedoch Brandbeschleuniger und verhindern Überzeugung. Denn sobald Ihr Gegenüber merkt, dass Sie es als dumm, krank oder böse hinstellen, wird es Reaktanz bzw. Widerstand entwickeln und sich verteidigen. Eine Einigung oder zumindest ein Entgegenkommen wird auf diese Weise zunehmend unwahrscheinlich. Wenn Sie jemanden überzeugen wollen, ist es daher dringend notwendig, eine moralische Bescheidenheit zu entwickeln, die auf Überheblichkeiten verzichtet und die sich spart, sich selbst moralisch über die andere Person zu erheben.

Brandbeschleuniger, die es zu vermeiden gilt, zeigen sich in unterschiedlichen Formen, offensichtlich oder subtil. Die gängigsten sind die folgenden:

- **Dämonisierung:** »Wer so denkt, ist böse!«
- **Abwertungen:** »Das ist zu kurz gedacht.«, »Da muss man mal logisch denken.«
- **Unterstellungen:** »Das machst du nur, weil …«[55]
- **Belehrungen:** »Du hast keine Kommunikationskultur. Du musst mal lernen, wie man sich richtig ausdrückt.«, »Du darfst lernen, dass …«
- **Psychologisieren:** »So tickst du also!«, »Da darfst du bei dir mal genauer hinschauen.«
- **Anklagen:** »Du bist schuld daran, dass …!«[56]

Sind Sie diejenige Person, die diese moralische Überheblichkeit erfährt, wenden Sie die Techniken der Emotionsregulation an (siehe Kapitel *Emotionsregulation*). Üben Sie sich darin, manches zu ignorieren und nicht in jeden Misthaufen zu treten, der Ihnen vor die Füße gelegt wird (siehe Kapitel *Wertediskussionen sensibel führen*). Fahren Sie fort damit, sich selbst zu behaupten. Halten Sie das Gespräch mit anderen Gesprächstechniken wie etwa Fragen stellen am Laufen und lenken Sie es in positive Bahnen.

Sensibilität allein reicht nicht

Zwei Werte prallen in Diskussionen immer wieder aufeinander: Sensibilität und Pragmatismus. Da gibt es auf der einen Seite diejenigen, die sich eine sensiblere Sprache wünschen und dafür einstehen, auf andere Menschen Rücksicht zu nehmen. Auf der anderen Seite gibt es diejenigen, die ihre Meinungsfreiheit in Gefahr sehen und sich mehr Pragmatismus wünschen. Wer dabei übertreibt, wirkt rücksichtslos, ganz nach dem Leitgedanken: »Alles muss erlaubt sein« oder »Das wird man ja wohl noch sagen dürfen«. Wer die Sensibilität übertreibt, landet in einer Hypersensibilität[57], die alles ablehnt und bestraft, was jemanden verletzen könnte. Andere laufen wie auf rohen Eiern, um in kein Fettnäpfchen zu treten.

Beide positiven Werte sehen wir in der Auseinandersetzung nicht mehr. Doch wir brauchen alle beide. Manchmal brauchen wir eher eine Sensibilität, manchmal den Pragmatismus und meist eine Kombination aus beidem: einen sensiblen Pragmatismus. Sowohl die Übertreibung des Pragmatismus als auch die Übertreibung der Sensibilität befeuert Konflikte erheblich. Sobald wir unser eigenes Verhalten und ein mögliches Extrem, das wir leben, erkennen, schaffen wir es, uns dort heraus zu entwickeln. So sind wir in der Lage, kooperativ miteinander zu reden und zu deeskalieren.

PRAGMATISMUS	SENSIBILITÄT
• Klarheit • Meinungsfreiheit • Provokationen aushalten, Humor	• Diskriminierungsfreie Sprache • Demütigungen vermeiden • »Political Correctness«
RÜCKSICHTSLOSIGKEIT	**HYPERSENSIBILITÄT**
• »Stromberggefahr« • Alles ist erlaubt: »Das wird man ja wohl noch sagen dürfen.« • Beleidigungen, Hass	• »Stuhlkreisgefahr« • Niemand darf je verletzt werden • Humorfreie Dauermoralisierung

Abbildung 4: Werte- und Entwicklungsquadrat, Pragmatismus und Sensibilität[58]

Die Stromberggefahr: Rücksichtslosigkeit

»Nichts darf man mehr sagen! Sofort wird man gecancelt, ständige Moralisierung!«, schimpft der Vertreter des Pragmatismus. Übertreibt er ihn, gerät er in eine Rücksichtslosigkeit. Er selbst merkt nicht, wann er Grenzen übertritt, da ihm eine Sensibilität gänzlich fehlt. Ganz nach dem TV-Seriencharakter Bernd Stromberg, dem empathielosen Chef, der beteuerte: »Ich bin für Behinderte. Hundertpro, das sind ja praktisch auch Menschen. Die ganzen Randgruppen, Behinderte, Schwule, Frauen, bin ich dafür, solange das menschlich stimmt.« Er versteht nicht, wo andere das Problem in seinem Verhalten und in seinen Äußerungen sehen, und lebt nach dem Motto: »Lieber einen Freund weniger als auf einen Witz verzichtet.«[59] In dieser Übertreibung steckt etwas Positives, nämlich ein Pragmatismus, der es erlaubt, die Dinge klar und direkt anzusprechen, ohne sie zerreden zu müssen, eine ungeschönte Meinungsfreiheit sowie Humor, der von Schubladendenken lebt und der von anderen Selbstironie verlangt. In ihm steckt der tolerante Gedanke, dass jeder so sein und sagen darf, was und wie er das möchte. Dieser ursprünglich positive Gedanke der Toleranz wird in seiner Übertreibung überinterpretiert zum rücksichtslosen Leitsatz: Alles muss gesagt werden dürfen, egal, ob Beleidigungen oder Hass. Der Philosoph Karl Popper, der aus jüdischem Elternhaus stammte, beschrieb in diesem Zusammenhang das Paradoxon der Toleranz: »Uneingeschränkte Toleranz führt mit Notwendigkeit zum Verschwinden der Toleranz. Denn wenn wir die uneingeschränkte Toleranz sogar auf die Intoleranten ausdehnen, wenn wir nicht bereit sind, eine tolerante Gesellschaftsordnung gegen die Angriffe der Intoleranz zu verteidigen, dann werden die Toleranten vernichtet werden und die Toleranz mit ihnen.«[60]

Doch der Vertreter der schonungslosen Rücksichtslosigkeit sieht keine Grenzen. Jeder muss alles sagen dürfen. Ob andere verletzt werden oder nicht, ist zunächst irrelevant, denn jeder ist zu 100 Prozent für sich selbst verantwortlich. Deshalb kann er sich alles erlauben, die andere Person muss selbst dafür sorgen, dass sie sich nicht verletzen *lässt*. So zieht er sich selbst aus jeglicher Verantwortung anderen gegenüber. Auch Beleidigungen müssen ausgehalten werden. Wer sich aufregt und sich wehrt, übertreibt.

Menschen, die sich in diesem Extrem befinden, haben es schwer, gute Beziehungen zu führen, die Sensibilität und Rücksicht brauchen. Sie bekommen, was sie wollen, durch Einschüchterung, Überrumpelung, Druck oder Macht – aber nicht, indem sie überzeugen. Aus diesem Extrem kann sich jemand herausentwickeln, indem er sich auf die Sensibilität fokussiert und das Ziel hat, diese mehr zu leben. Es funktioniert nicht, indem sich jemand vornimmt, nur noch pragmatisch statt rücksichtslos zu sein. Jemand, der sich noch immer in der Übertreibung befindet, sieht das oft selbst nicht und würde von sich behaupten: »Ich bin doch einfach nur pragmatisch. Ich wünschte, jeder würde so eine Sachlichkeit an den Tag legen wie ich.« Denn der Unterschied ist zu klein. Die Grenzen verschwimmen.

Generell funktioniert eine Selbstentwicklung nicht, indem wir etwas weniger machen, also uns unseren identifikationsstiftenden wichtigen Wert nicht mehr erlauben, sondern indem wir etwas dazu entwickeln, in diesem Fall Sensibilität. Die Entwicklungsrichtung befindet sich immer in der Schräge nach oben.

Die Stuhlkreisgefahr: Hypersensibilität

»Es ist nicht zu viel verlangt, andere Menschen mit seiner Wortwahl nicht zu verletzen. Niemand verliert etwas, wenn er auf ein paar Worte verzichtet«, bekräftigen Menschen, die für Sensibilität einstehen. Übertreiben sie diese, gehen ihre Gesprächspartner wie auf rohen Eiern. Denn sie sind schnell gekränkt, alles könnte als Angriff aufgefasst werden. Wenn zunächst 178 Feedbackregeln gelernt werden müssen, bevor jemand sagen darf, was nicht richtig war, wird es schwierig. Wohlgemerkt: im Extrem. Dieses könnte man als eine gewisse Gefühlsbesoffenheit beschreiben, in der Pragmatismus keinen Platz hat. Das Herz rutscht ins Gehirn. Friedemann Schulz von Thun beschreibt das als »Stuhlkreisgefahr«[61]. Immer Rücksicht nehmend, wo jemand eventuell verletzt werden könnte. Ein Stuhlkreis ist jedoch nicht immer angebracht, nicht mit jedem und nicht in jeder Situation.

In dieser Hypersensibilität steckt ein positiver Kern, der erstrebenswert ist: die Sensibilität. Das Ziel könnte eine Sprache sein, die nicht diskriminiert, Demütigungen anderer vermeidet und eine »Political Correctness« walten lässt. Sie hat mittlerweile eine negative Konnotation, dabei ist sie in ihrer ursprünglichen Form erst einmal etwas Positives. Wollen wir mit anderen Menschen zusammenleben, brauchen wir eine Sensibilität.

Sensibilität gleitet dann ins Extrem, wenn eingeschränkt wird, wer zu welchem Thema sprechen darf, zum Beispiel ausschließlich Betroffene. Oder wenn nur noch in Safe Spaces gesprochen wird oder Triggerwarnungen verordnet werden, obwohl es für deren Sinn gar keine empirische Basis gibt. Sie können den Glauben in die eigene Resilienz sogar schwächen[62] und wie eine selbsterfüllende Prophezeiung wirken. Wird vor Angstzuständen gewarnt, ist die Wahrscheinlichkeit höher, auch tatsächlich Angst zu empfinden. Hinzu kommt, dass für jeden von uns fast alles ein Trigger sein kann. Ob ein bestimmtes Parfum, das an den Geruch eines Täters erinnert, oder eine bestimmte Automarke, die an einen schweren Autounfall erinnert. Die Trigger sind allzu unterschiedlich. So wäre »Triggerwarnung Valentinstag« ebenso angebracht, denn schließlich ist Liebeskummer eines der schlimmsten Gefühle, das es gibt. Überdies ist nicht jeder, der etwas Schlimmes erlebt hat – was uns vermutlich alle betrifft –, automatisch traumatisiert. Triggerwarnungen sind gut gemeint. Doch so, wie sie aktuell angewandt werden, sind sie häufig sinnlos.

Der Wunsch, sich nur noch mit Schönem und Gutem zu umgeben und mit Menschen, die die eigenen Ansichten teilen oder die nur das sagen, was niemanden verletzen könnte, ist beim Vertreter der Hypersensibilität groß. Doch um eine Resilienz entwickeln zu können, ist es notwendig, schwierige Situationen zu ertragen und durch sie zu wachsen. Auch Gesprächskompetenzen verkümmern, wenn sie nicht gebraucht werden. Denn wenn Sie nie mit Menschen sprechen, die anderer Meinung sind als Sie, oder die Dinge sagen, die Sie nicht für richtig halten, verlernen Sie zu diskutieren, zu streiten oder sich auch mal durchzusetzen. Die Stuhlkreisgefahr lässt dieses Training nicht zu.

Regelverstöße werden mit Belehrungen und dem moralischen Zeigefinger bestraft. Der kleinste Verdacht, jemanden verletzt zu haben, reicht, um jemandem menschlich das Schlimmste zu unterstellen, jemanden zurechtzuweisen und online Shitstorms zu eröffnen. Ihr überbordender moralischer Kompass erlaubt ihnen nicht, Fehler einfach Fehler sein zu lassen. Alles muss thematisiert und richtiggestellt werden. Es gibt keine Leichtigkeit und keinen Humor. Auf Social Media gibt es sogar Accounts, die sich ausschließlich damit beschäftigen, Fehlverhalten zu thematisieren. Das ist das Extrem einer humorfreien Dauermoralisierung.[63] Sie schadet einer Gesellschaft und einer Unternehmenskultur, denn sie verhindert, dass Menschen offen sagen, was sie denken. Sie fördert eine Kultur der Angst.

Menschen, die sich in diesem Extrem befinden, haben es schwer, kooperative Gespräche zu führen, denn sie erzeugen mit ihrem belehrenden Verhalten Widerstand. Sie sind schnell gekränkt oder wollen andere schützen, die eventuell verletzt worden sind. Sie verfallen dem Drang, auf kleinste Spannungen oder vermeintliche Angriffe anzuspringen und jede negative Gefühlsregung besprechen zu wollen, selbst wenn das Gegenüber nicht dafür bereit ist. Das macht aus Mücken Elefanten und befeuert Konflikte.[64] Für ein gelingendes Gespräch ist es notwendig, kleine Spannungen auszuhalten und den Ball auch mal zurückspielen zu können, statt ihn zu besprechen. So hat die sensible Person beides in petto: das Ansprechen und das pragmatische Zurückspielen.

Sie kann sich aus diesem Extrem herausentwickeln, indem sie sich auf die Vorteile des Pragmatismus fokussiert, die ihr zu mehr Überzeugungskraft verhelfen und dazu, Gespräche zu deeskalieren. Auch hier befindet sich also die Entwicklungsrichtung in der Schräge nach oben, in den Pragmatismus, und nicht gerade nach oben in die Sensibilität, da hier der Unterschied zum Extrem zu klein ist. Die hypersensible Person würde ja von sich selbst sagen: »Ich bin doch einfach nur sensibel. Ich wünschte, jeder wäre so rücksichtsvoll wie ich.« Es ist schwer, sich von einer zu hohen Sensibilität in einen Pragmatismus zu entwickeln. Doch erlernt jemand Gesprächskompetenzen, mit denen er sich behaupten kann, und wird zusätzlich die Kraft eines positiven Pragmatismus sichtbar, die es ermöglicht, Menschen für den eigenen Standpunkt zu gewinnen, ist dies möglich.

Deeskalieren mit pragmatischer Gelassenheit

Wollen wir mit Menschen diskutieren, die gänzlich anderer Meinung sind als wir, ist Pragmatismus ein wichtiger Begleiter. Denn wenn wir mit den wertebasierten Extrempositionen anderer pragmatisch umgehen, fällt es uns leichter, andere Meinungen auszuhalten, mit denen wir nicht einverstanden sind, Provokationen auszuhalten und unempfindlich zu sein. Eine Unempfindlichkeit ist notwendig, um eine überhitzte Diskussion herunterzukühlen. Doch wie schaffen wir es, pragmatisch zu bleiben? Durch die Fähigkeit, Differenzen nicht aufzugreifen – und durch Humor.

Nicht in jeden Haufen treten

In einer Diskussion fallen Sätze wie: »Das ist zu kurz gedacht«, »Jeder informierte Mensch weiß eigentlich, dass …«, »Das muss man differenzierter sehen«, »Da muss man mal logisch denken«, »Ich schick dir mal drei Quellen, dann weißt du mehr«, »Bitte sachlich bleiben!« – all diese Sätze stellen subtile Herabwürdigungen dar. Deshalb haben sie eine Sogwirkung. Wir stürzen uns auf sie wie Fliegen auf einen Misthaufen und wollen sie sofort richtigstellen. Aber lohnt es sich wirklich, auf alles anzuspringen? Dann besteht die Gefahr, dass eine Diskussion auf eine Metaebene gehoben wird: »Du hast doch vorhin angefangen, indem du mir unterstellt hast, dass …« – »Das habe ich doch nur gesagt, weil du vorher …« Und so weiter.

Wenn Sie sich auferlegen, jede kleinste Provokation und jede Äußerung, die vielleicht unter Umständen als Herabwürdigung gemeint sein könnte, zu widerlegen, kommen Sie kaum zum inhaltlichen Punkt. Differenzen werden manchmal erst durch eine Lupe zu einem ausgewachsenen Problem.

In bestimmten Fällen ist es daher ratsam, den Haufen einfach liegen zu lassen und nicht jeden Punkt auszudiskutieren oder darauf zu pochen, Recht zu haben. Die Dinge anzusprechen ist nicht falsch. Ein Zuviel aber belastet vor allem Streitgespräche. Das pragmatische Liegenlassen ist eine notwendige Kompetenz, um in der Sache weiterzukommen, ohne die Diskussion zu eskalieren. Sind Sie in der Lage, Provokationen auch mal liegen zu lassen, kommen Diskussionen oft von allein wieder auf eine positive Ebene zurück.

Nicht in jeden Haufen treten

Stürzen Sie sich nicht auf jeden unverschämten Misthaufen, der Ihnen vor die Füße gelegt wird. Manch kleiner Haufen wird erst durch eine Lupe richtig groß. Er verschwindet schneller, indem Sie an ihm vorbeispazieren und ihn liegen lassen.

Humor ist, wenn man trotzdem redet

Humor ist eine wichtige Eigenschaft, die im Pragmatismus steckt. Mit ihm schaffen wir es, Provokationen nicht allzu ernst zu nehmen, aus Gesprächen die Spannung zu nehmen und die Beziehung zueinander zu stärken.

Die Kraft des gemeinsamen Lachens spüren Sie. Zum Beispiel, wenn Sie in einer Besprechung sitzen, die Luft zum Schneiden dick ist, und plötzlich läuft der IT-Kollege von außen gegen die Glastür. Auf einmal ist alles wieder in Ordnung. Gemeinsames Lachen entspannt und löst die angespannte Stimmung, die zuvor durch ernstes Ansprechen nicht gelöst werden konnte.

Überlegen Sie sich, ob Sie bei der nächsten schwierigen Verhandlung jemanden engagieren, der zum richtigen Zeitpunkt gegen die Tür läuft. Dem Verhandlungsergebnis wird es nützen. Der Designer Paul Smith meinte, er habe in anstrengenden Business-Meetings immer ein gerupftes Gummihuhn dabei, um es in bestimmten Situationen aus der Tasche zu ziehen und die Stimmung zu lockern.[65]

Rapper Bushido erzählt in einer RTL-Doku von seiner jahrelangen Auseinandersetzung mit »Prinz Marcus von Anhalt«, den er mehrmals in seinen Songs »disste« und unter anderem als »Tomatenkopf« bezeichnet hatte. Der bewies Humor, als er sich nicht mehr auf die Provokation einließ und Bushido selbstironisch in ein Restaurant namens

»Rote Tomate« einlud. Bushido, der nicht dafür bekannt ist, in seiner Vergangenheit Konfrontationen gescheut zu haben, sagte danach in einem Interview: »Ich würde mir wünschen, dass so manch andere, die viel weniger Probleme mit mir haben, so entspannt reagieren wie Prinz Marcus, hat mir mega imponiert. Fand ich total beeindruckend.«[66]

Humor nimmt die Spannung und verschafft Ihnen gleichzeitig als Person Sympathiepunkte. Denn verschärft sich eine Diskussion, könnte Ihnen unterstellt werden, dass Sie allzu verkrampft auf Ihrem Standpunkt beharren. Humor hilft Ihnen aus dieser Unterstellung heraus, denn mit ihm beweisen Sie Lockerheit und Souveränität und haben somit mehr Überzeugungskraft. In einem Experiment erzielten die Verkäufer, die ihren Kunden ihr letztes Angebot mit den Worten machten: »Mein letztes Angebot ist […] und einen Frosch gibt's gratis dazu!«, sogar höhere Preise als diejenigen, die ernst blieben.[67]

Wir schaffen es, eine humorvolle Leichtigkeit an den Tag zu legen, indem wir uns selbst nicht allzu ernst nehmen und uns den Druck nehmen, mit jeder Aussage etwas Sinnvolles zum gemeinschaftlichen Miteinander beizutragen. Und indem wir genau das auch nicht von anderen erwarten. Humor lebt von Quatsch, Blödelei und Sinnlosigkeit und manchmal auch von Schubladendenken und dem Antasten von Grenzen. Ohne dieses gibt es keine Blondinenwitze, keine Ostfriesenwitze, Witze über verschiedene Nationen. Es ist wichtig, Klischees zu hinterfragen und sehr fragwürdige Klischees aufzulösen. Doch erlauben Sie sich dennoch eine Leichtigkeit und Sinnlosigkeit, die am Ende einen Sinn hat, nämlich sich zu entspannen und Beziehung herzustellen.

In einem Einzeltraining kam ein Kunde zu mir, der sowohl für seine politischen Reden als auch für seine Reden im Unternehmenskontext ein Training gebucht hatte. Einer seiner ersten Sätze war: »Ich möchte Ihnen schon zu Beginn sagen: Ich bin Macho und Narzisst. Nur dass Sie gleich Bescheid wissen.« Ich sagte zu ihm: »Wenn Sie Narzisst sind, dann sind ja meine Unterlagen, die ich für Sie vorbereitet habe, gar nicht gut genug für Sie.« Darauf er: »Doch, denn weil ich auch Macho bin, denk ich mir: ›Sie sind eine Frau und können es nicht besser wissen.‹« – »Wunderbar, dann passt ja alles. Hier sind Ihre Unterlagen.« Mit dem Ziel, mit jeder Aussage einen gesellschaftlichen Auftrag zu erfüllen, ist eine solche Reaktion nicht möglich.

Doch Vorsicht, wie weit Sie mit dem Spaß gehen. In der Kommunikation gilt der Grundsatz: Den Erfolg einer Kommunikation entscheiden nicht Sie, sondern Ihr Gegenüber und das, was bei ihm ankommt. Ob ein Witz ein Witz ist, entscheiden ebenfalls nicht Sie, sondern andere. Geht es nur um dumme Sprüche auf Kosten des anderen, ist Vorsicht geboten. Im Zweifel sollte der Witz lieber auf eigene Kosten gehen.

Humor ist, wenn man trotzdem redet

Versuchen Sie nicht mit jedem Satz, einen gesellschaftlichen Auftrag zu erfüllen. Legen Sie den Druck ab und stärken Sie durch Humor Ihre souveräne Ausstrahlung sowie eine positive Beziehung.

13. TECHNIK
Touch-Turn-Talk

Besonders unangenehm werden Auseinandersetzungen, wenn wir auf das Entgegenkommen anderer angewiesen sind. Manchmal bräuchte es nur einen Anruf, einen Tastenanschlag oder einfach nur ein zugedrücktes Auge, und uns blieben viel Zeit und viele Nerven erspart. Doch gegenüber steht jemand am längeren Hebel, der keinen Anlass sieht, ihn zu unseren Gunsten in Bewegung zu setzen. Das habe ich selbst erfahren, als ich bei einem Filmdreh mit dem Saunameister eines Wellnessbads konfrontiert wurde, der ganz spezielle Anforderungen an unseren Dresscode in seinem Revier hatte.

Der Saunameister – Teil 1

Neben meinem Beruf als Kommunikationsberaterin bin ich Regisseurin und habe viele Jahre lang für die interne Unternehmenskommunikation Sendungen und Beiträge sowie Werbefilme gedreht. Eines

Tages hatte ich den Auftrag, einen Werbefilm für ein Wellnessbad zu drehen. Der Dreh sollte in einer Sauna des Bads stattfinden und war mit allen Beteiligten schon Wochen im Voraus abgesprochen worden.

Als ich am Drehtag mit meinem 14-köpfigen Team und mehreren Autos voller Equipment am Drehort ankomme, begrüßt uns der Geschäftsführer zwar persönlich – teilt uns jedoch auch direkt mit, dass er in den nächsten beiden Stunden nicht erreichbar sein werde. Sorgen sollten wir uns aber nicht machen, schiebt er hinterher – es sei alles vorbereitet und sein Mitarbeiter in der Sauna wisse über alles Bescheid. Mit unserem ganzen Equipment und Plastiküberziehern über den Schuhen laufen wir nichtsahnend den Gang entlang zur Sauna, durch die Umkleiden und in den Saunabereich, wo wir auch bereits wie angekündigt vom Saunameister in Empfang genommen werden. Damit habe ich gerechnet. Nicht gerechnet habe ich damit, dass dieser Saunameister nackt sein würde.

Bevor wir uns von unserem Schock erholen können, geht der Saunameister auch noch direkt in den Anweisungsmodus. Mit dem erhobenen Zeigefinger fuchtelnd, stürmt er in seiner ganzen Pracht auf uns zu: »Moment, Moment, textilfreie Zone!«

»Hallo, Marie-Theres Braun, freut mich!«, sage ich freundlich und tue mein Bestes, mir nichts anmerken zu lassen. »Ich bin die Regisseurin heute.« – »Ja, hallo, freut mich auch, aber ich muss Sie bitten, sich anzupassen. Hier ist textilfrei, das geht so nicht. Das gilt für Ihr ganzes Team.«

Mein ganzes Team, das bedeutet: 14 Männer und ich.

So einfühlsam es mir möglich ist, erkläre ich ihm, dass wir das Drehteam sind, keine Saunagäste, und dass natürlich alles mit der Führungsebene abgesprochen ist. Über den Dresscode, oder vielmehr den Verzicht auf dergleichen, ist vorab zwar nicht gesprochen worden, weil weder der Producer noch ich auf die Idee gekommen sind, dass das allen Ernstes zum Thema werden könnte, doch das binde ich meinem Gesprächspartner natürlich nicht auf die Nase. Den scheint allerdings genau das und nichts anderes zu interessieren: »Ich weiß von dem Dreh. Aber davon, dass Sie hier in Kleidung herumlaufen, während die anderen Gäste nackt sind – davon weiß ich nichts.«

Hilfesuchend blicke ich mich um – und begegne dem Grinsen meines Kameramannes. Offensichtlich findet er die Idee im Gegensatz zu mir gar nicht so schlecht. Aber wir brauchen eine Lösung, die für alle akzeptabel ist, und der Chef des Hauses ist nicht erreichbar. Zu allem Überfluss verlieren wir gerade wertvolle Drehzeit. Es hilft alles nichts: Ich muss mich mit dem nackten Saunameister einigen. Mit allem Verständnis, das ich aufbringen kann, sage ich zu ihm: »Es sind Schilder aufgestellt, und es ist ja auch abgesperrt. Die Gäste wissen also Bescheid, dass wir hier drehen. Natürlich nehmen wir Rücksicht auf alle. Wie abgesprochen, achten wir darauf, dass nur unsere Models im Film zu sehen sind. Das ist ja klar.«

Doch gut zureden bringt bei ihm nichts: »Tut mir leid, aber dass Bekleidete im Nacktbereich rumlaufen, geht bei uns nicht.«

Eigentlich ist es eine lustige Situation, und wir könnten ganz entspannt bleiben. Wenn wir warten müssen, bis er seinen Chef angerufen hat, und deshalb am Ende länger brauchen, werden die Mehrkosten dem Kunden eben berechnet. Wir könnten ihn auch einfach übergehen und mit dem Aufbau beginnen, denn wir sitzen am längeren Hebel: Der Dreh ist schließlich geplant und genehmigt. Das Problem ist nur: Wir werden auf diesen Mann und seine Hilfe noch den ganzen Tag angewiesen sein. Wir brauchen Saunautensilien, Handtücher und jemanden, der uns über die üblichen Abläufe des Saunaaufgusses aufklärt. Es wäre also für das Endergebnis kontraproduktiv, dem Saunameister die Laune zu verderben.

Welcher Wert steckt unter der Oberfläche?

Wie können wir in Situationen wie dieser geschickter reagieren als ich in diesem Moment? Wie können wir die Chance erhöhen, doch noch zu bekommen, was wir wollen?

Um der Lösung näher zu kommen, hilft es zu überlegen, worum es dem Gegenüber, in diesem Fall also dem Saunameister, eigentlich geht. Wie in jeder anderen Auseinandersetzung auch geht es hier nicht nur um die konkrete Situation an der Oberfläche, also um die Kleidung. Vielmehr geht es um einen Wert, der dahintersteht: Regeln einhalten. Werte sind ein Teil unserer Identität. Sie jemandem ausreden zu wollen, ist deshalb ein direkter Angriff auf den Kern seiner Persönlichkeit. Es ist kontraproduktiv, diese infrage zu stellen. Die einzige Chance ist: diese Werte zu akzeptieren und wohlwollend in die Argumentation zu integrieren. Sie sind die Orchidee. Dafür ist es zunächst notwendig, die Werte hinter den Aussagen anderer überhaupt erkennen zu können.

Bei meiner Auseinandersetzung mit dem Saunameister war es ihm wichtig, Regeln einzuhalten. Das kann man ihm nicht vorwerfen. Was ich ihm vorhalte, ist das Extrem dieses Wertes: Er hält überkorrekt Regeln ein, auch wenn es keinen Sinn ergibt. Er verhält sich also pedantisch und stur. Doch der Saunameister selbst macht sich natürlich seine eigenen Gedanken über mein Verhalten: »Da meint wohl jemand, er kann sich alles erlauben und sich aus Egoismus über alle Regeln hinwegsetzen? Wo kommen wir denn da hin?« Das zugehörige Werte- und Entwicklungsquadrat, das den Konflikt zwischen uns beiden veranschaulicht, sieht so aus:

REGELTREUE/ PRINZIPIEN-TREUE	FLEXIBILITÄT
PEDANTERIE	CHAOS

Abbildung 5: Der Konflikt mit dem Saunameister im Werte- und Entwicklungsquadrat

Beide Seiten stehen sich gegenüber. Einen wichtigen Wert des Gegenübers und somit einen Teil seiner Identität in der Kommunikation abzuwerten, ist ein direkter Angriff auf die Person. Genau diesen Fehler habe ich mit meinem Beharren auf unser eigenes Ziel gemacht. Ein Sehen und Anerkennen desselben Wertes hingegen führt dazu, dass dieser Wert nicht mehr auf Biegen und Brechen verteidigt werden muss. Jemand fühlt sich verstanden. Genau das ermöglicht die Technik »Touch – Turn – Talk«:

TOUCH Berühren des anderen Standpunkts:

Den Wert des anderen anerkennen und dessen Sinn durch Argumente belegen.

Oder das eigene Extrem ablehnen und verdeutlichen, dass dieses nicht das Ziel ist. Das nimmt dem Gegenüber die Angst, dass das abgelehnte scheußliche Extrem der anderen Seite verteidigt wird.

TURN Dreh zum eigenen Standpunkt:

Subtiler Übergang zum eigenen Wert, der nicht im Widerspruch zum Wert des anderen steht, sondern ihn in dieser Situation sinnvoll ergänzt.

TALK Ihr Standpunkt:

Wiedergabe Ihres eigenen Standpunkts beziehungsweise Angebot einer alternativen Lösung.

Die TTT-Methode hilft, feurige Alltagsdiskussionen schnell zu deeskalieren. Der Part »Touch« ist dabei der wichtigste. Im Grunde handelt es sich dabei um nichts anderes als um einen Perspektivwechsel. Sie sehen die aktuelle Situation für einen Moment durch die Brille Ihres Gegenübers. Das hilft zum einen Ihnen selbst, sich zu beruhigen. Denn Sie entdecken auf einmal, dass diese andere Sicht auf die Dinge gar nicht so dämlich ist, wie Sie zunächst vielleicht dachten. Zum anderen beruhigt die Anerkennung seines Wertes Ihr Gegenüber. Abweisend oder laut werden Menschen dann, wenn sie sich nicht verstanden fühlen. Sobald Sie ihren Kernwert »touchen« und sogar anerkennen, muss Ihre Gesprächspartnerin oder Ihr Gesprächspartner ihn nicht mehr vehement verteidigen. Den Standpunkt erkennen Sie an, indem Sie dem positiven Wert zustimmen oder indem Sie das eigene Extrem ebenfalls ablehnen, etwa: »Dass hier jeder machen kann, was er will, geht natürlich nicht.« Das ist sehr wirkungsvoll, denn Menschen handeln zu einem großen Teil aus der Motivation heraus, den schlimmsten Albtraum – das abgelehnte Extrem auf der anderen Seite – zu verhindern. Mit der Anerkennung der Sicht der anderen Person wird auch bei ihr die Sicht auf Ihren Standpunkt frei. Sie erreichen also Wohlwollen. Beim anschließenden Turn und Talk geht es nicht darum, anderen ihren Wert auszureden. Das ist nicht möglich, da Werte ein Teil der Persönlichkeit sind. Sondern es geht darum, einen zweiten Wert danebenzustellen, der in diesem Fall wichtig ist. Allein das Gefühl, mit ihrer Haltung ernst genommen worden zu sein, reicht den Menschen häufig aus, um Ihnen ohne weitere Kämpfe Zugeständnisse zu machen.

Wie das in der Anwendung genau klingen kann, lesen Sie in der Fortsetzung meines Gesprächs mit dem Saunameister.

Der Saunameister – Teil 2

Bevor wir also aufgeben und eine zweistündige Wartezeit in Kauf nehmen, beschließe ich, es noch einmal anders zu versuchen. Also wende ich mich wieder dem nackten Saunameister zu, dessen Bauch zum Glück einen guten Sichtschutz abgibt – und erkläre ihm, dass wir ihn absolut ernst nehmen.

Touch: »Gerade in einer Sauna ist es wichtig, auf Hygiene zu achten. Und die Gäste wollen sich wohlfühlen. Da ist es wichtig, dass sich jeder an die Regeln hält. Wenn ich als Gast in die Sauna gehe, dann freu' ich mich natürlich auch, wenn da jemand ist, der sich drum kümmert, dass da nicht einfach irgendwelche Leute in voller Montur hereinspazieren, die auch noch eine Kamera in der Hand haben.« Während ich spreche, kann ich sehen, wie sich seine Gesichtszüge langsam entspannen. Mit meinen Worten habe ich einiges angesprochen, was ihm in seiner Position heilig ist: Hygiene, Wohlfühlen, die Einhaltung von Regeln und seine wichtige Rolle bei alldem.

Und auch ich sehe in diesem Moment nicht mehr nur die lächerliche Übertreibung in seinem Auftreten, sondern auch den gesunden Kern in seinem Verhalten: die positive Tugend der Regeltreue (zugunsten von Hygiene und Wohlfühlatmosphäre). Nun ist es an mir, ihre nicht minder wichtige Schwestertugend ins Spiel zu bringen: die Flexibilität in Form einer Ausnahme, die manchmal einfach notwendig ist.

Turn + Talk: »Die Regeln für den Dreh haben wir mit dem Geschäftsführer abgesprochen. Für unser Team gilt heute eine Ausnahmeregelung: Wir tragen unsere Arbeitskleidung. Die schützt uns nämlich, wenn wir das Equipment bedienen und Gerätschaften tragen.«

Schneller als erwartet stimmt er daraufhin missmutig zu: »Meinetwegen. Aber achten Sie bitte darauf, dass …«, gefolgt von einer langen Aufzählung von Vorschriften, an die wir uns bitte schön zu halten haben. Das war es dann aber auch, und wir können loslegen. Er versucht nicht einmal mehr, seinen Chef zu erreichen. Als wir ihm auch noch einen kleinen Part im Film geben – vom Bauchnabel aufwärts, versteht sich –, ist seine Laune endgültig bestens. Und wir als Team haben später im Schnitt auch noch eine schöne Erinnerung an dieses eher spezielle Zusammentreffen.

Nun mögen Sie fragen: Warum hatte er sich vorher nicht überzeugen lassen? So bahnbrechend ist der Unterschied in der Formulierung nicht gewesen. Der Grund liegt darin, dass ich zu früh in den Lösungsmodus gegangen war: Wie wir mit der Situation umgehen werden, wie wir Rücksicht nehmen werden und was wir tun können, um die Angelegenheit trotzdem für alle angenehm zu gestalten. Damit hatte ich das »Touchen« übersprungen: Ich habe seinen Wert, Regeln einzuhalten, ignoriert, genauso wie seine emotionale Lage. Wer sich nicht gesehen fühlt, wird immer weiter auf seinen Standpunkt pochen, bis endlich jemand versteht, dass seine Reaktion berechtigt ist und sein Handeln einen Sinn hat. Verzichten wir auf dieses Zugeständnis, haben wir immer schlechte Karten – besonders bei Menschen mit einem stark ausgeprägten Willen, Recht zu behalten. Erst als sein Sinn und Wert anerkannt wurde, musste der Saunameister ihn nicht mehr verteidigen. Das war der Punkt, an dem er loslassen und uns ohne äußeren Zwang entgegenkommen konnte.

Genderdebatte ganz ohne Drama

Auch bei sensiblen Themen wie dem Gendern lässt sich diese Technik erfolgreich anwenden. Wie oft lesen wir in Kolumnen von Prominenten und anderen Meinungsträgern Beschwerden über die sogenannte »Sprachpolizei«. Mancher, heißt es dort gern, fühle sich aber auch von allem diskriminiert, und sei es das Weglassen einer Endung. Frauen seien natürlich mitgemeint, wenn da nur die männliche Form steht!

Auf diejenigen, denen eine gleichberechtigte Sprache wichtig ist, haben derartige Argumente ausschließlich den Effekt, dass sie ihren eigenen Standpunkt umso vehementer verteidigen. Wenn Sie in Diskussionen nicht nur Ihre Meinung kundtun, sondern jemanden zum Nachdenken bringen und etwas bewegen möchten, gehen Sie es anders an. So wie die Schriftstellerin Nele Pollatschek, die das Gendern ablehnt und selbst als einzelne Frau nicht möchte, dass von ihr als »Schriftstellerin« gesprochen wird, sondern von »Schriftsteller«. Sie schrieb dazu in einem Gastbeitrag im *Tagesspiegel*[68] und beginnt mit einem ausführlichen **Touch**:

»Ich würde [diesen Artikel] gerne mit rationalen Argumenten gegen das Gendern anfangen. Täte ich das aber, [...] [würden] diejenigen, für die ich das schreibe, die guten, aufgeklärten Gerechtigkeitsliebenden, aufhören zu lesen. Weiterlesen würden nur diejenigen, die sowieso gegen das Gendern sind. Das bedeutet in Deutschland in der Regel: Piefige Konservative von Welt. [...] Ich weiß, dass die allermeisten Argumente gegen das Gendern falsch sind. Falsch ist es zum Beispiel zu behaupten, dass sich Wörter wie Student*innen nicht aussprechen ließen. Wer ›Theater‹ korrekt aussprechen kann, mit einem glottalen Verschlusslaut, also ›The-kurze Pause-ater‹, und nicht von ›Thejater‹ spricht, kann auch ›Student-kurze Pause-innen‹ aussprechen. [...] Am falschesten [ist], dass die deutsche Sprache irgendwie vor Wandel geschützt werden müsse. Alle Argumente dieser Art bitte nur auf Althochdeutsch verfassen.«

Bis hierhin zeigt sie ausschließlich Verständnis für die Gegenseite. Die Befürworter des Genderns hält sie auf diese Weise bei der Stange, denn hier redet jemand, der ihnen aus dem Herzen spricht und ihre Werte anerkennt. Nele Pollatschek räumt ein, wofür sie einstehen. Sie entkräftet sogar Argumente der Gegenseite, also ihrer eigenen. Damit zeigt sie den Befürworterinnen und Befürwortern: Ich nehme euch ernst. Ihr habt Recht, wenn ihr sagt, dass einige Argumente schwach sind! So können sie ihrer weiteren Argumentation entspannt folgen, denn ihre Werte werden nicht übergangen.

Ihr **Turn**: »Im Grunde gibt es nur ein einziges wirklich gutes Argument gegen das Gendern: Es ist leider sexistisch. Ich sage leider, denn

Menschen, die gendern, sind grundsympathisch. Wer gendert, tut das in der Regel, um auf sprachliche und gesellschaftliche Ungerechtigkeiten hinzuweisen.«

Erst danach folgt ihr **Talk** mit ihren Gegenargumenten. Nele Pollatscheks Meinung bekam viel Beachtung und wurde ernsthaft diskutiert – auch von Menschen und Medien, die sich eindeutig für das Gendern aussprechen.

Spricht sich jemand umgekehrt *für* das Gendern aus, erkennt er die Gegenseite durch einen Touch zum Beispiel so an: »Eine klare Sprache, die nicht unnötig kompliziert nach Wortungetümen klingt, brauchen wir, um die Dinge direkt auf den Punkt zu bringen.« Lehnen Sie gleichzeitig Ihr eigenes Extrem ab, machen Sie das Touchen des anderen Standpunkts noch stärker: »Dass wir bei jedem Wort wie auf rohen Eiern laufen, um niemanden zu verletzen, ist nicht das Ziel. Das geht auch gar nicht.« So haben Sie klargestellt, welche Gemeinsamkeiten Sie haben, und die ersten wütenden Emotionen beseitigt, um zum Punkt zu kommen. Ihr Turn und Talk folgt jetzt: »Ziel ist …«

Um in Diskussionen touchen zu können, brauchen Sie den Blick hinter die Fassade des Standpunkts, der Ihnen nicht gefällt. Finden Sie den »alten weißen Mann«, der darauf pocht, dass man nicht immer auf alles und jeden Rücksicht nehmen kann, furchtbar skrupellos und konservativ, suchen Sie den positiven Wert in seinem Extrem und würdigen Sie ihn: »Rationalität ist wichtig, wir können nicht ständig alles emotionalisieren und auf die Gefühle jeder einzelnen Person Rücksicht nehmen. Die Rücksicht auf Gefühle ganz abzuschalten, halte ich jedoch für falsch und in folgenden Fällen für zielführend …« Selbst wenn Ihr Gegenüber tatsächlich ein Extrem lebt, ist es möglich, den positiven gemäßigten Kern darin anzuerkennen.

Kognitive Empathie statt emotionaler Empathie

Es gibt viele Menschen, die von sich selbst sagen, sie seien empathisch. Doch kommt es zur Diskussion mit Menschen, die gänzlich anderer Meinung sind, hat diese Empathie schnell ein Ende. Es ist leicht, Empathie für Menschen zu haben, die ähnlich denken und fühlen. Echte

Empathie zeigt sich erst, wenn sich jemand anders verhält, als wir selbst es tun würden, und wir dennoch in der Lage sind, uns hineinzudenken.

In Diskussionen eignet sich besonders die kognitive Empathie. Sie zeichnet sich durch ein analytisches Denken aus, das die Gedanken und Motive des Gegenübers verstehen kann, ohne die Gefühle des anderen wie bei der emotionalen Empathie mitzuempfinden und darin zu versinken. Mit der Touch-Turn-Talk-Technik fassen Sie Ihre kognitive Empathie in Worte und gewöhnen sich ab, sofort Nein zu sagen.

TOUCH-TURN-TALK-TECHNIK

1. TOUCH: den Standpunkt des anderen anerkennen.

a) Wert hinter dem Standpunkt anerkennen
Welcher gute Kern steckt im (extremen) Verhalten des anderen? Erkennen Sie ihn an. Formulierungsvorschläge:
- »Es ergibt Sinn, auf [Wert] zu achten, weil ...«
- »[Wert] ist hier wichtig, denn ...«

b) Extrem des eigenen Wertes ablehnen
Welches negative Extrem steckt im eigenen Wert? Verdeutlichen Sie, dass auch Sie dieses ablehnen. Formulierungsvorschläge:
- »Dass wir [negatives Extrem] tun, lehne ich auch ab.«

2. TURN: zur eigenen Sicht überleiten.
Formulieren Sie diese Überleitung möglichst so, dass Sie das Wörtchen »aber« nicht verwenden, welches das zuvor formulierte Verständnis relativieren würde.
- »In diesem Fall ist es so, dass ...«/»Hier geht es zusätzlich um ...«/»Das bedeutet nicht automatisch, dass in jedem Fall ...«/»Das sollte nicht in ein Extrem abrutschen, deshalb halte ich es für wichtig, dass ...«

3. TALK: die eigene Sichtweise ausführen/einen Vorschlag machen.
- »Wie wäre es, wenn wir es so machen, dass ...?«
- »Dafür spricht, dass ...«
- »Ich denke, dass ...«

Mit der Touch-Turn-Talk-Technik Vielredner stoppen

Übrigens unterstützt Sie eine verkürzte Form der Touch-Turn-Talk-Technik auch, wenn es darum geht, Vielredner zu unterbrechen. Denn sie sorgt dafür, dass sich Ihr Gegenüber unterbrechen *lässt*. Niemand möchte gerne unterbrochen werden, vor allem nicht Menschen, die sich selbst am liebsten reden hören. Gehen Sie allerdings mit Zustimmung in das Gespräch, ändert sich das. Denn wer genießt es nicht, wenn ihm jemand beipflichtet. Das erzeugt Wohlwollen, und der Gedanke ist schnell: »Da stimmt mir jemand zu, dann lass ich ihn mal reden.« Gehen Sie also mit Zustimmung in das Gespräch und touchen Sie den anderen Standpunkt, bevor Sie mit Ihren eigenen Inhalten fortfahren. Diese müssen nichts mit dem vorher Gesagten zu tun haben. Wichtig ist nur, dass Sie sich das Wort verschafft haben. Das ist legitim. Das Muster ist:

1. **Touch:** »Stimmt, das ist etwas, das dringend beachtet werden muss.«
2. **Turn:** »Einen Punkt möchte ich ergänzen.«
3. **Talk:** »Er betrifft das Thema X …«

14. TECHNIK

Sprachliches Werte-Framing

»Wir müssen endlich lernen, Betroffenen zuzuhören. Weiße privilegierte Personen ohne Uterus können nicht darüber entscheiden, wie sich Personen, die menstruieren, fühlen, und diese auf sexistischste Weise diskriminieren. Das ist problematisch.« – »Du meinst vermutlich Männer und Frauen, und vielleicht solltest du dir erst einmal einen vernünftigen Wortschatz aneignen und mit deinen Gefühlen zurechtkommen, bevor wir weitersprechen.«

Manche Diskussionen enden, bevor sie begonnen haben. Wie in diesem Fall. Aber auch bei anderen Themen beeinflusst Ihre Wortwahl, ob Sie überzeugen oder nicht, da sie darüber entscheidet, in welchem Licht Ihr Standpunkt steht. Denn Sprache drückt auch Werte aus. Wer diese in der Formulierung berücksichtigt, verändert den Blick des Gegenübers auf den Inhalt, wie an diesem einfachen Beispiel zu sehen: Ein Talmudschüler fragt seinen Rabbi: »Rabbi, darf ich beim Beten rauchen?« »Nein!«, antwortet der Rabbi entsetzt. Einige Zeit später geht ein anderer Schüler zum Rabbi und fragt: »Rabbi, darf ich beim Rauchen beten?« »Natürlich!«, antwortet der Rabbi erfreut.[69]

Wie sehr Sprache Handlungen beeinflusst, zeigt die Kognitionsforschung. Versuchspersonen wurde ein Kriminalitätsproblem in der fiktiven Stadt Addison geschildert, für das sie eine Lösung finden sollten. Es gab zwei Gruppen von Probanden, denen unterschiedliche Texte vorgelegt wurden. In einer Variante der Texte wurde die Kriminalität als »Bestie« bezeichnet, und die Mitglieder der Gruppe sprachen sich mehrheitlich für mehr Polizeieinsatz und härtere Strafen aus. Die Personen der anderen Gruppe, die Texte gelesen hatten, die die Kriminalität als »Virus« beschrieben, sprachen sich eher dafür aus, nach den Ursachen zu forschen.[70]

Gleiches Problem, gleicher Inhalt, unterschiedliche Metaphern. Und die führten zu anderen Ergebnissen. Verblüffend dabei war: Wurden die Versuchspersonen später nach den Gründen für ihre Entscheidung gefragt, zeigten sie auf Textstellen, die in beiden Gruppen gleich waren und nichts mit der Metapher zu tun hatten.

In beiden Texten wurde ein Wort (»Bestie«, »Virus«) aus einem anderen Bedeutungsrahmen in einen neuen (Kriminalität) gestellt und trug entscheidend dazu bei, wie der Inhalt wahrgenommen wurde. Das ist kein Zufall. Viele Studien belegen, wie sehr Worte unsere Handlungen und Meinungen beeinflussen[71]: Menschen, die von »Rinderwahnsinn« gelesen hatten, schränkten ihren Rindfleischkonsum mehr ein als Menschen, die von der »Creutzfeldt-Jakob-Krankheit« gelesen hatten[72]. Nach dem Ausbruch der Corona-Erkrankung verzeichneten Chinarestaurants in Deutschland ein Drittel weniger Umsatz. Leute, die Texte über ältere Menschen gelesen hatten, gingen danach langsamer zum Aufzug als Menschen, die Texte über junge Menschen gelesen hatten. Personen, die Texte über Schildkröten gelesen hatten, schätzten das Tempo eines abgebildeten Mannes langsamer ein als solche, die Texte über Geparden gelesen hatten.[73] Und »Porridge« verkauft sich teurer als »Haferflocken«.

Es macht also einen großen Unterschied, welche Worte wir verwenden. Denn jedes Wort löst Assoziationen aus, die beeinflussen, wie wir über etwas denken.[74] Durch unsere Wortwahl geben wir unserer Botschaft einen subjektiven Rahmen, durch den auch unser Gegenüber diese Botschaft sieht. Je nachdem, wie wir diesen Rahmen setzen, provozieren wir unterschiedliche Reaktionen und Entscheidungen. Das »Rahmen« einer Botschaft durch Worte wird in der Kognitionsforschung »Framing« genannt. Das tun wir alle, ob wir wollen oder nicht. Wir können nicht nicht framen. Framing wird häufig bewusst betrieben, etwa in der Werbung, in den Medien oder in politischen Kontexten. Und auch wir können Framing nutzen, wenn wir andere Menschen überzeugen wollen – oder zumindest ein Verständnis für unsere Position hervorrufen möchten, selbst wenn es um Werte und Moral geht.

Werte-Framing durch Vermeiden von Reizwörtern

Eine besondere Form ist das Werte-Framing[75]. Wird eine Botschaft nicht in den Werterahmen des Absenders gesetzt, sondern in den des Adressaten, sieht er die Botschaft in einem positiven Licht. Das gilt auch, wenn die Wertewelten komplett unterschiedlich sind. So ließen sich in einer US-amerikanischen Studie Konservative eher von homosexuellen Ehen überzeugen, wenn nicht mit Gleichheit und Gerechtigkeit argumentiert wurde, sondern wenn eine patriotische Sprache den argumentativen Rahmen setzte, etwa: »Auch homosexuelle Menschen sind stolze Amerikaner.«[76] Werden mögliche Gesetze zur Erhaltung der Umwelt so begründet, dass man Umweltverschmutzung verhindern müsse, zeigte das bei Konservativen wenig Wirkung. Wurden sie stattdessen in einen konservativen Rahmen mit Begriffen wie Autorität, Loyalität oder Reinheit – etwa saubere Wälder und klares Wasser – gesetzt, waren Konservative eher bereit, diese Themen zu unterstützen.[77] Umgekehrt waren Liberale in den USA eher dafür offen, Militärausgaben zu erhöhen, wenn diese nicht mehr mit konservativen Werten wie Loyalität und Patriotismus begründet wurden, sondern mit Fairness: indem betont wurde, wie das Militär Arme und Benachteiligte unterstützt und Menschen ein zuverlässiges Einkommen bietet.[78] US-Amerikaner reagieren auf eine »Klimawandel-Steuer« mit Abwehr, denn beide Begriffe sind für sie negativ besetzt. Für einen »Kohlendioxid-Ausgleich« sind sie dagegen zugänglicher[79].

Bleibt man in seinem eigenen Werterahmen, fällt es schwer zu überzeugen. Wer zum Beispiel Konservative zu Toleranz gegenüber Minderheiten aufruft und dabei seine eigene Sprache nutzt, löst Widerstand aus. Es gehe um »Betroffene«, viele Menschen seien »privilegiert«, verhalten sich »sexistisch« oder »problematisch« – solche Begriffe werden oft auf Online-Plattformen genutzt, um auf moralisch verwerfliches Verhalten hinzuweisen. Kein Wunder, dass sie für manche zu Reizwörtern werden. In der Sprache von eher konservativen Adressaten sind andere Worte positiv besetzt, etwa: »pragmatisch«, »zivilisiert«, »kultiviert«, »vernünftig«. Ganz generell sind es Verweise auf Geschichte und Kultur. Diese Begriffe passen eher zur konservativen Wertewelt.

Wollen Sie Menschen überzeugen, deren Lebenswelt auf anderen Werten basiert als Ihre, stellen Sie Ihren Standpunkt in das Licht der Werte des Gegenübers und benutzen Sie seine Sprache. Schieben Sie Ihren Standpunkt so weit wie möglich in den Rahmen des anderen.

Möchte ein Veganer für seinen Standpunkt plädieren, kann er zunächst darauf verzichten, auf die Haltungsbedingungen der Tiere einzugehen, sondern hebt hervor: »Wir leben in einer zivilisierten Welt, in der es immer weniger notwendig wird, Tiere zu essen.« Hält eine Vorgesetzte nichts von der verweichlichten »Wertschätzung«, die nur ein Trend sei, ist sie vielleicht offener dafür, über »Respekt« zu sprechen. Vielleicht ist jemand nicht offen dafür, über seine »Weltanschauung« und die eigene »innere Haltung« nachzudenken, ist aber gerne bereit, sein »Mindset« weiterzuentwickeln. Hat Ihr Partner keine Lust auf einen Sommerurlaub in Thailand oder Indonesien, weil er die Zeit, die er dafür aufwenden muss, lieber sinnvoll nutzt, begeistert er sich vielleicht für eine Studienreise, um die asiatische Kultur kennen zu lernen. Möchten Sie Ihren Kollegen, der gegen Gewinnmaximierung und Kapitalismus argumentiert, davon überzeugen, dass auch etwas Gutes darin steckt, betonen Sie, dass sich dadurch neue Möglichkeiten erschließen, faire und gute Gehälter zu zahlen, und dass sich neue Geschäftszweige bilden, die Lösungen für aktuell brennende Probleme entwickeln.

SPRACHLICHES WERTE-FRAMING

Identifizieren Sie die Werte und die damit zusammenhängende Wortwahl des anderen. Schieben Sie Ihren Standpunkt so weit wie möglich in die Sprachwelt des anderen und nutzen Sie seine Worte.

15. TECHNIK
Inhaltliches Werte-Framing

Ein Teamleiter berichtete von einer Meinungsverschiedenheit mit seinem Chef, in der er keine Chance sah, sich durchzusetzen. Es ging um die Unternehmensziele. Sein Chef hatte das Ziel ausgerufen, in jedem Bereich 15 Prozent mehr Umsatz zu erreichen. Der Teamleiter wies ihn darauf hin, dass das unter den aktuellen Umständen nicht möglich sei. Der Chef müsse auch an die Mitarbeitenden denken, die seien jetzt schon chronisch überlastet. Das Team sei unterbesetzt und brauche dringend Unterstützung. Sein Chef antwortete, es werde niemand neu eingestellt, das Unternehmen müsse sparen, um die Unternehmensziele zu erreichen. Und so ging es hin und her: »Ich schaffe das aber nicht allein, ich brauche dringend Unterstützung.« – »Ich möchte jetzt nicht über Probleme reden, ich möchte nach vorne schauen. Sie kriegen das schon hin.« Kein Verständnis. Der Teamleiter resignierte.

In der Diskussion prallten zwei Werte aufeinander: Gewinnmaximierung und Menschlichkeit in Form von Unterstützung. Beides schien nicht miteinander vereinbar zu sein. Um eine Lösung für eine solche Unvereinbarkeit zu finden, betrachten wir anhand eines anderen Beispiels, wie Werte und daraus resultierende Standpunkte miteinander verknüpft sind. Dabei geht es um einen moralischen Wert, den Schutz von Kindern.

Jemand sagt: »Wir müssen kriminellen Ausländern das Handwerk legen, um unsere Kinder zu schützen!« Moralische Werte tragen dazu bei, Standpunkte und Personen in einem einwandfreien Licht erscheinen zu lassen. Und sie machen es schwer zu widersprechen. Denn wer hier etwas anderes sagt, scheint unsere Kinder nicht schützen zu wollen. Doch wer Kinder schützen möchte, muss nicht zwingend dafür plädieren, ausländischen Kriminellen in größerem Maße das Handwerk zu legen als deutschen, genauso wenig wie er zum Schutze von Kindern automatisch dafür sein muss, eine Mauer um sein Grundstück zu bauen.

Das Beispiel zeigt: Menschen teilen oft die gleichen Werte und sind trotzdem anderer Meinung. Jemand konnte gegen den Lockdown argumentieren, weil er für Freiheit einsteht. Jemand konnte für den Lockdown argumentieren, weil er für Freiheit einsteht, die so schneller wieder zu erreichen sei. Eine Mutter kann, weil sie für ihre Familie das Beste möchte, schnell wieder arbeiten und Geld verdienen; sie kann aber auch, weil sie für ihre Familie das Beste möchte, zu Hause bleiben. Sie können aus Fairnessgründen dafür sein, dass alle in der Abteilung gleich viel verdienen. Sie können aus Fairnessgründen dagegen sein, dass alle gleich viel verdienen, und eine Bezahlung nach Leistung einfordern. Das alles sind unterschiedliche Positionen, die den gleichen übergeordneten Wert haben. Das Werte- und Entwicklungsquadrat besteht also im Kontext von Diskussionen und Verhandlungen nicht nur aus vier Wertefeldern, sondern jedes einzelne enthält unterschiedliche Positionen, hier exemplarisch vier (P1–P4). Das Bewusstsein darüber, dass ein Wert mehrere Positionen begründet, ist von grundlegender Bedeutung für viele Techniken in diesem Buch. Denn Sie argumentieren zwar für eine andere Position, dennoch machen Sie deutlich: Wir teilen den gleichen Wert.

WERT 1		WERT 2	
P1	P2	P1	P2
P3	P4	P3	P4
P1	P2	P1	P2
P3	P4	P3	P4

Abbildung 6: Werte- und Entwicklungsquadrat im Kontext von Konflikten und Verhandlungen

Umgekehrt lässt sich ein und dieselbe Position mit unterschiedlichen Werten begründen: Jemand konnte sich gegen den Lockdown aussprechen, weil er für Freiheit einsteht – oder weil er um die Psyche der Menschen besorgt war. Sie können aufhören zu rauchen, weil Sie etwas für Ihre Gesundheit tun möchten – oder aus Liebe zu Ihrer Familie, die das nicht möchte. Sie können Ihren Beruf ausüben, weil der Ihnen viel Geld bringt – oder weil er Ihnen Spaß macht.

Wert und Standpunkt sind nicht aneinandergekettet

Dass Wert und Position nicht direkt miteinander verknüpft sind, ist eine wichtige Erkenntnis, wenn sie andere überzeugen möchten. Denn Sie können Ihren Standpunkt nicht nur sprachlich, sondern auch inhaltlich in den Wert des anderen hineinschieben. Das funktioniert in zwei Schritten:

1. Den Wert des anderen anerkennen: Trennen Sie gedanklich Wert und Standpunkt. Es ist möglich, das eine zu vertreten und das andere abzulehnen.
2. Betonen Sie, dass Ihr Standpunkt auf den Wert des anderen einzahlt, nach dem Gedanken:
   - »Gerade weil ich dein Anliegen teile, sehe ich es anders.«
   - »Wir teilen ein gemeinsames Anliegen. Nur den Weg dorthin sehe ich anders.«

So kann der Teamleiter aus dem ersten Beispiel erkennen, dass sein Standpunkt nicht nur mit seinem Wert der Menschlichkeit und der daraus folgenden Unterstützung für die Mitarbeitenden zusammenhängt, sondern auch und sogar mit dem Wert seines Vorgesetzten: Umsatzsteigerung. Einige Tage später versuchte er es bei seinem Chef noch einmal und berief sich auf dessen Werte und Ziele: »Um die Unternehmensziele zu erreichen und um nach vorne zu schauen, sind folgende Punkte notwendig ...« Sein Chef beraumte eine Besprechung an, in der sie die Bedingungen festhielten, unter denen die Ziele erreichbar waren.

Bleiben wir beim Thema Arbeitsüberlastung, dieses Mal aus einer anderen Perspektive: Ihr Kollege arbeitet zu viel, und die Vorgesetzte übersieht immer wieder, dass er dringend Unterstützung braucht. Er arbeitet jeden Tag bis an seine persönlichen Grenzen, und Sie machen sich Sorgen. Seine Erklärung: »Ich will eben meine Arbeit gut machen, es ist mir wichtig, zuverlässig zu sein. Ich kann das nicht ablegen.« Eigentlich wollen Sie ihm direkt entgegnen, dass es doch viel wichtiger ist, auf sich selbst und seine Gesundheit zu achten. Doch Werte lassen sich nur schwer wegdiskutieren. Da sind wir häufig unbelehrbar. Stärker wird Ihr Argument deshalb, wenn Sie seine Werte berücksichtigen: »Du leistest gerade dann gute Arbeit und bist zuverlässig, wenn du zeigst, dass du den Überblick hast und glasklar formulierst, was du brauchst, um gute Arbeit abliefern zu können – zum Beispiel eine Werkstudentin oder einen Praktikanten als Unterstützung.«

Erkennen Sie die Werte Ihres Gegenübers an und nutzen Sie sie als Argumentationsgrundlage, sieht es Ihre Inhalte in einem positiveren Licht.

INHALTLICHES WERTE-FRAMING

Schieben Sie Ihren Standpunkt in den Werte- und Zielrahmen des anderen, etwa:

- »Um [Wert/Ziel des anderen] zu erreichen, ist [mein Standpunkt] notwendig.«
- »Um [Wert/Ziel des anderen] zu erreichen, ist es nicht zwingend notwendig, Y zu tun. Es gibt andere Mittel und Wege, nämlich …«
- »Gerade weil wir [Wert/Ziel des anderen] erreichen wollen, ist [mein Standpunkt] notwendig.«

DEN EIGENEN STANDPUNKT KLUG BEGRÜNDEN

Wie überzeugt man jemanden davon, seinen Platz in einer Warteschlange herzugeben? Das wollte die Psychologin Ellen Langer wissen[80] und schickte einen Lockvogel in die Warteschlange eines Kopierers in der Unibibliothek der Harvard University.

Im ersten Durchgang fragte der Lockvogel: »Entschuldigung, ich muss fünf Seiten kopieren. Kann ich bitte vor?« 60 Prozent der Befragten erklärten sich dazu bereit. In einem zweiten Durchgang änderte der Lockvogel seine Frage: »Entschuldigung, ich habe fünf Seiten zu kopieren. Kann ich den Kopierer benutzen, weil ich in Eile bin?« Diesmal ließen ihn sogar ganze 94 Prozent der Wartenden vor. Und das, obwohl der Grund nicht einmal ein guter war. Denn wer hat es nicht eilig? Die Versuchsleiterin probierte eine dritte Variante: »Entschuldigung, ich muss fünf Seiten kopieren. Darf ich den Kopierer verwenden, weil ich Kopien erstellen muss?« Ein Zirkelschluss, der keinen Sinn ergibt, und dennoch ließen ihn daraufhin nur 1 Prozent weniger Menschen, 93 Prozent, nach vorne.

Diese Studie wurde vielfach zitiert, weil sie zeigt, wie machtvoll Begründungen sind. Sie müssen nicht einmal gut sein. Nicht umsonst wird in der Rhetorik vielfach kolportiert: »Die Dinge müssen nicht plausibel *sein*, sie müssen nur plausibel *klingen*.«

Es gibt dabei aber einen Haken: Die Menschen am Kopierer ließen den Lockvogel nicht mehr nach vorne, sobald er einen dickeren Stapel an Papier hatte. Erscheint eine Bitte also überzogen oder ist der Grund nicht stark genug, funktioniert es nicht mehr. Gründe nach dem Muster »Wir müssen X tun, weil …« oder »um zu …« sind also grundsätzlich eine gute Idee. Doch zweifelt Ihr Gegenüber, ist es notwendig, gute Gründe zu haben und diese klug zu verpacken.

16. TECHNIK

Maßgeschneiderte Argumente – die Welt des anderen

Fast jedes Unternehmen kommt einmal an den Punkt, an dem der Begriff »Change« fällt, weil Veränderungen anstehen: neue Software, Umstrukturierung der Abteilungen, andere Arbeitsschritte, neue Kompetenzen erlernen, flexibleres Arbeiten, ein Umbau des Büros und ähnliche Maßnahmen, um auf dem neuesten Stand zu bleiben und den Anforderungen der Arbeitswelt gerecht zu werden. Wenn Sie schon einmal mit Veränderungen zu tun hatten, wissen Sie, dass darauf nicht jeder mit Jubelschreiben reagiert, und die große Frage ist wie immer: Wie können die Mitarbeiter von diesen Maßnahmen überzeugt werden? Eine klassische Methode ist, die Maßnahmen zu erklären und den Mehrwert anzupreisen: schnellerer Draht zum Kunden, sofortiges Reagieren auf Veränderungen, Imageförderung durch ein moderneres Büro, kürzere Arbeitswege. Wer nach all diesen Nutzenargumenten immer noch zweifelt, hat es wohl nicht verstanden und einfach keine Lust auf Veränderung. Manche Unternehmen buchen sich ein Motivationstraining, damit diese schwierigen Mitarbeiter endlich lernen, sich aus ihrer Komfortzone herauszubewegen und ihren offensichtlichen Unwillen zur Veränderung zu überwinden. Merkwürdigerweise bleiben immer noch viele Mitarbeiter übrig, die nicht von den Veränderungen begeistert sind. Sie fragen sich, wie genau die Veränderung ablaufen wird, was auf sie zukommt, und zweifeln daran, dass sich ihre persönliche Arbeitssituation wirklich verbessert. In Besprechungen äußern sie ihre Skepsis. Na ja, »Nörgler gibt es immer«, denken sich manche Kollegen und Führungspersonen.

Eine willkürliche Nutzenargumentation ist sinnlos, solange sie nicht den Kern des Zweifels der Mitarbeiter trifft. Erst wenn Sie wissen, warum genau Ihr Gegenüber zweifelt und wonach es strebt, können Sie die passenden Argumente finden.

Menschen ticken unterschiedlich

Das Riemann-Thomann-Modell dient als Orientierungshilfe. Ein Empathiekompass, um Menschen besser verstehen und einschätzen zu können. Der Psychoanalytiker Fritz Riemann erkannte schon früh, dass der Mensch von Ängsten getrieben ist und davon, Negatives zu vermeiden.[81] Neben Ängsten vor Tod und Krankheit und dem Bedürfnis nach Unversehrtheit sowie Anerkennung und Selbstwirksamkeit gibt es nach dem Riemann-Thomann-Modell vier weitere Urängste, von denen wir unterschiedlich stark getrieben sind: der Angst vor Chaos, aus der das Bedürfnis nach Ordnung (Dauer) entsteht, Angst vor Stillstand und ein daraus resultierendes Bedürfnis nach Abwechslung (Wechsel), Angst vor Einsamkeit, aus der sich das Bedürfnis nach Kontakt (Nähe) entwickelt, und die Angst vor Abhängigkeit, aus der sich das Bedürfnis nach Unabhängigkeit (Distanz) ergibt.

Diese Bedürfnisse befinden sich auf zwei verschiedenen Achsen, auf denen die meisten von uns zu einem Pol tendieren. Im Folgenden werden sie im Extrem beschrieben, damit Sie die üblichen leichteren Ausprägungen im Alltag schnell wiedererkennen.

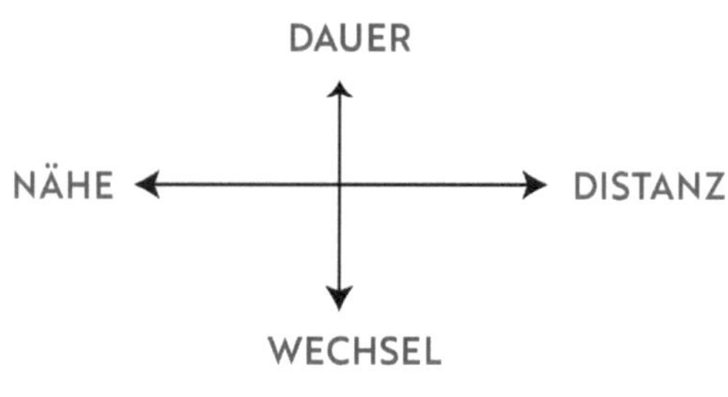

Abbildung 7: Das Riemann-Thomann-Modell[82]

Dauerpol – Sicherheit und Ordnung: Menschen mit dieser Ausprägung streben nach Sicherheit. Sie haben einen Blick fürs Detail und sind durch ihr systematisches Denken in der Lage, Ordnung ins Chaos zu bringen. Sie sind korrekt und wollen alles bis ins Detail klären. Dass sich jemand nicht an Regeln und Vereinbarungen hält, ist ihr größter Albtraum. Sie brauchen Orientierung, denn sie haben Angst vor Kontrollverlust und Chaos. Deshalb sind ihnen Veränderungen erst einmal grundsätzlich suspekt, und sie wollen gut vorbereitet sein. Man findet sie nicht selten im Finanz- und Buchhaltungswesen. Sie sind im Extrem die »langweiligen Prinzipienreiter«.

Wechselpol – Abwechslung und Kreativität: Menschen mit dieser Ausprägung streben nach Abwechslung und Aufregung. Sie sind die interessanten Geschichtenerzähler, denen alle an den Lippen hängen. Sie hören sich lieber selbst reden, als anderen Langweilern zuzuhören. Dabei bemerken sie nicht, wenn sie in ihren Geschichten übertreiben und so an Glaubwürdigkeit verlieren. Andere denken sich: »So dramatisch oder so unglaublich toll kann es doch nicht schon wieder gewesen sein?« Sie haben Angst vor Stillstand und Endgültigkeit. Deshalb sind sie Veränderungen gegenüber grundsätzlich aufgeschlossen, solange diese nicht bedeuten, dass sie in ihrer Kreativität eingeschränkt werden. Dass jemand sie auf etwas festnageln will, ist ihr größter Albtraum. Man findet sie häufig in Kreativabteilungen von Werbeagenturen. Sie sind im Extrem die »chaotischen Abenteurer«.

Nähepol – Nähe und Kontakt: Menschen mit dieser Ausprägung streben nach menschlicher Nähe. Sie haben Angst vor Einsamkeit. Sie tendieren dazu, bereits beim ersten Treffen viel Persönliches zu erzählen, ohne zu bemerken, ob das Gegenüber dazu bereit ist. Das Sprechen über die eigene Gefühlslage kann andere überfordern und vereinnahmend wirken. Abgelehnt zu werden, ist ihr größter Albtraum. Deshalb steht es auch bei Veränderungen für sie an erster Stelle, positive Beziehungen aufrechtzuerhalten. Erst kommt die persönliche Beziehung, dann das Geschäftliche. Man findet sie in sozialen Berufen und Positionen, in denen sie sich um die Anliegen anderer kümmern können. Im Extrem sind sie die »selbstlosen People-Pleaser«.

Distanzpol – Unabhängigkeit und Freiheit: Menschen mit dieser Ausprägung streben nach Selbstbestimmung und Freiheit. Sie haben Angst vor Abhängigkeit. Sie schätzen einen emotionalen und physischen Abstand zu anderen. Von dort schauen sie sich die Dinge lieber nüchtern von außen an und haben einen sachlich intellektuellen Blick auf die Dinge. Wird ihnen Distanz zugestanden, sind sie bereit für Nähe. Ungefragt in etwas hineingezogen zu werden, ist ihr größter Albtraum. Ihnen ist es besonders wichtig, dass nichts über ihren Kopf hinweg entschieden wird. Sie sind in Positionen zu finden, in denen sie selbstständig arbeiten und Entscheidungen treffen können. Im Extrem sind sie die »gefühlskalten Einzelgänger«.

Welche Argumente passen zu wem?

Das Wissen darum, was Ihr Gegenüber bewegt und ihm wichtig ist, hilft Ihnen dabei, es zu bewegen und mit maßgeschneiderten Argumenten zu überzeugen. Der »Prinzipienreiter« braucht andere Informationen und Argumente als die »chaotische Abenteurerin«.

Wenn eine Change-Maßnahme durchgeführt werden soll, haben Menschen unterschiedliche Ängste und Bedürfnisse:

- Menschen mit ausgeprägtem Dauerpol fragen sich: »Ist das alles durchdacht oder wird die Umstellung holterdiepolter gehen? Wie sehen die Abläufe aus? Gibt es einen Plan? Hoffentlich gibt es kein Chaos!«
- Menschen mit ausgeprägtem Wechselpol fragen sich: »Werde ich weiterhin so arbeiten können, wann und wie ich das möchte? Oder muss ich mich ab jetzt nach strengeren Regeln richten?«
- Menschen mit ausgeprägtem Nähepol fragen sich: »Behalte ich die Kollegen im Büro und die Geschäftspartner, mit denen ich so gerne zusammenarbeite, oder bin ich ab jetzt auf mich selbst gestellt? Hoffentlich verstehen wir uns!«
- Menschen mit ausgeprägtem Distanzpol fragen sich: »Arbeite ich mit kompetenten Menschen zusammen? Habe ich weiterhin meinen Rückzugsort? Oder muss ich jetzt mit anderen im Großraumbüro zusammenarbeiten? Hoffentlich kann ich in Ruhe meine Arbeit erledigen!«

Allgemeine Nutzenargumente und der Erfolg des Unternehmens beantworten diese Fragen nicht. Sie zu ignorieren bedeutet, dass bestehende Zweifel weiter bestehen. Tappen Sie nicht in die Falle, an den

Motiven Ihres Gegenübers vorbei zu argumentieren. Die Argumente, die Ihnen wichtig sind, sind nicht diejenigen, die anderen wichtig sind. Begeben Sie sich in die Welt der anderen, und wählen Sie mit einer maßgeschneiderten Argumentation diejenigen Argumente aus, die Ihrem Gegenüber wichtig sind.

1. **Bedürfnisanalyse:** Welche Ängste und Widerstände könnten sich bei Ihrem Gegenüber einstellen? Welche Bedürfnisse und Interessen hat es? Um das einzuschätzen, hilft das Riemann-Thomann-Modell. Nicht immer brauchen Sie es. Reden Sie miteinander, stellen Sie Fragen und hören Sie genau hin, um sein konkretes Interesse herauszufinden.
2. **Bedürfniserfüllung:** Sprechen Sie die Interessen und Bedürfnisse an. Wählen Sie diejenigen Argumente aus, die darauf einzahlen, das Bedürfnis zu erfüllen und bestehende Ängste zu nehmen.

Change-Argumente, die nicht nerven

Möchte die Führungsebene alle Mitarbeitenden mit ihren verschiedenen Bedenken und Bedürfnissen berücksichtigen, erkennt sie diese, beachtet sie im gesamten Veränderungsprozess, spricht sie in gemeinsamen Meetings an und bietet Lösungen dafür an. Change-Prozesse sind komplex, dennoch wird als Orientierungshilfe im Folgenden exemplarisch eine mögliche Ansprache an die Mitarbeitenden skizziert.

- Menschen mit Dauerbedürfnis erreicht die Führungskraft, indem sie etwa betont: »Wir machen diese Umstrukturierung, weil wir klarere Abläufe schaffen wollen, die zu den neuen Anforderungen passen. Nicht alles wird sich ändern, einiges bleibt auch beim Alten, wie zum Beispiel […] Der Anspruch ist, die Veränderungen, die es gibt, so zu planen, dass kein Chaos entsteht. Jeder soll wissen, was wann zu tun ist. Um das zu gewährleisten, haben wir uns Folgendes überlegt: […].«
- Menschen mit Wechselbedürfnis erreicht sie, indem sie betont: »Wir machen diese Umstrukturierung, weil wir auf dem neuesten Stand sein wollen und nicht hinterherhinken wollen. Einige bekommen neue Kunden und ein neues Büro mit neuem Team. Wir wollen bei al-

ler Umstellung auch weiterhin niemanden in ein enges Korsett pressen und ermöglichen, so zu arbeiten, wie und wo er sich am besten konzentrieren kann. Dafür haben wir uns Folgendes überlegt: […].«

- Menschen mit Nähebedürfnis erreicht sie, indem sie etwa betont: »Wir machen diese Umstrukturierung auch, damit unsere Teams noch besser und reibungsloser zusammenarbeiten. Einige Teams bleiben so, andere stellen sich teilweise neu auf. Damit sich hier im Team keiner allein gelassen fühlt, sondern sich gleich zu Beginn gut mit den neuen Kollegen zusammenfindet, haben wir uns einen besonderen Teameinstieg überlegt, nämlich […].«
- Menschen mit Distanzbedürfnis erreicht sie, indem sie betont: »Wir machen diese Umstrukturierung, weil wir wollen, dass jeder noch individueller nach seinen eigenen Stärken arbeiten kann. Es wird weiterhin Rückzugsmöglichkeiten geben, damit Sie in Ruhe Besprechungen führen oder allein arbeiten können. Dafür sind folgende Räume geplant: […] Da es um Sie geht, wollen wir jetzt gerne wissen, wie Ihre Ideen dazu sind.«

Natürlich funktioniert eine solche Argumentation nur, wenn die verschiedenen Bedürfnisse tatsächlich berücksichtigt werden. Doch auch wenn sie das werden, kann nicht immer jedes Bedürfnis erfüllt werden. Aber selbst wenn sie nicht erfüllt werden, sind Menschen zufriedener, sobald sie mit ihren Bedürfnissen gesehen wurden.

Ihr Gegenüber bestimmt, was wichtig ist

Auch in Verkaufssituationen lohnt es sich, herauszufinden, worauf es Ihrem Gegenüber ankommt, um genau diejenigen Argumente auszuwählen, die in der Welt Ihres Gegenübers relevant sind. In einem Küchenstudio könnte die Verkäuferin einem Interessenten/potenziellen Käufer mit einem ausgeprägten Nähepol die offene Küche zeigen und betonen, dass er dort mit Besuch und Familie zusammen sein kann, selbst wenn er in der Küche noch etwas vorbereitet. Das Ambientelicht schafft zusätzlich eine schöne Atmosphäre. Den Distanzpol beeindrucken dagegen eher die hochwertigen Materialien, die mit speziellen Qualitätssiegeln ausgezeichnet sind; auch die Armatur sticht heraus und hat nicht jeder. Dem Dauerpol gefallen die übersichtlichen Hängeschränke, die sogar ein Licht haben, um sie gut putzen zu können. Zudem die automatische Abschaltfunktion der Herdplatten, damit nichts passieren kann. Außerdem hat die offene Küche den Vorteil, die Kinder immer im Blick zu haben. Für den Wechselpol ist es besonders toll, spontan und schnell kochen zu können, da die Herdplatten ungewöhnlich schnell heiß werden. Außerdem lassen sich die Schränke je nach Belieben umbauen. Und auf der anderen Seite gibt es sogar noch eine schöne Spielerei und besondere Lichtfunktionen. Damit redet die Verkäuferin niemanden in etwas hinein, sondern sie rückt diejenigen Merkmale ins Scheinwerferlicht, die für die andere Person relevant sind.

Wenn Sie die konkreten Interessen des Gegenübers kennen, binden Sie diese ein. Schwärmt die ITlerin ihrem Kollegen begeistert von der neuen Arbeits-Software vor, freut er sich vielleicht für sie, wird aber trotzdem wenig begeistert sein, sich nun umstellen zu müssen. Wenn sie aber damit argumentiert, dass das neue System seine Arbeitsabläufe erheblich erleichtert und die immer wiederkehrenden Absturzprobleme behebt, wird das Thema für ihn interessanter. Geht sie zur Betriebsleiterin, würde sie dagegen mit Effizienz und Umsatzsteigerung argumentieren.

Möchten Sie einen neuen ansehnlichen Geschäftswagen fahren, könnten Sie damit argumentieren, dass der alte Wagen langsam seinen Geist aufgibt, oder damit, dass Sie sich das redlich verdient hätten. Das haben allerdings schon viele andere vor Ihnen behauptet. Ein Argument aus der Welt Ihrer Chefin könnte lauten, dass ein ansehnlicher Geschäftswagen einen guten Eindruck bei Ihren Geschäftspartnern macht und dem positiven Image des Unternehmens zugutekommt.

Wenn Sie Ihr Kind überzeugen möchten, jetzt endlich zu schlafen, könnten Sie damit argumentieren, dass es morgen sicher ausgeruhter und zufriedener ist. Doch Ihrem Kind ist es in diesem Moment reichlich egal, wie ausgeruht oder nicht ausgeruht es morgen sein wird. Sagen Sie aber: »Je schneller du einschläfst, desto schneller ist morgen«[83], befinden Sie sich in der Welt Ihres Kindes.

Persönliche Alarmglocken läuten

Manche Menschen springen nicht auf die positiven Seiten eines Vorschlags an, sondern reagieren stärker, wenn ein persönlicher Nachteil für sie droht.

Eine Vertrieblerin eines Software-Unternehmens sträubte sich dagegen, an einem Vertriebstraining teilzunehmen, da sie bereits ein Profi sei in dem, was sie tut. Ihre Chefin versuchte sie zu überzeugen, indem sie betonte, dass die Methoden, die geschult werden sollen, brandneu seien, dass dadurch noch bessere Ergebnisse erzielt werden könnten und dass ein namhafter Experte dieses Training empfohlen habe. Nichts davon überzeugte die Vertrieblerin, bis ihre Chefin sagte: »Wenn Sie die neuen Methoden im Gegensatz zu den anderen nicht kennen und anwenden, verlieren Sie Ihren Vorsprung.« Einen Tag später meldete sich die Vertrieblerin zum Training an mit den Worten, sie könne ja mal reinschauen.

Dass Angst – so skrupellos es klingt – eine der wirksamsten Überzeugungstechniken ist, ist gut erforscht.[84] Die natürliche Furcht des Menschen vor negativen Konsequenzen ist stark. »Die besten Tipps für Ihre Israelreise« klingen deshalb für manche weniger interessant als »Wie Sie Touristenfallen in Israel vermeiden« oder »Wie Sie Israel sicher erkunden«. In beiden Fällen wird die Angst aktiviert, dass etwas passieren könnte.

Angst hilft auch dabei, gegen eine andere bereits vorhandene Angst anzukommen. Hat eine Mutter beispielsweise Bedenken, ihre Kinder gegen die gängigen Krankheiten impfen zu lassen, wirkt das sehr stark. Es ist schwierig, ihr ihre Bedenken auszureden und mit positiven Effekten der Impfung dagegen anzukommen. Ängste sind zu starke Motivatoren, als dass positive Folgen dagegenhalten könnten. Wirksamer kann es daher sein, eine andere Angst entgegenzusetzen: nämlich was passieren kann, wenn sie ihr Kind nicht impfen lässt, und was bereits mit anderen Kindern passiert ist, die nicht geimpft worden sind, und wovor sie also letztlich geschützt werden.

Die Frage, die zugleich auch einen Schutzmechanismus vor dem leichtfertigen Missbrauch dieser Methode bildet, lautet also: Wovor bewahren Sie Ihr Gegenüber? Und was verliert es, wenn es Ihrem Vorschlag nicht folgt? Läuten Sie verantwortungsvoll seine Alarmglocken. Das Muster ist:

»Wenn wir X tun, vermeiden wir, dass …« oder »Wenn wir X nicht tun, passiert Y.« Das Riemann-Thomann-Modell hilft dabei, die ganz persönlichen Alarmglocken zu finden. Bei einem ausgeprägten Dauerpol kann die Alarmglocke bei einer Change-Maßnahme sein: »Wir wollen vermeiden, dass zukünftig keiner weiß, wofür er zuständig ist. Wir sehen das jetzt schon in Ansätzen und möchten sichergehen, digitale Aufträge in geregelten Bahnen bearbeiten zu können, deshalb …« Ist jemand vom Wechselpol getrieben, ist ein Motivator: »Wenn wir jetzt nicht rechtzeitig einschreiten, verlieren wir bisherige Freiheiten wie die persönliche Wahl, wer mit welchem Kunden arbeiten möchte. Wir möchten die Wahl nach persönlicher Expertise und Interesse aber beibehalten, deshalb …«

Die Alarmglocken lassen sich vielfältig läuten. Im Verkauf von Dienstleistungen ist eine gute Formulierung: »Man kann auf den günstigsten Preis schauen. Man muss nur aufpassen, damit keine versteckten Risiken einzugehen, die sich erst später bemerkbar machen. Irgendwo muss ja gespart werden. Achten Sie immer darauf, dass Sie vertrauen können.« Damit verunsichern Sie das Gegenüber und sorgen für Zweifel, wenn es sich woanders umschaut und günstigere Preise entdeckt. Solange es reale negative Konsequenzen sind, vor denen Sie warnen und Sie Ihrem Gegenüber keinen Flo ins Ohr setzen, darf sich diese Technik positiv und kooperativ nennen.

Vorsicht vor Stigmatisierung

Stecken Sie Ihre Mitmenschen in keine Schubladen, aus denen sie nicht mehr herauskommen. Das Riemann-Thomann-Modell beschreibt explizit keine »Menschentypen«, sondern Pole, die jeder von uns in sich trägt. Sie verändern sich je nach Situation und Lebensbereich. Wir haben viele verschiedene Facetten in uns. Und vielleicht haben Sie beim Lesen der verschiedenen Pole gemerkt, dass es Ihnen nicht leichtfällt, sich auf einer Achse einem bestimmten Pol zuzuordnen. Das liegt daran, dass wir uns in unterschiedlichen Bereichen unterschiedlich verhalten. Im Businessalltag mögen wir hochstrukturiert und zuverlässig sein (Dauer) und im Privaten chaotisch und unpünktlich (Wechsel). Mit unserem Partner schätzen wir vielleicht die Verbundenheit

(Nähe), doch mit den Kollegen den Abstand (Distanz). Beim Sex mögen wir vielleicht ungewöhnliche Orte (Wechsel), Fremdheit durch Kleidung oder wechselnde Partner (Distanz) und bei Finanzen die Sicherheit und Kontrolle (Dauer). Gegenüber den Eltern verhalten Sie sich vielleicht distanziert, gegenüber Freunden können Sie mehr Vertrauen schenken (Nähe).

Zudem stellt sich die Frage: Ist das Verhalten Ihres Gesprächspartners wirklich sein generelles Verhalten und ein Zeichen seiner Bedürfnisse, oder ist es nur eine Reaktion auf Sie und Ihr Verhalten? Wer aufdringlich ist, provoziert im Gegenüber ein distanziertes Verhalten, das es bei anderen nicht zeigen würde. Und wer stark auf Regeln fixiert ist, wird andere schneller als Chaoten bezeichnen als jemand, der selbst dazu neigt. Was Sie vom anderen beobachten, ist immer im Verhältnis zu betrachten, als Reaktion auf die Umgebung und als Momentaufnahme. Deshalb fragt das vorgestellte Modell nicht: Wie ist jemand generell? Sondern: Was braucht jemand jetzt in diesem Moment in dieser Situation?

MASSGESCHNEIDERTE ARGUMENTE

1. Bedürfnisanalyse

Ängste, daraus entstehende Bedürfnisse und Interessen des/der anderen identifizieren.

2. Bedürfniserfüllung

Auswahl derjenigen Argumente, die bestehende Ängste nehmen und Bedürfnisse erfüllen, etwa:

- »X hilft dabei, zu vermeiden, dass [Angst]«, »X hilft, das [Bedürfnis] zu erreichen«.
- Die persönlichen Alarmglocken gehen speziell auf die Ängste des Gegenübers ein, etwa:
- »Wenn wir X tun, vermeiden wir, dass …«
- »Wenn wir X nicht tun, passiert Y.«

17. TECHNIK

Pro(kata)lepsis – einem Nein vorbeugen

Manche Themen können Sie kaum ansprechen, ohne dass umgehend ein »Ja, aber du musst bedenken, dass …«, ein »Nein« oder eine andere Form von Widerspruch folgt. Die Bedenkenträger trüben auch gerne Freude, denn »da darf man sich nicht zu früh freuen«. Nichts, was Sie sagen, darf so stehen bleiben, bekommt Verständnis oder Zustimmung.

Eine Teamleiterin setzt eine Besprechung an, in der sie die Gestaltung der neuen Flyer vorstellen möchte. Die Teammitglieder sind skeptisch, denn wer nutzt heutzutage noch Flyer? Ist Werbung auf Online-Kanälen nicht effektiver? Außerdem ist das nicht nachhaltig. Die Besprechung beginnt, und die Teamleiterin blickt in kritische Gesichter. Sie weiß, dass die ersten Einwände nicht lange auf sich warten lassen werden, noch bevor sie sie mit guten Argumenten entkräften kann.

Das ist schlecht. Denn sobald das Gegenüber einmal widersprochen hat, wird es schwieriger, es vom Gegenteil zu überzeugen. Ist eine Meinung erst einmal geäußert, ist es schwerer, sie zu widerlegen, als eine, die noch nicht ausgesprochen wurde.[85] Je mehr Menschen dabei zuhören, desto stärker ist der Effekt. Deshalb ist es ratsam, einem Nein so schnell wie möglich vorzubeugen, am besten, noch bevor es ausgesprochen wird. Sobald Sie Einwände des anderen vorwegnehmen, muss er diese nicht mehr im Kopf haben und kann sie loslassen. Zudem zeigt die Vorwegnahme von Gegenargumenten – wie etwa »Viele sind der Meinung, dass ...« –, dass Sie sich damit auseinandergesetzt haben und keine Scheuklappen tragen, sondern die Perspektive beider Seiten berücksichtigen. Enthält Ihre erste Bemerkung eine negative Unterstellung, etwa: »Du wirst jetzt bestimmt Nein sagen, aber …«, kommt ein zusätzlicher Effekt dazu: Gerade bei eher negativ behafteten Unterstellungen neigen Menschen dazu, diese sofort richtigstellen zu wollen. Deshalb eignet sich die Technik der Prokatalepsis vor allem bei notorischen Neinsagern. Manchmal muss man den Esel kurz in die Richtung ziehen, in der man ihn nicht haben möchte.

Neinsagern zuvorkommen

Der Trick ist also, das Nein vorwegzunehmen. Welche Argumente sprechen gegen Sie oder das Projekt? Sprechen Sie diese an. Diese rhetorische Figur nennt sich Prokatalepsis oder Prolepsis, aus dem Griechischen übersetzt: »Zuvorkommen« beziehungsweise »Vorwegnahme«. Überlegen Sie sich dafür bereits vor einem Gespräch, was gegen Sie oder das Thema sprechen könnte. Sprechen Sie mögliche Einwände proaktiv an und leiten Sie damit Ihr Thema ein: »Sie fragen sich vielleicht, weshalb wir gerade mit diesem Kunden arbeiten. Das hat mehrere Gründe [...]«, »Viele von Ihnen haben vermutlich wenig Zeit und wollen schnell wieder weg, deshalb wollen wir die Zeit heute sinnvoll nutzen«. Sobald ein Einwand von Ihnen selbst ausgesprochen ist und offen auf dem Tisch liegt, muss er nicht mehr gedacht werden. Zudem zeigen Sie Verständnis, wodurch andere Ihren Argumenten gegenüber offener sind.

Die Teamleiterin beginnt die Besprechung dann mit den Worten: »Sie fragen sich bestimmt, warum wir uns gerade für Flyer entschieden haben – gerade jetzt, wo es so viele andere Online-Werbemaßnahmen gibt. Deshalb will ich Ihnen zunächst die Gründe nennen, weshalb wir uns dafür entschieden haben.« Aus kritischen Gesichtern werden neugierige und zustimmende. Die Mitarbeitenden sind offen für die folgenden Argumente.

Oder stellen Sie sich folgende Situation vor: Sie sind im Stress, und Ihr Kollege klopft an mit den Worten: »Du, wir treffen uns gleich alle in der Kaffeeküche, um nochmal über den Termin zu sprechen«, dann bleiben Sie vielleicht am Schreibtisch sitzen. Fragt er aber: »Du, ich weiß, du hast gerade viel um die Ohren, würdest du trotzdem mit uns in die Kaffeeküche kommen, um über den Termin zu sprechen?«, dann zeigt er Verständnis für Ihre Situation, und es klingt ganz anders.

Ich hatte früher einen Kollegen, der bekannt dafür war, die Kundentermine so zu gestalten, wie er es für richtig hielt, und wenig offen war für Ideen von anderen. Also ging ein anderer Kollege zu ihm und sagte: »Du wirst wahrscheinlich Nein sagen und hast schon eine feste Vorstellung vom Termin ...«, da sagte er schon: »Nein, nein, schieß los, sag ruhig.«

Vor allem für diejenigen, die häufig an ihren eigenen Vorschlägen zweifeln und sich ständig überlegen, was gegen sie spricht und wieso sie von anderen nicht ernst genommen werden könnten, ist diese

Technik bestens geeignet. Damit können sie eine vermeintliche Schwäche als Stärke nutzen, indem sie solche Punkte gleich zu Beginn aus der Welt schaffen. Natürlich ohne schlafende Hunde zu wecken. Sprechen Sie nur realistische und begründete Zweifel an und verzichten Sie darauf, nicht vorhandene heraufzubeschwören. Während einer Bahnfahrt stellte mir im Bordbistro mein Tischnachbar ein Lebenscoaching vor und sagte: »Manche sagen, das sei eine Sekte, aber das stimmt nicht, denn ...« Ich war sofort alarmiert.

PRO(KATA)LEPSIS

Kommen Sie Zweifeln und Gegenargumenten zuvor und sprechen Sie diese an, bevor es Ihr Gegenüber tut. Damit öffnen Sie es für Ihre Argumente. Überlegen Sie sich bereits vor dem Gespräch: Mit welchen Zweifeln und Gegenargumenten müssen Sie rechnen? Sprechen Sie diese an und leiten Sie zu Ihren guten Argumenten über:

- »Sie werden jetzt bestimmt [Zweifel] denken. Deshalb im Folgenden die entscheidenden Punkte, die dafür sprechen ...«
- »Du hast bestimmt wenig Zeit/Geld/Muße, vielleicht ist folgender Vorschlag trotzdem oder sogar gerade deshalb interessant für dich.«

18. TECHNIK

Die TAF-Technik – Thema, Argumente, Folgerung

Wofür braucht man Experten, wenn man Laien hat? Auch wenn sie nur wenig Ahnung vom Fach haben, halten sich einige für besonders schlau: Bei einer Weltmeisterschaft sind Millionen Fußballfans davon überzeugt, eine bessere Taktik auf Lager zu haben als das Trainerteam. Nach einigen Zeitungs- und Fernsehberichten über das Corona-Virus mutieren viele Menschen ganz plötzlich zu Ärzten und glauben, alle Daten richtig einordnen zu können. Und wenn Politiker eine Fehlentscheidung treffen, erlauben sich eine ganze Reihe von Menschen vernichtende Urteile über deren Persönlichkeit. Dabei verfügen diese Schlaumeier über keinerlei Kontextwissen: Sie wissen nicht, welche Informationen den Entscheidungsträgern vorlagen, welche Kriterien sie abwägen mussten, welche persönlichen Vorfälle sie belastet haben und welcher Druck von welchen Seiten ausgeübt wurde. Dennoch glauben Menschen mit wenig Ahnung häufig, es besser zu wissen als Profis, die Expertise mitbringen.

Dieses Phänomen ist als Dunning-Kruger-Effekt bekannt geworden. Die Wissenschaftler David Dunning und Justin Kruger fanden heraus, dass inkompetente Menschen dazu neigen, ihr eigenes Wissen zu überschätzen. Sie sind überzeugter von ihrem Wissen als kompetente Menschen. Denn Menschen, die wenig wissen, wissen nicht, was sie alles nicht wissen. Menschen, die viel wissen, wissen, was sie alles nicht wissen. Je eingehender sie sich mit einem Thema beschäftigen, desto mehr wird ihnen klar, wie komplex die Dinge sind.

Diskussionen mit Menschen, die nur über ein Halbwissen verfügen und sich selbst maßlos überschätzen, sind besonders schwierig. Sie kennen die Situation: Die andere Person schmettert Ihren Standpunkt sofort ab, weil sie glaubt, der eigene Standpunkt sei der einzig richtige.

Stellen Sie sich vor, Sie möchten Ihre Chefin von einer neuen Software überzeugen, die für die Arbeitsabläufe im Unternehmen ganz sicher von großem Nutzen wäre und die auch gar nicht teuer ist. Sie haben also sehr gute Gründe dafür. Ihre Chefin hat irgendwann einmal gehört, dass genau die Software-Schmiede, die das Programm entwickelt hat, nicht gut sei. Mehr Informationen hat sie nicht, aber trotzdem ist sie felsenfest davon überzeugt. Falls Sie sie von der Anschaffung der Software überzeugen möchten und den Namen des Entwicklers gleich zu Beginn des Gesprächs nennen – wie lange hört sie dann Ihren stichhaltigen Argumenten zu? Eben. Egal, was Sie sagen, es bringt nichts.

Jemanden von einer vorgefertigten Meinung abzubringen, ist schwierig – egal, ob diese auf Halbwissen beruht oder auf anderen Gründen. So etwas passiert mit uns selbst, zum Beispiel, wenn wir einen Brief lesen, in dem gleich zu Beginn steht: »Wir bedauern, Ihnen mitteilen zu müssen, …« Lesen wir dann überhaupt noch aufmerksam weiter? Nein, sobald wir meinen zu wissen, was folgt, schalten wir ab. Sobald wir merken, dass unser Gegenüber unserer eigenen Meinung fundamental widerspricht, hören wir nur noch mit einem hochkritischen Ohr zu, das jedes folgende Argument auf den Prüfstand stellt. Die Schotten sind dicht.

Ein Phänomen, das in der Psychologie nur allzu bekannt ist. Widerspricht eine Information unserer festen Überzeugung, dann sind wir geneigt, ihr stark zu misstrauen oder sie gar abzulehnen. Eine Studie ist dann entweder »zu klein«, »zu groß« oder »zu alt«.[86] Eine Tatsache vielleicht nur »ein Gerücht«. In der Fachsprache nennt man das »Disconfirmation Bias«.[87] Für bestätigende Informationen dagegen verlangen wir weniger Beweise.

Bei Besserwissern punkten

Durch eine bewusste Gesprächsführung können Sie nun dafür sorgen, dass andere Ihnen gegenüber offenbleiben. Der entscheidende Punkt, der Ihrer Meinung mehr Überzeugungskraft verleiht, ist nicht die Begründung allein, sondern wie und vor allem wann sie präsentiert wird. Ist Ihr Gegenüber besonders kritisch eingestellt und will Recht haben, verschweigen Sie zuerst, worauf Sie hinauswollen. Setzen Sie zuerst das *Thema*, bringen Sie dann die *Argumente* und erst am Ende die daraus resultierende *Forderung*. Mit der TAF-Technik bilden Sie eine überzeugende Argumentation:

1. **T**hema oder Teaser:
   Thema oder Neuigkeiten ankündigen, ohne die konkrete Forderung zu verraten, die Widerstand erzeugt.

2. **A**rgumente:
   Argumente nennen. Diese finden Sie, indem Sie sich fragen: »Was ist der Nutzen meiner Forderung?« Oder umgekehrt: »Was ist das Problem, aus dem die Forderung oder Bitte folgt?«

3. **F**olgerung:
   Formulieren einer Forderung, Bitte oder Information. Sie folgt logisch aus den Argumenten.

Vielleicht nickt Ihr Gegenüber sogar bei dem ein oder anderen Argument und stimmt zu, denn es kann zunächst ohne Bremse im Kopf die Argumente auf sich wirken lassen – was es nicht getan hätte, wenn es gewusst hätte, worauf es hinausläuft. Sein Handeln wäre nun inkonsistent, es würde zum Schluss, sobald es die Forderung hört, allen Argumenten auf einmal doch widersprechen und sie rückwirkend infrage stellen.

Nennen Sie bei dieser Technik maximal drei Argumente. So kommen Sie schnell zum Punkt, und Sie nutzen die Überzeugungskraft der wenigen und stärksten Argumente. Studien haben gezeigt, dass mehr als drei Argumente sogar schaden können.[88] Sie überfordern, die starken Argumente verlieren ihre Kraft, und Ihr Gegenüber pickt sich zum Widerlegen die schwächsten heraus. Das stärkste Argument nennen Sie am besten am Schluss, denn so hat es die direkte Verbindung zur nachfolgenden Forderung.

Die TAF-Technik funktioniert wie ein »Ja-Trichter«: Sie führen Ihren Gesprächspartner so durch das Gespräch, dass er Ihrer Folgerung quasi von selbst zustimmt. Im Beispiel mit der Einführung einer neuen Software könnte das etwa so aussehen:

1. Es geht um die Qualität der Grafik-Ergebnisse. (T)
2. Das Farbdesign ist ausschlaggebend, ob unsere Kunden am Ende zufrieden sind. Dafür ist eine hohe Farbgenauigkeit notwendig. (A1) Außerdem ist es optimal, wenn jeder im Team einen Zugriff auf die aktuellen Ergebnisse hat und diese auch noch unterwegs im Zug kurzfristig bearbeiten kann. So sind wir immer auf dem aktuellen Stand. (A2) Und wir brauchen einen optimalen Schutz vor Viren. Hacker programmieren Malware hauptsächlich für das Betriebssystem X. (A3)
3. Deshalb lohnt es sich, über die Anschaffung von Programm Y nachzudenken. (F)

Die Abteilungsleiterin stimmte in diesem Beispiel am Ende tatsächlich zu, weil sie bei diesem Thema den Argumenten folgen konnte. Sie blockte nicht gleich bei der Nennung des Software-Anbieters ab.

Die TAF-Technik kann auch über mehrere Gespräche und Tage hinweg aufgeteilt werden. Einer meiner Kunden beschrieb seinen Chef als überaus stur, was die neuen Firmenwagen anging. Der setzte nämlich auf Image und einen Sportwagen statt Praktikabilität. Jede Woche platzierte sein Angestellter deshalb eine schlüssige Information zum täglichen Bedarf, ohne seinen Vorschlag eines praktischeren Vans zu nennen, bis der Chef letztlich von selbst darauf kam, dass ein Van die beste Lösung wäre. Manchmal brauchen Sie also nicht einmal den letzten Schritt des konkreten Vorschlags.

Die TAF-Technik bietet Ihrem Gegenüber die Möglichkeit, von selbst auf die Lösung zu kommen. Das ist gut, denn Besserwisser wollen nicht überzeugt werden, sondern den Eindruck haben, dass sie die Idee selbst hatten oder sich selbst aus eigenen rationalen Stücken umentschieden haben. Die TAF-Technik funktioniert in vielen unterschiedlichen Situationen. Wollen Sie etwa jemandem absagen und möchten, dass Ihre guten Gründe dafür ihre volle Wirkung entfalten, setzen Sie sie nach vorne und platzieren Sie die Absage erst danach: »Es gibt Neuigkeiten. Ich bin überarbeitet und weiß nicht mehr, wo vorne und hinten ist, jeden Abend sitze ich bis nachts um eins an meiner Arbeit und bin trotzdem mit allem hintendran. Deshalb schaffe ich es nicht, morgen zu unserem Abendessen zu kommen und die Zeit wirklich zu genießen, das tut mir leid.« Als mir eine Freundin in einer Sprachnachricht für einen Kinoabend abgesagt hat und mit den Worten begann: »Ich habe schlechte Nachrichten. Meine Tochter hat aktuell die ›Hand-Mund-Fuß-Krankheit‹«, war mir schon ohne weiteres Zuhören klar, dass es sinnvoll ist abzusagen. Eine Absage gleich zu Beginn der Voicemail hätte zuerst eine Enttäuschung ausgelöst, erst dann das Verständnis. Und der erste Gedanke legt sich wie ein Schleier über alles, was darauf folgt. Auch deswegen ist die TAF-Technik so sinnvoll.

TAF-TECHNIK

Kehren Sie die übliche Reihenfolge Ihrer Argumentationskette um und nennen Sie zuerst die Argumente, erst dann Ihre Schlussfolgerung.

1. **T**hema oder Neuigkeiten ankündigen, etwa:
   - »Es geht um ...«
   - »Es gibt Neuigkeiten ...«

2. **A**rgumente nennen. Sie stellen entweder Nutzen dar oder verdeutlichen Probleme, etwa:
   - »X ist aktuell wichtig …«
   - »Besonders Y wird immer häufiger zum Problem …«
3. **F**olgerung. Formulieren einer Forderung, Bitte oder Information, die logisch aus den Argumenten folgt.
   - »Deshalb ist es sinnvoll, darüber nachzudenken, ob …«
   - »Deshalb ist es so, dass …«

19. TECHNIK

Die extreme Mitte – den eigenen Standpunkt als gesunden Kompromiss präsentieren

Wer eine Position vertritt, die als extrem wahrgenommen wird, stößt leicht auf Widerstand. Eine dialektische Argumentation, die Pro- und Kontraargumente gegeneinander abwägt, um daraus einen Kompromiss abzuleiten, wirkt dagegen objektiv. Wie heißt es so schön: »Man muss auch in der Lage sein, Kompromisse zu schließen.« Oder: »Die Wahrheit liegt meistens in der Mitte.« Diese Wirkung können Sie für sich nutzen, indem Sie Ihren Standpunkt als gesunde Mitte oder gerechten Kompromiss präsentieren. Das wirkt wie eine Begründung.

Nehmen wir an, Sie plädieren als Elternbeirat in der Schule dafür, dass die Kinder auf modernen Tablets lernen. Ihre Haltung ist umstritten. Es gibt viele Eltern, die digitale Medien generell ablehnen, weil sie der Meinung sind, ihre Kinder würden dadurch vom Unterricht abgelenkt werden. Um diese Eltern zu überzeugen, können Sie einen Trick anwenden: Sie setzen Ihre – eigentlich »extreme« – Position in die gesunde Mitte. Nun überlegen Sie, welche Positionen es links und rechts davon gibt. So könnte Ihre Argumentation lauten: »Auf der einen Seite müssen die Kinder einen kompetenten Umgang mit neuester Technik und unserer Online-Welt finden, in die sie hineingeboren wurden. Auf der anderen Seite sind die Kinder im Unterricht vom ständigen Gebimmel ihrer WhatsApp-Nachrichten und von Spielereien abgelenkt. Deshalb schlage ich vor, statt mit Handys auf Tablets zu arbeiten. So schulen sie ihre Medien- und Recherchekompetenz, ohne dabei von privaten Chats abgelenkt zu sein.« Mit dieser Argumentation wirkt Ihr Vorschlag wie ein Kompromiss, und Sie holen auch die Gegner von digitalen Endgeräten im Unterricht ins Boot.

Sie kennen das wahrscheinlich nur allzu gut aus Gehaltsverhandlungen: Fordern Sie ein Ihrer Ansicht nach gerechtes Gehalt, wird am Ende wahrscheinlich ein niedrigerer Betrag herausspringen – weil Vorgesetzte in der Regel einen niedrigeren Vorschlag als »angemessen« verkaufen und Sie sich dann noch »irgendwo zwischendrin« einigen. Steigen Sie aber mit einer höheren Zahl in das Gespräch ein, verschiebt sich der gesunde Kompromiss zu Ihren Gunsten.

Dieses Zahlenspiel funktioniert auch privat. Als ich mit meinen beiden Nichten »Stadt, Land, Fluss« gespielt habe, wollte ich einen Punktevorsprung für die Kleinste, sieben Jahre alt, durchsetzen. Meine große Nichte schlug höchstens fünf Punkte Vorsprung vor, ich zehn. Damit war sie überhaupt nicht einverstanden: »Auf keinen Fall. Das ist unfair!« Als ich ihr sagte: »Ich wollte sogar erst 20 Punkte vorschlagen. Wollen wir uns in der Mitte treffen? Zehn liegt sogar näher an deinem Vorschlag«, war sie einverstanden: »Okay. Du fängst an mit A.« Mit Fairness hat dieses Spiel nicht unbedingt etwas zu tun – aber wer die Spielregeln kennt, kann diese besser für sich nutzen.

Diese Beispiele zeigen: Was als »gerechte« oder »gesunde« Mitte gilt, ist verschiebbar und hat nichts mit Vernunft oder Fairness zu tun. Wenn wir in die Geschichte schauen, fällt das besonders auf: Vegetarier wirken heute moderater als noch vor fünf Jahren, denn mittlerweile gibt es eine höhere Anzahl an Veganern, die links neben ihnen das Extrem besetzen. Früher galten Frauen als extrem, die für das Recht eintraten, wählen zu dürfen. Menschen galten als extrem, die sich gegen die Sklaverei eingesetzt haben. Die Ansicht darüber, was die Mitte ist, verschiebt sich im Zuge der Zivilisation und Geschichte. »Die Mitte« ist auch nicht per se gut oder sinnvoll: Erinnern Sie sich an die Lockdown-Diskussion? Die einen wollten einen vollständigen Lockdown, die anderen gar keinen Lockdown. Der Kompromiss, ein bisschen Lockdown anzuordnen, ist nicht sinnvoll. Die Wahrheit liegt nicht immer in der Mitte. Da dies aber viele glauben, verschieben Sie Ihre Position dorthin. So wirkt Ihre Lösung vernünftig.

DIE EXTREME MITTE

Nehmen Sie Ihren Standpunkt als Ausgangsposition und finden Sie Positionen links und rechts. Präsentieren Sie Ihren Standpunkt als Lösung der gesunden Mitte:

- »Auf der einen Seite ist es so, dass ... Auf der anderen Seite ist es so, dass ... Deshalb halte ich es für sinnvoll, dass ...«
- »Einerseits gibt es Gründe für ..., andererseits ist aber auch ... richtig. Ein gesunder Kompromiss wäre doch, wenn ...«
- »Es gibt zu diesem Thema unterschiedliche Standpunkte. Warum treffen wir uns nicht in der Mitte?«

20. TECHNIK
Emotionaler Ich-Standpunkt

In einer Online-Diskussion äußerte sich eine Wissenschaftlerin zur Arbeit von Journalisten und zum Thema Quellenkompetenz. Ein Zuschauer warf ein, dass er den Medien generell nicht mehr vertraue, es sei ein Hohn, was in unseren Zeitungen und im TV so alles verbreitet würde. Es gebe eine zensierte, einseitige Berichterstattung, die andere Seite werde überhaupt nicht gehört und solle mundtot gemacht werden. Die Wissenschaftlerin antwortete in gelassenem, verständnisvollem Ton: »Ich habe da einen ganz anderen Eindruck gewonnen, ich hatte schon den Eindruck, dass andere Stimmen gehört wurden, auch auf den Titelseiten. Beispielweise berichtete *Die Zeit* in einem großen Artikel kritisch über die aktuellen Entscheidungen, auch in der *FAZ* letzte Woche gab es einen Bericht über eine Position, die Ihrer ähnelt.« Der Fragesteller gab zurück, dass er diese Artikel nicht wahrgenommen habe. Vielleicht sei er zu viel in seiner Social-Media-Blase unterwegs. Dennoch wünsche er sich noch mehr Aufmerksamkeit für die andere Seite. Es kam zu einer moderaten Diskussion über Meinungsbildung, ganz ohne gegenseitige Diffamierung. Was glauben Sie, wie die Sache verlaufen wäre, hätte die Wissenschaftlerin den Einwurf des Zuschauers knallhart abgebügelt und ihn einfach nur damit konfrontiert, dass er faktisch falschliegt? Eine Diskussion wäre kaum noch möglich gewesen, erst recht keine Überzeugungsarbeit.

Befinden Sie sich in einer Diskussion und jemand hat einen Standpunkt, der in keinem Aspekt für Sie nachvollziehbar erscheint, setzen Sie Ihre persönliche Beobachtung mit Beispiel daneben: »Ich habe den Eindruck, dass … Das sehe ich an …« So sprechen Sie aus Ihrer persönlichen Erfahrung heraus, die Ihnen niemand absprechen kann, sie ist widerspruchsfrei. Das haben Sie erlebt und gesehen. Allein die Ich-Formulierung, ganz ohne Appell an die andere Person, macht Ihren Standpunkt stark und deeskaliert gleichzeitig, denn Sie bleiben bei sich und sprechen niemandem seinen Eindruck ab. Sie erheben auch nicht appellierend den Anspruch, dass die andere Person es genauso sehen muss. Setzen Sie dahinter noch ein Gefühl, wirkt Ihr Standpunkt stärker. Denn Emotionen bleiben eher hängen als Fakten. Das Muster hinter dem emotionalen Ich-Standpunkt ist somit:

1. **Persönliche Beobachtung mit Beispiel:** Beschreiben der eigenen Erfahrung in Ich-Formulierung.
2. **Gefühl:** Dieser Schritt ist optional. Er beschreibt ein Gefühl, das ausgelöst wurde. Das kann Ihr eigenes sein oder das von jemand anderem, der die gute Erfahrung gemacht hat.

Die persönliche Erfahrung ist nicht allgemeingültig, sie ist lediglich eine anekdotische Evidenz. Und doch sind Einzelgeschichten oft überzeugender als allgemeingültige Zahlen, Daten, Fakten. Mehrere Studien zeigten, dass wir uns selbst oft als die eine Ausnahme in allgemeingültigen Statistiken sehen.[89] Hält uns aber jemand ein greifbares Einzelbeispiel vor die Nase, fühlt sich dieses realistischer an.

Erheben Sie nicht den Anspruch, jemanden überzeugen zu wollen, erzeugen Sie keinen Widerstand. Je weniger Sie den Eindruck erwecken, unbedingt überzeugen zu wollen, desto größer die Chance, dass Sie überzeugen. Und je sympathischer Sie der anderen Person sind, desto mehr wird sie sich zu Herzen nehmen, dass Sie anders denken.

Auch in Beratungen und im Verkauf sind persönliche Erfahrungen überzeugend. Wenn ich im Gespräch mit einem potenziellen Auftraggeber für ein Inhouse-Kommunikationstraining davon erzähle, dass ein anderes Unternehmen mit einer bestimmten Überzeugungstechnik nur gute Erfahrungen gemacht hat und dessen Kunden seitdem sehr zufrieden sind, hat das eigentlich wenig Beweisqualität. Es ist nur einer meiner Kunden, und ich habe nicht mit allen Unternehmen aus dieser Branche zusammengearbeitet.

Ich selbst habe mich von diesem Argument überzeugen lassen, als ich mir einen neuen Laptop anschaffen wollte. Ich habe mich mit dem Verkäufer über alle möglichen Performance-Zahlen, Daten und Fakten unterhalten – und anschließend trotzdem gezögert. Weitere Fakten brachten mir keine Erleuchtung. Alle neueren Modelle erfüllten meine Ansprüche. Als der Verkäufer sagte: »Ich habe diesen Laptop auch und schneide damit meine YouTube-Filme, das klappt einwandfrei, ich würde den nicht mehr tauschen wollen«, war meine Entscheidung gefallen.

Diskutieren Sie mit jemandem über ein sensibles strittiges Thema, hilft eine Ich-Botschaft mit eigener Erfahrung meist mehr, als mit komplizierten Details zu argumentieren. Sie hilft Ihnen aus Diskussionen heraus: »Ich sehe das anders, meine Erfahrungen waren höchst positiv, ich bin zufrieden.« – »Da rate ich Ihnen, sich zu informieren, denn Fakt 4, 5 und 6 sprechen auch dagegen.« – »Ich vertraue auf (X) und halte es für eine zuverlässige sicherere Lösung. Ich persönlich habe nur gute Erfahrungen damit gemacht.«

Emotionen wirken stärker als bloße Fakten

Ihren Standpunkt stärken Sie zusätzlich, indem Sie mit emotionalen Geschichten arbeiten. Wenn Ihnen jemand davon berichtet, dass im Dorf nebenan schon wieder eine Frau von einem Ausländer vergewaltigt wurde, dann bleibt dieses schreckliche Ereignis eher im Gedächtnis hängen als eine Statistik, die besagt, dass Deutsche und Immigranten aus den verschiedensten Gründen nur schwer ins Verhältnis gesetzt werden können, wenn es um Kriminalität geht. Viel zu kompliziert. Was soll diese Information genau bedeuten? Und: Sie löst keine Emotion aus. Wenn ich stattdessen aber erzähle, dass mir in Esslingen am Bahnsteig, als ich von einem Mann bedroht und verfolgt wurde, drei Syrer sofort zu Hilfe sprangen, mich verteidigt und den Mann festgehalten haben, bis die Polizei kam, dann bleibt diese emotionale Geschichte hängen und setzt der ursprünglichen Aussage etwas entgegen. Weder das eine noch das andere Beispiel hat eine Beweisqualität, es sind lediglich Einzelgeschichten, eine anekdotische Evidenz. Doch Einzelgeschichten sind sehr überzeugend, vor allem dann, wenn sie eine Emotion auslösen. Emotionen beeinträchtigen unser logisches Denkvermögen[90], sie machen uns unkritischer und sind daher stärker als Fakten. Deshalb arbeiten Manipulatoren, die keine überzeugenden Inhalte haben, oftmals mit emotionalen Geschichten. Auch Redner, die ihr Publikum gewinnen möchten, arbeiten mit emotionalen Geschichten oder emotionaler Musik. In diesem Zustand werden Zuhörende beeinflussbar, auch ohne schlüssige Argumente.

Befinden Sie sich in einer Diskussion und jemand arbeitet mit Einzelgeschichten und Emotionen, tappen Sie also nicht in die Komplexitätsfalle[91], sondern setzen Sie Gleiches dagegen, damit Ihr Standpunkt ebenfalls im Gedächtnis bleibt. Die Technik des Ich-Standpunkts macht es einfach, den eigenen Standpunkt zu offenbaren. Denn er fordert niemanden zum Andersdenken auf. Dadurch wird die Technik wirksamer als eine offene Konfrontation und ist eine gute Basis, um andere zu überzeugen.

EMOTIONALER ICH-STANDPUNKT

Setzen Sie Ihren eigenen Standpunkt neben den Ihres Gegenübers, ohne den Anspruch, überzeugen zu wollen. Er enthält Ihre persönliche Beobachtung mit Beispiel, optional Ihr Gefühl dazu, etwa:

- »Mein Eindruck ist ein anderer. Ich habe gesehen, dass …«
- »Ich habe positive Erfahrungen damit gemacht, als ich … Ich bin sehr zufrieden.«

Sie stärken Ihren Standpunkt zusätzlich, wenn Ihre Erfahrung eine emotionale Geschichte beinhaltet.

21. TECHNIK

Kaputte Schallplatte

Wie bekommen Sie den besten Tisch im Restaurant, obwohl der reserviert ist? Wie einfach das sein kann, habe ich erfahren, als ich mit einem Freund und Kollegen essen war. Er besuchte mich spontan, dementsprechend tauchten wir ohne Reservierung im Restaurant auf, das fast voll besetzt war. Die Bedienung wies uns einen Tisch an einer kahlen Wand zu, doch wir suchten nach einem gemütlicheren Platz: »Der andere Tisch dort hinten sieht gut aus.«– »Das tut mir leid, der ist bereits reserviert«, erklärte sie. »Schade.« Ich fand mich mit der Situation ab, denn mir war klar: Wir hatten nicht reserviert, und Gäste, die vorbestellt haben, bekommen natürlich die besseren Plätze. Aus meiner Sicht war das nur fair. Doch mein Freund ließ nicht locker: »Das ist aber schade. Der Tisch dort hinten sieht wirklich schön aus.« – »Ja, aber wie gesagt, das geht leider nicht, unsere Gäste bestellen meist ein bis zwei Wochen im Voraus.« Er ließ nicht locker: »Das ist wirklich schade, denn wir haben uns auf einen schönen gemütlichen Abend gefreut, der Tisch dort hinten wäre perfekt.« Mittlerweile wurde es mir unangenehm, und ich hoffte, dass er es nun gut sein ließe. »Es tut mir leid, die Gäste haben ja schon länger reserviert.« – »Das verstehe ich, wir haben uns nur schon eine ganze Weile nicht gesehen und würden uns freuen, wenn das klappt.« – »Einen kleinen Moment.« Die Bedienung ging nach hinten. Ich ging währenddessen zu dem uns zugewiesenen Tisch und war dabei, mich zu setzen. Da kam mein Freund und sagte: »Pack deine Sachen, wir haben den anderen Tisch.« Die Bedienung hatte tatsächlich eingelenkt.

Die freundliche Hartnäckigkeit war erfolgreich. Sich das zu erlauben ist etwas, was nicht jedem leicht von den Lippen geht. Je mehr Angst wir vor Ablehnung und einem Nein haben, desto schwerer fällt es uns, immer wieder nachzuhaken. Kinder können das noch und fragen so lange nach einem Eis, bis die Eltern endlich nachgeben. Natürlich nicht, weil sie überzeugt sind, dass ein Eis die beste und fairste Lösung wäre, sondern weil sie mürbe geworden sind. Wie mein Kollege René Borbonus sagt: »Jeder hat nur eine bestimmte Anzahl von Neins in der Tasche.«[92] Irgendwann sind sie aufgebraucht. Fragt jemand auch noch sehr freundlich, wird es nicht leichter, der freundlichen Bitte nicht ebenfalls mit Freundlichkeit zu begegnen.

Die Technik der kaputten Schallplatte ist nichts anderes als freundliche Hartnäckigkeit. Wiederholen Sie Ihre Bitte immer wieder in freundlichem Ton. Sie brauchen dazu keine guten Argumente. Steter Tropfen höhlt den Stein. Natürlich funktioniert diese Technik nicht immer, aber eben doch viel häufiger, als man denkt.

Ständiges Wiederholen wirkt überzeugender als viele gute Argumente

Verblüffend, aber wahr: Der Wiederholungseffekt verhilft Ihnen auch in Diskussionen beim Austausch von Informationen und Argumenten zu mehr Überzeugungskraft. In der Fachsprache ist er auch bekannt als »Illusory Truth Effect«. Er beschreibt die Tatsache, dass wir Informationen für umso wahrer halten, je öfter sie uns präsentiert werden. Wenn wir eine Information lesen und das Gefühl haben, sie schon einmal gehört zu haben, schreiben wir ihr einen höheren Wahrheitsgehalt zu.

In einer Untersuchung spielte man Versuchspersonen in mehreren Durchgängen immer wieder 60 verschiedene Aussagen vor, deren Wahrheitsgehalt sie einschätzen sollten. Dabei wurden in jedem Durchgang 20 Aussagen wiederholt und jeweils mit 40 anderen vermischt. Die 20 wiederholten Aussagen wurden beim zweiten und dritten Durchgang als wahrer eingestuft, unabhängig davon, ob sie wahr oder falsch waren. Dieser Effekt ist gut erforscht und wurde über die Jahre immer wieder bestätigt.[93]

Faktenorientierte und wissenschaftsliebende Menschen begehen in Diskussionen immer wieder den Fehler, dass sie komplexe Fakten präsentieren und auf jeden Widerspruch mit einem neuen Argument reagieren. Damit kommen sie beispielsweise in Besprechungen kaum gegen einfache Botschaften eines anderen Diskussionspartners an. Wiederholt der immer wieder seine maximal drei einfachen Botschaften, bleiben genau die am Ende in den Köpfen der Zuhörerschaft hängen – und eben nicht die 38 komplexen Fachargumente des Experten. Dabei spielt es im Endeffekt auch keine Rolle, ob die Botschaften durchdacht oder sogar falsch sind.

Wie sich auch Falschinformationen durch Wiederholung festsetzen

Wird eine Botschaft immer wieder in unterschiedlichen Zusammenhängen verbreitet, verschwindet mit der Zeit ihre Quelle – der sogenannte »Sleeping Effect« tritt ein. Ob sie von einem Experten stammt oder nicht, wissen wir nicht mehr, und häufig nehmen wir an, wir hätten etwas aus unterschiedlichen Quellen gehört, selbst wenn dem nicht so ist.[94] So entstehen Falschinformationen, die überzeugend wirken: Spinat enthält viel Eisen, ein Glas Rotwein am Abend ist gesund, Parabene sind schädlich, und die Rente ist sicher. Mit jeder Wiederholung wirken Aussagen vertrauter und für uns ohne Überprüfung wahrer. Je mehr Leute sie aussprechen, desto stärker der Effekt. Deshalb sind Sekten und absurde Verschwörungstheorien so gefährlich, wenn sie sich immer wieder aus verschiedenen Quellen Wege in unsere Köpfe bahnen. Nach der x. Wiederholung werden die Botschaften vertraut und beim Hören des nächsten Podcasts über dieses Thema kann sich der Gedanke einschleichen: »Vielleicht ist doch was dran.« Auch in der Kommunikationstheorie ist auf diese Weise ein Mythos entstanden. Sie kennen vielleicht die Aussage, dass die Wirkung einer Person angeblich zu 55 Prozent von ihrer Körpersprache, zu 38 Prozent von ihrer Stimme und nur zu 7 Prozent vom Inhalt des Gesagten abhängt. Bis heute hat er sich über Jahrzehnte gehalten und wird immer wieder zitiert. Doch in der ursprünglichen Studie ging es lediglich darum, was passiert, wenn sich Inhalt, Stimme und Körpersprache emotional widersprechen, nicht um eine generelle Wirkung einer Person. Sagt jemand wütend: »Ich habe gute Laune!«, glauben wir eher der Stimme. Sagt jemand, er sei gut gelaunt, wirkt aber in seiner Mimik niedergeschlagen, glauben wir eher der Mimik. Der Inhalt und die Wortwahl aber wiegen weit mehr als 7 Prozent. Vor allem sind sie von der Situation abhängig: Stehen Studierende kurz vor einer Prüfung, merken sie sich in der Vorlesung jedes wichtige Wort, ganz unabhängig davon, ob die Professorin eine gute oder schlechte Körpersprache hat. Albert Mehrabian, der die besagte Studie leitete, sagt selbst, es sei ihm höchst unangenehm, dass seine damaligen Ergebnisse bis heute fehlinterpretiert werden.[95]

Je einfacher die Botschaft, desto besser bleibt sie hängen

Je einfacher die Botschaft, desto eher bleibt sie bei den Zuhörenden hängen. Sorgen Sie also dafür, dass man sich auch Ihre Informationen mindestens genauso leicht merken kann wie die des Gegenübers. So vermeiden Sie, dass Sie sich in sinnlosen Detaildiskussionen festbeißen, in denen Sie Ihrem Gesprächspartner hinterherlaufen, um haargenau treffende Gegenargumente zu finden – ein Kampf gegen Windmühlen. Übernehmen Sie die Führung, indem Sie nicht auf jedes hervorgezauberte und vielleicht noch so absurde Statement eingehen und dafür sorgen, dass Ihre Argumente und Ihr Standpunkt einige Male deutlich im Raum stehen und Ihr Gegenüber sowie mögliche Zuhörer sich an ihren Inhalt erinnern.

Machen Sie sich klar, was der Kern Ihrer Botschaft ist: Worauf wollen Sie hinaus? Was ist Ihre zentrale Aussage? Wie können Sie sie in möglichst wenige, verständliche Worte fassen? Wählen Sie wenige wichtige Argumente und Informationen aus und finden Sie einfache Formulierungen, die sich jeder merken kann.

Möchten Sie bei der Anschaffung einer neuen Kaffeemaschine den Kollegen im Backoffice von einer bestimmten Marke überzeugen, verzichten Sie darauf, für diese Marke 18 gute Argumente zu nennen, sondern erwähnen Sie stattdessen immer wieder die für ihn wichtigsten Argumente, nämlich dass diese Maschine sehr zuverlässig und qualitativ gut ist. Wenn Sie in einer Zeitschrift einen Qualitätscheck finden, in dem die Maschine am besten abschneidet, legen Sie diesen als zweite Quelle auf den Küchentisch.

Fällt es Ihnen in Besprechungen schwer, gehört zu werden und Ihren Standpunkt zu vertreten, weil Sie eher zurückhaltend sind, gehen Sie strategisch vor und drucken Sie vor dem Termin die wichtigsten Quellen aus, die Ihren Standpunkt belegen, weihen Sie Kollegen ein, die Sie während der Besprechung unterstützen und das Gleiche sagen.

KAPUTTE SCHALLPLATTE

Verankern Sie Ihren Standpunkt und Ihre Informationen in den Köpfen anderer:

- Wählen Sie wenige wichtige Informationen aus und finden Sie dafür einfache Formulierungen, die sich jeder merken kann.
- Wiederholen Sie diese Informationen, jedes Mal leicht unterschiedlich formuliert.
- Finden und präsentieren Sie Quellen, die das Gleiche sagen.

Achtung: Übertreiben Sie es nicht. Präsentieren Sie Ihre Information zu oft, nimmt der Effekt wieder ab.

SICH SELBST BEHAUPTEN

Es gibt Menschen, bei denen tun Sie all das, was Sie bisher gelesen haben, und kommen trotzdem nicht weiter. Denn mit manchen Menschen zu diskutieren ist, wie mit einer Taube Schach zu spielen. Egal, wie gut Sie sind, und egal, wie sehr Sie sich bemühen, am Ende wird die Taube aufs Spielfeld kacken, alles umschmeißen und umherstolzieren, als hätte sie gewonnen. Sie wollen um jeden Preis Recht haben, gehen null Komma null auf andere ein und versuchen, sich manchmal auch mit unfairen Mitteln durchzusetzen. Einige beharren auf ihren festgefahrenen Glaubenssätzen, die sie als Beweis nutzen. Andere machen Ihnen offensichtliche Vorwürfe.

Wieder andere bedienen sich versteckter Manipulationsmethoden. Sie halten Sie davon ab, Ihren Standpunkt erfolgreich zu vertreten, denn Sie werden eingewickelt oder vor anderen in ein schlechtes Licht gerückt.

Wenn die Alarmglocken bei Ihnen anfangen zu schrillen, schalten Sie um in den Modus der Selbstbehauptung. Egal, ob jemand Sie kleinmachen will, Ihnen unangebracht Vorwürfe macht oder Ihnen unterschieben möchte, dass Sie ein Problem haben – für solche Versuche gibt es Abwehrtechniken. Selbst diese funktionieren kooperativ und lenken das Gespräch wieder in eine zielführende Richtung. Einige werden mit einem Augenzwinkern angewandt, um dem Gegenüber den Wind aus den Segeln zu nehmen.

22. TECHNIK

Übertriebene Zustimmung

Vor einigen Jahren leitete ich zusammen mit einem Kollegen ein Kommunikationstraining für eine Gruppe von Projektmanagern und -managerinnen. Wir teilten uns die Trainingstage auf. Nach der Weiterbildungsmaßnahme wurden alle um ein Feedback gebeten, das für den Kollegen schlecht ausfiel. Für ihn war es unglücklich gelaufen, denn in seiner Gruppe war jemand, der ihn persönlich abgelehnt und zu einer negativen Gruppendynamik beigetragen hatte. Bei der Nachbesprechung des Feedbacks gemeinsam mit unserem Auftraggeber stellte der sich die Frage, wie es zu den unterschiedlichen und für ihn schlechten Bewertungen kommen konnte. Er hatte eine einfache Erklärung dafür: »Na ja, dann zieht sich der Herr Krug eben nächstes Mal auch was Nettes an, und dann bekommt er auch so gute Bewertungen wie Sie.«

So, so! Es muss also an meiner Kleidung gelegen haben. Meine Kompetenz, mit schwierigen Situationen umgehen zu können, kann es nicht gewesen sein. Wie sieht hier eine adäquate Reaktion aus? Mitlachen, die Bemerkung als Spruch ansehen und hoffen, dass der Mann es nur lustig meinte – was vielleicht auch der Fall war? Falls aber eine versteckte Geringschätzung weiblicher Kompetenz hinter seiner Äußerung steckt, kommt er damit ungeschoren davon. Was wäre die Alternative: ein Fass aufmachen und diesen Punkt direkt und deutlich ansprechen? Das führt erfahrungsgemäß selten zur Einsicht und häufig zu nichts anderem als dem abschließenden Urteil: »Meine Güte, die hat ganz schön Haare auf den Zähnen.«

Ich reagierte auf eine andere Weise, indem ich ihm zustimmte und noch einen draufsetzte: Ich grinste, schaute meinen Kollegen an und sagte: »Stimmt, ich habe wirklich nichts anderes getan, als gut auszusehen. Danke, dass Sie mich dafür so gut bezahlt haben.« Der Auftraggeber lachte und reflektierte gleichzeitig offensichtlich: »Nein, nein, entschuldigen Sie bitte. Da ist mir mein innerer Macho durchgerutscht.« Die Stimmung blieb gelöst, und eine Entschuldigung bekam ich trotzdem. »Gut, dass Sie es selbst merken«, habe ich nur still gedacht. Ein halbes Jahr später wurde ich wieder gebucht. Ganz ohne Machosprüche.

Die Technik der übertriebenen Zustimmung und die damit verbundene Wiederholung des Gesagten führt anderen vor Augen, was sie selbst gesagt haben (in diesem Fall: »Ich habe wirklich nichts anderes getan, als …«). Sie hebt die negative Bedeutung mit einem Augenzwinkern hervor und macht dem Gesprächspartner klar, wie seine Aussage auch verstanden werden kann.

Verhalten spiegeln

Immer wieder kommt es zu Situationen, dass in einer Diskussion jemand übers Ziel hinausschießt. Es ist möglich, ihn darauf aufmerksam zu machen, indem Sie den absurden Kern seiner Aussage spiegeln. Auch im Berufsleben gibt es Menschen, die in Gesprächen gerne provozieren und glauben, damit durchzukommen.

In einer Gehaltsverhandlung sagt der Chef: »Weshalb erwarten Sie für Ihren Einsatz unbedingt mehr Geld? Der Job macht Ihnen doch Spaß, dachte ich?« – »Stimmt, wenn jemand Spaß bei der Arbeit hat, sollte das Gehalt umgehend gesenkt werden. Niemand, der Spaß an seiner Arbeit hat, sollte Geld dafür verlangen.«

Bei einer Vertragsverhandlung gibt es immer wieder den beliebten Einwurf: »Wieso wollen Sie so viele Vertragspunkte ändern? Vertrauen Sie uns etwa nicht?« Eine Übertreibung mit Augenzwinkern lautet: »Wenn es nur ums Vertrauen geht, dann lassen Sie uns am besten gleich ganz auf den Vertrag verzichten. Wozu noch Verträge?«

Aber auch in anderen Zusammenhängen bekommt man häufig dumme Sprüche zu hören. Zum Beispiel: Ein Politiker sieht sich scharfen Vorwürfen ausgesetzt. In der Presse wehrt er sich dagegen mit einer ebenso scharfen Reaktion. Bei einem örtlichen Grillfest ist das natürlich ein Diskussionsthema. Gegenüber am Tisch echauffiert sich jemand darüber: »Na, da fühlt sich wohl jemand erwischt, getroffene Hunde bellen.« Die übertriebene Zustimmung hebt den negativen und falschen Kern dieser Annahme vor: »Stimmt, alle, die sich wehren, haben grundsätzlich Unrecht.« Ein kurzes Brummeln ins Bierglas, und dann ist die Aufregung auch schon vorbei.

Nur eines sollten wir beachten: Eine übertriebene Zustimmung kann Öl ins Feuer gießen. Wer diese Technik nutzt, braucht Fingerspitzengefühl und ein Gespür dafür, wann sie angebracht ist und wann nicht. Zudem liegt es nicht jedem, in einer durchaus ernsthaften Diskussion ironisch locker und mit einem Augenzwinkern aufzutreten, das entsprechend harmlos aufgefasst wird.

ÜBERTRIEBENE ZUSTIMMUNG

Heben Sie bei Aussagen, die eine für den Sprecher unbewusste subtile negative Bedeutung haben, die negative Bedeutung hervor, indem Sie sie übertreibend wiederholen, etwa:

- »Das stimmt, absolut so war es und nicht anders.«
- »Wir sollten es generell immer so machen, dass ...«

Achtung: Eine Übertreibung kann auch eskalierend wirken. Wenden Sie sie mit Fingerspitzengefühl und einem Augenzwinkern an.

23. TECHNIK
Zustimmende Umdeutung

Wahrscheinlich haben viele von uns sich während der Corona-Zeiten einmal gefragt: »Was kann ich tun, wenn ich im Supermarkt an der Kasse meinen Hintermann um Abstand bitte und der antwortet: ›Meine Güte, jetzt hab dich doch nicht so, du bist ja empfindlich!‹« Eine Möglichkeit ist, dem positiven Kern, der in dem Vorwurf steckt, zuzustimmen: «Das stimmt, ich bin sensibel, was das betrifft. Und ich fühle mich unwohl. Mir ist es wichtig, Abstand zu halten.« Das nimmt dem Vorwurf die negative Bedeutung. Das Gegenüber muss sich dabei nicht angegriffen fühlen, weil wir nicht vorwurfsvoll auf den anderen, sondern auf uns selbst und unsere Bedürfnisse zeigen. Zusätzlich wiederholen wir bei der zustimmenden Umdeutung unseren Standpunkt und erhöhen so die Wahrscheinlichkeit, dass der andere unserer Bitte nachkommt. Eine einfache Technik – auch für Menschen, die sich vor Konflikten scheuen, denn sie müssen nicht einmal dagegenhalten: Der Vorwurf wird zu einer positiven Eigenschaft umgedeutet. Manchmal steckt im Vorwurf bereits der positive Kern, er wirkt nur durch eine vorwurfsvolle Stimmführung negativ: »Wie kann man nur so sensibel sein?!« Hier reicht eine andere Stimmführung, die gelassen zustimmt: »Richtig, ich bin sensibel, deshalb ist es mir wichtig, dass …«

Die Frage lautet also: Welcher positive Kern steckt in einem Vorwurf? Um diesen positiven Kern benennen zu können, hilft uns das Wissen darum, dass in jeder negativen Eigenschaft auch etwas Positives steckt.

Äußert jemand den Vorwurf: »Meine Güte, du bist aber auch wieder pingelig!«, dann ist der gemäßigte positive Kern die Eigenschaft, die im Werte- und Entwicklungsquadrat (siehe Kapitel *Wertediskussionen sensibel führen*) oben steht, in diesem Fall: Genauigkeit. Eine Zustimmung zum positiven Kern lautet dann: »Das stimmt, ich bin, was das betrifft, genau.« Wird jemandem in einer Verhandlung vorgeworfen, er sei nur auf Gewinnmaximierung aus, kann er gelassen antworten: »Das stimmt, uns ist es wichtig, profitabel zu sein. Das heißt nicht, dass eine gemeinsame Lösung für Sie nicht auch profitabel sein kann.« Donald Trump ist ein Meister der Umdeutung. Hillary Clinton warf ihm im TV-Duell 2016 vor, er habe von der Immobilienkrise profitiert, er habe sie sogar angefeuert und gehofft, dass es einen Kollaps gibt, damit er Häuser kaufen und daraus Geld machen kann. Trump antwortete unbeeindruckt: »Das nennt sich Business.« (»That's called business.«)[96]

Werden selbstkritische Menschen mit einem Vorwurf konfrontiert, fragen sie sich häufig, ob die andere Person vielleicht Recht hat. Eine Bekannte von mir war mit einem jahrelangen Geschäftspartner gleichzeitig auch gut befreundet. Doch irgendwann häuften sich die privaten Dissonanzen, viele Diskussionen verliefen schwierig, waren von Vorwürfen geprägt und führten zu keiner Lösung. Die Bekannte zog aus diesen Gründen auch geschäftlich die Reißleine und beendete die Zusammenarbeit. Der Geschäftspartner gab sich verwundert: »Nanu? Ist irgendetwas vorgefallen? Wahrscheinlich kann ich Privates und Geschäftliches einfach besser voneinander trennen als du.« Meine Bekannte fragte sich, ob er vielleicht richtiglag. War sie zu empfindlich? Ihr half die Technik der Umdeutung, um sich zu vergewissern: »Es ist okay, wie ich gerade handle. Mein Verhalten ist keinen Vorwurf wert.« Sie antwortete: »Ja, das stimmt. Ich trenne Menschliches und Berufliches nicht. Eine gute Beziehung ist mir in einer Zusammenarbeit wichtig.« Ihre Zustimmung machte aus einer für die andere Person überzogenen Reaktion ein normales menschliches Verhalten.

Ohnehin ist eine persönliche Beziehung nicht von einer beruflichen zu trennen: Verhandlungen platzen häufig allein aufgrund von persönlichen Problemen. Ein positives Betriebsklima wirkt sich auch positiv auf die Arbeitsleistungen in Unternehmen aus, und ein schlechtes mindert sie. Deshalb ergibt es keinen Sinn, auf einer Sachlichkeit zu bestehen, die es de facto nicht gibt. Nicht alles, was einem vorgeworfen wird, ist auch einen Vorwurf wert. Oder um es mit den Worten der Band Kool Savas zu sagen: »Wo ist jetzt der Diss? Ich peil's nicht mal.«[97]

Gerade unsichere Menschen nehmen sich Vorwürfe schnell zu Herzen, weil sie den Gedanken hegen, dass darin mehr als ein kleiner Funken Wahrheit steckt. Das Hervorheben des positiven Kerns hilft gerade dann aus diesen Gedanken heraus: »Das, was ich hier tue und warum ich es tue, ist sinnvoll und richtig.«

ZUSTIMMENDE UMDEUTUNG

Nehmen Sie Vorwürfen, die Ihnen eine Übertreibung vorwerfen, die Kraft, indem Sie dem moderaten positiven Kern darin zustimmen, etwa:

- »Das stimmt, ich bin genau/sensibel/kreativ.«
- »Das stimmt, dieses Projekt ist ungewöhnlich/umfangreich/profitabel für uns.«

24. TECHNIK

Zustimmung mit Kontext – sich gegen die Tonpolizei behaupten

»Müssen Sie gleich so laut werden? Lassen Sie uns das doch bitte wie zivilisierte Menschen ausdiskutieren«, weist die Kundenberaterin einen Kunden am Telefon zurecht, als er nach mehreren Stunden in der Warteschleife ohne Hilfe nachdrücklich darum bittet, nun endlich mit einem Verantwortlichen zu sprechen.

»Du bist ja mal wieder emotional! Jetzt beruhige dich doch erstmal!«, bittet der Partner seine Freundin, die ihren Frust über die Arbeitsbelastung und all die Aufgaben, die sie allein ohne die Hilfe ihres Partners organisiert, kundtut.

Solche Aufforderungen kommen Ihnen wahrscheinlich bekannt vor. Sie bringen so manche Streitigkeit erst richtig zum Lodern. Denn sie sagen aus: Es gibt keinen Grund, dass du dich so verhältst. Es ist nicht angemessen. Doch ob ein Verhalten angemessen ist oder nicht, bestimmen die Umstände: In einer Kundenbesprechung auf einmal aufzuspringen und zu schreien, ist unangemessen. Bei einem Konzert aufzuspringen und zu schreien, ist angemessen. In einem Café die nette Bedienung ohne Grund anzuschreien, ist unangemessen. In einer Notsituation um Hilfe zu schreien, ist angemessen und sogar notwendig.

Tone Policing

Von anderen Menschen zu verlangen, in jeder Situation die Ruhe zu bewahren, selbst wenn sie sich in einer Notsituation, hilflos oder angegriffen fühlen, wird auch als »Tone Policing«[98] bezeichnet. Direkt übersetzt heißt das »Ton-Kontrolle«. Betreibt das Gegenüber Tone Policing, lenkt es vom Inhalt ab, indem es ausschließlich den Ton fokussiert, in dem etwas gesagt wurde, ungeachtet dessen, ob der Inhalt richtig und logisch ist. Das missachtet die Tatsache, dass jemand sehr wütend sein und gleichzeitig Recht haben kann und dass ein Lautwerden die Folge davon sein kann, dass jemand in der Vergangenheit in einem »vernünftigen« ruhigen Ton nicht gehört wurde. Die Umstände führen zu Wut.

Doch die Tonpolizei greift ein und bittet um einen angemessenen Ton. Damit behauptet sie zuzuhören, würde der Inhalt nur etwas freundlicher vorgetragen werden. Anderen unangemessenes Verhalten vorzuwerfen, wird auf diese Weise häufig manipulativ eingesetzt, um vom eigentlichen Thema abzulenken und andere zu disqualifizieren oder sogar mundtot zu machen. Auch wenn ihr Anliegen wichtig und richtig ist.

Tone Policing wird häufig im Kontext marginalisierter Gruppen verwendet, die auf ihre Anliegen aufmerksam machen. Führt ein »vernünftiges« ruhiges Aufmerksammachen nicht zum Erfolg, bedienen sie sich lauterer Mittel, um Gehör zu finden. Doch die Tonpolizei lächelt nur müde über die »hysterische Minderheit« und erhebt sich moralisch, da sie es ist, die in der Lage ist, zivilisiert miteinander zu reden und sich gemäßigt zu äußern. Da gibt es auf der einen Seite die nicht betroffenen vernünftigen Experten und auf der anderen Seite die irrationalen Betroffenen, die zu emotional sind, als dass sie einen richtigen inhaltlichen Punkt machen könnten. Tatsächlich ist es so, dass eher diejenigen als Experten wahrgenommen werden, die sich im Ton zügeln und sachlich daherkommen. Doch diese Wahrnehmung entspricht nicht der Realität. Jemand kann emotional sein und trotzdem Recht haben. Wer von Diskriminierung, Ausbeutung und Gewalt betroffen ist und darüber Zorn oder Trauer zeigt, kann es durchaus besser wissen als diejenigen, die nicht betroffen sind.

Manchmal wird Tone Policing auch verwendet, obwohl kein lauter Ton angeschlagen wurde. Jemand fühlt sich gekränkt und reagiert daraufhin mit einer Zurechtweisung, denn das ist seine Art, einen möglicherweise berechtigten Vorwurf von sich zu weisen. »Beruhige dich erstmal«, »Bleib doch mal bitte sachlich«, »Ich bin irritiert über deine Art, mit mir zu sprechen«, »Mit Freundlichkeit kommt man im Leben weiter« sind Aussagen, die Ausdruck von Tone Policing sind, sobald jemand sie nutzt, um sich nicht mit dem Inhalt selbst beschäftigen zu müssen.

Sich nicht in die Ecke drängen lassen

Fühlen Sie sich einer unberechtigten Zurechtweisung ausgesetzt, nutzen Sie die Technik der Zustimmung mit Kontext. Sie nimmt dem Vorwurf die negative Bedeutung, indem sie Ihre Aussage in den Kontext setzt, der Ihre Art, etwas mitzuteilen, legitimiert und angemessen macht. Das Muster ist: »Ja, ich bin … Und das muss ich unter diesen Umständen auch sein.« Wirft Ihnen jemand vor: »Müssen Sie gleich so laut werden?«, lautet die Zustimmung mit Kontext: »Ja, und das muss ich in diesem Fall auch sein. Ich möchte bitte …«

Weist der Partner seine Partnerin zurecht mit den Worten: »Musst du gleich so emotional werden? Jetzt beruhige dich doch erstmal!«, kann sie sich selbst behaupten, indem sie ihr Verhalten in den Kontext setzt: »Ja, ich bin emotional, und das muss ich unter diesen Umständen auch sein, weil sich bisher trotz mehrmaliger Bitten nichts geändert hat. Mir ist es wichtig, dass …«

Diese Technik funktioniert auch bei Vorwürfen jenseits des Tone Policing, wenn Ihnen jemand ein negatives Verhalten vorwirft. Zum Beispiel, wenn Sie die Produktionsabteilung mehrmals um Änderungen eines Prototyps gebeten haben, aber diese ohne Erklärung nicht oder nur schlampig umgesetzt wurden, weshalb mehrere Änderungsschleifen notwendig waren. Der Leiter der Produktionsabteilung könnte sich beschweren: »Und noch eine Änderungsschleife und noch eine, wie kann man nur so unverbesserlich und stur sein?« – »Ja, ich bin hier konsequent, und das muss ich in diesem Fall leider auch sein, wenn niemand sich die Verbesserungswünsche zu Herzen nimmt. Es ist notwendig, dass … «

Die Zustimmung mit Kontext erinnert Sie selbst daran, weshalb Sie nicht aus heiterem Himmel so reagieren, wie Sie reagieren, sondern dass Ihre Reaktion unter den gegebenen Umständen legitim ist.

Die Tatsache, dass Tone Policing existiert, ist jedoch kein Freifahrtschein für Beleidigungen und Angriffe, die direkt auf den Menschen abzielen anstatt auf dessen Verhalten. Es ist ein Unterschied, ob Sie jemandem vorwerfen: »Du *bist* ein riesiger Trottel!« oder ob Sie sein Verhalten kritisieren: »*Was* du tust, ist falsch, denn …« Es ist möglich, ein Verhalten zu kritisieren und dabei den Menschen selbst außen vor zu lassen. Tun Sie dies nicht, minimieren Sie Ihre Chancen, zu überzeugen.

ZUSTIMMUNG MIT KONTEXT

Wird Ihnen ein unangemessenes Verhalten vorgeworfen, zum Beispiel in Form von Tone Policing, stimmen Sie dem Verhalten zu und nennen Sie den Kontext, der es legitimiert:

- »Ja, das bin ich, und das muss ich unter diesen Umständen auch sein, weil sich bisher nichts geändert hat …«
- »Ja, und das ist auch notwendig, wenn sich trotz mehrerer Hinweise nichts tut …«
- »Ja, ich bin nachdrücklich, weil …«

25. TECHNIK

Aufdecken und weglegen – Angriffe abwehren

»Du hast viel zu wenig Ahnung vom Thema, als dass du das einschätzen könntest«, sagt die Kollegin, nachdem sich ihr Kollege für den Aufbau einer krisensicheren Lieferkette ausgesprochen hat. Mit diesem »argumentum ad hominem« zielt sie auf den Menschen ab statt auf den Inhalt. Es geht nicht mehr um das Thema, sondern um die Person, die das Thema anspricht. Vorwürfe wie diese gibt es häufig: »Das können Sie doch gar nicht wissen, Sie sind ja aus einer ganz anderen Abteilung.« Oder: »Haben Sie Kinder? Nein? Dann können Sie da auch nicht mitreden.« Aber natürlich kann jemand ohne Kinder wissen, dass es nicht richtig ist, ein Kind zu schlagen. Genauso wie eine psychologische Psychotherapeutin nicht selbst alle Psychosen durchlebt haben muss, um ihren Patientinnen und Patienten zu helfen. Und jemand, der aus einer anderen Abteilung kommt, kann dennoch eine hilfreiche Lösung parat haben, um den Kunden, der sich beschwert, zu beruhigen.

Neben den Vorwürfen »ad hominem« gibt es viele weitere Methoden, um Ihre Inhalte abzuwerten, wie das Kleinreden eines Themas: »Zum Glück haben wir gerade keine anderen Probleme.« Oder ein Missverstehen Ihrer Aussagen, das Ihre Inhalte übertrieben oder falsch darstellt, à la: »Aha, damit willst du also sagen, dass …« All diese Methoden haben gemeinsam, Sie als Person oder Ihre Aussagen in ein schlechtes Licht zu rücken. Es ist möglich, das liegen zu lassen und nicht darauf einzugehen, um kurze und kleine Ausbrecher, die in jeder Diskussion vorkommen, nicht größer zu machen, als sie sind. Doch nehmen sie kein Ende, ist das keine Lösung, wenn Sie sich souverän behaupten wollen. Eine Retourkutsche ist ebenfalls keine Lösung, wenn Sie das Gespräch nicht eskalieren lassen wollen.

Decken Sie in diesen Fällen auf, was Ihr Gegenüber tut, und legen Sie es wieder weg. Damit zeigen Sie: Ich verstehe ganz genau, was hier gerade vor sich geht. Allerdings lasse ich mich nicht darauf ein und eröffne keinen Nebenschauplatz. Das grundlegende Muster ist:

1. **Aufdecken:** Gesprächsmethode des Gegenübers in kurzen Worten zusammenfassen.
2. **Weglegen:** Gesprächsmethode weglegen und auf Ihre Argumentation zurückkommen.

Damit führen Sie zum Thema zurück, ohne sich auf den Angriff einzulassen. Dennoch bemerken Sie ihn. Haben Sie einmal aufgedeckt, was Ihr Gegenüber gerade tut, ist die Wahrscheinlichkeit gering, dass es dies noch einmal tut.

Wirft die Kollegin ihrem Kollegen vor, er habe keine Ahnung, behauptet sie sich mit: »Das können Sie nun kleinreden als Idee einer Einzelperson. Doch das ist es nicht. Es ist dringend notwendig, dass …« Oder: »Es ist keine Idee von Einzelpersonen, es wurde mehrmals vorgeschlagen, weil …« Bitten Sie darum, Besprechungen wertschätzender oder effektiver zu gestalten, und Ihnen wird vorgeworfen, das sei nun mal wieder »typisch Frau« oder »typisch Mann«, antworten Sie: »Es geht hier nicht darum, wer das vorschlägt, es geht darum, dass …«

Bemerkt jemand: »Wir haben gerade wirklich andere Probleme«, lautet eine Antwort, die aufdeckt: »Ein Kleinreden des Themas bringt uns nicht weiter. Es ist wichtig, dass …« Damit lassen Sie sich auf keine Diskussion ein, wer wozu etwas sagen darf und was besprochen werden darf, sondern lenken sofort zurück zum Inhalt.

Sagt jemand: »Wer das nicht versteht, ist einfach dumm und kapiert es nicht!«, decken Sie das auf: »Man kann jeden, der es anders sieht, als dumm bezeichnen, doch das ist es nicht. Es ist sinnvoll, sich dafür einzusetzen, weil …«

Decken Sie auch auf, wenn Sie falsch verstanden werden und Ihnen haltlose Vorwürfe gemacht werden. In einem Online-Interview erzählte eine Mutter davon, wie geschockt sie war, als ihr Frauenarzt ihr sagte, dass ihr ungeborenes Kind Trisomie 21 haben könnte oder eventuell nicht lebensfähig sei. Es sei der schlimmste Moment ihres Lebens gewesen. Das war Anlass für eine Zuschauerin, in den Live-Chat zu schreiben: »Das ist Ableismus!« Ableismus beschreibt das Diskriminieren von Menschen mit Behinderung. Die Zuschauerin ließ nicht locker: »Schämt euch! Unmöglich! Behinderung = Horror! Was ihr hier verbreitet, ist Ableismus!!« Hier ist jemand empfindlich auf eine Wortwahl angesprungen und unterstellte etwas, das es durchaus gibt, das hier aber weder gemeint noch gesagt wurde. Die Reaktion der Mutter war: »Ich erzähle doch gerade nur davon, wie es mir ging, als ich den Anruf erhielt. Und meine Angst war, dass mein Baby nicht überlebensfähig ist. Ich liebe mein Baby, deshalb habe ich es auch bekommen, ohne auch nur eine Sekunde darüber nachzudenken. Bitte unterstelle mir nichts.« Das war die richtige Reaktion.

Gerade bei Themen, in denen es um Werte geht, ist die Gefahr hoch, falsch verstanden zu werden. Bemerkt jemand: »Wir müssen dringend daran arbeiten, dass Frauen die gleichen Rechte bekommen wie Männer, wir haben noch einen weiten Weg vor uns«, ist das schnell Anlass zu antworten: »Es ist doch absurd zu behaupten, dass Männer und Frauen gleich sind. Diese Gleichmacherei ist unerträglich.« Das wurde jedoch nicht gesagt.

Übergehen Sie derartige Unterstellungen nicht, sondern reagieren Sie darauf, indem Sie die falsche Interpretation offenlegen und die Sachlage richtigstellen, etwa: »Nein, das habe ich nicht gesagt und nicht gemeint. Es geht um …« Oder: »Bitte unterstellen Sie mir nichts. Das ist falsch. Es geht hier darum, dass …«

Psychologisierung – »Das Problem sind Sie!«

Menschen, die Recht haben wollen, versuchen sich auf unterschiedlichste Weise bei uns durchzusetzen. Manche versuchen es, indem sie sich eine psychologische Hierarchie aufbauen.

Mir erzählte ein Bekannter von einer »unheimlichen Begegnung der dritten Art« mit einem Manipulator, dessen Methoden mehr als grenzwertig waren. Er war auf der Veranstaltung eines Motivationstrainers in einem großen Saal. Auf der Bühne präsentierte sich der Trainer wie ein »Guru«. Unterlegt von emotionaler Musik, sprach er zu seinem Publikum Sätze wie: »Du bist der Durchschnitt der fünf Menschen, mit denen du am meisten Zeit verbringst.« Oder: »Du kannst alles schaffen, wenn du nur daran glaubst.« Die Menschen im Publikum waren zum großen Teil begeistert, teilweise aber auch schockiert. Mein Bekannter erzählte mir, dass er und sein ihm fremder Sitznachbar sich anschließend auch noch die Schulter massieren sollten. Er machte nicht mit, obwohl der Sitznachbar ihn mit freudigen Augen anstrahlte und sagte: »Cool, oder?« Nach dem Event kam mein Bekannter mit dem Motivationstrainer ins Gespräch, und als der ihn nach seiner Meinung fragte, verriet er ihm, dass er mit dem gegenseitigen Massieren wenig anfangen konnte. Die Antwort des Trainers war nicht überraschend: »Interessant, dass du das so siehst. Dann schau doch mal bei dir, was bei dir los ist, dass dich das so triggert.«

Damit legte er meinen Bekannten quasi auf die Couch, die Psychologen-Couch. Die Antwort des Motivationstrainers entsprach dem typischen Muster, das manche Menschen nutzen, um sich vor Kritik zu schützen: dem Kritiker ein Problem unterzuschieben. Ein Problem haben grundsätzlich die anderen, nie der Manipulator selbst. Menschen, die nicht zu 100 Prozent dem zustimmen, was der Manipulator sagt und tut, sind »noch nicht so weit«, seien neidisch, würden aus Wut oder Schmerz heraus handeln oder seien limitiert und müssten sich mal frei machen von einschränkenden Glaubenssätzen. Er macht sie klein. »Psychologisieren« nennt sich das. Das ist eine Form von Manipulation.

Sie kennen psychologisierende Sprüche von Manipulatoren:

- »Du schaffst es nicht, mit meinem Kurs ein Level weiterzukommen? Sorry, du musst auch umsetzen, was ich dir beibringe.«
- »Sie möchten keine 12 600 Euro für dieses einzigartige Produkt ausgeben? Dann sollten Sie dringend an Ihrem Money Mindset arbeiten. Denn Ihnen ist Ihre Zukunft wohl nicht genügend wert.«

- »Natürlich wird es Mitarbeiter geben, die mit unserem neuen Weg nicht mitgehen wollen, die gibt es aber immer, das sind eben die ewigen Kritiker, die Jammerer!«

In extremen Fällen wird auch das Umfeld des potenziellen Kunden psychologisiert: »Wenn dich jemand von deinem Weg abhält, ist er vielleicht noch nicht bereit, den nächsten Schritt zu gehen.« Ein verständnisvolles Abwerten, das so verständnisvoll klingt, dass es kaum auffällt – verbunden mit dem Aufruf, Grenzen zu allen Menschen zu ziehen, die Kritik am eigenen Weg üben. Doch was, wenn dieser falsch ist? Sie werden es nie erfahren.

Diese Art der Psychologisierung wird auch »Kritikimmunisierung« oder »Immunisierungsstrategie«[99] genannt. Egal, was jemand sagt, er kommt nicht durch, denn *er* hat ein Problem. Er sollte seine Glaubenssätze hinterfragen. Sich selbst hinterfragen ist eine gute Idee – warum aber niemals der Kritisierte selbst? Es gibt ein Sprichwort, das in diese Psychologisierungs-Kerbe schlägt: »Was Peter über Paul sagt, sagt mehr über Peter als über Paul.« Das kann sein. Aber was, wenn Paul jemanden umgelegt hat? Wir werden es nie erfahren, denn es geht ja nur um Peter.

Wenn Sie beobachten, dass jemand den Scheinwerfer ausschließlich auf Sie und Ihr Seelenleben richtet, sich selbst gänzlich aus der Verantwortung nimmt, und wenn jegliche Kritik an seiner Vorgehensweise unerwünscht ist, dann sollten Sie unbedingt hellhörig werden.

Runter von der Couch!

Was können Sie also tun, wenn ein Manipulator Sie auf die Couch legen will? Eine Möglichkeit wäre, die Psychologisierung zurückzuspielen: »Ich halte es eher für limitiert, zu glauben, nur so die Lösung finden zu können, denn …«, »Ich halte eher Ihr Money Mindset für fragwürdig, denn …«, »Ich glaube eher, dass du aus einem tiefen Schmerz heraus handelst …«. Ein Zurückspielen hebt den anderen aus seiner Unfehlbarkeit heraus, doch es provoziert gleichzeitig. Wollen Sie keine Eskalation riskieren, eignet sich eine andere Methode, die Ihr Gegenüber zum Nachdenken bringt. Mein Bekannter hatte auf den Hinweis des Motivationstrainers, dass er bei sich »etwas aufarbeiten« müsse, weil er von Fremden ungerne massiert werde, geantwortet: »Nimmst du Kritik manchmal noch an oder denkst du grundsätzlich, dass jemand ein Problem hat, wenn jemand etwas anders sieht als du?« Der Trainer war überrascht. Offensichtlich hatte er nicht damit gerechnet. Er war kurz irritiert, bevor er beteuerte: »Doch, klar, Kritik nehme ich ernst. Also was war nochmal dein Punkt?« Danach konnten beide auf Augenhöhe und über andere Themen weitersprechen.

Die Technik hinter dieser Antwort war das Aufdecken, in diesem Fall ohne das Weglegen. Das richtet den Scheinwerfer, den der Manipulator auf seinen Gesprächspartner und dessen Seelenleben richtet, zurück auf den Manipulator selbst. Das funktioniert durch Fragen wie: »Das heißt, jeder, der X nicht mag, hat aus deiner Sicht ein Problem?« Aufdecken und weglegen ist ebenfalls möglich: »Man kann Kritik natürlich sofort abwehren, indem man anderen ein psychologisches Problem andichtet, aber mich würde wirklich interessieren, was der Hintergrund von X ist.« Oder: »Ich glaube nicht, dass jeder, der etwas kritisiert, sofort ein Problem hat, aber eigentlich wollte ich noch über etwas ganz anderes sprechen, nämlich …« Sobald Sie eine Methode wie hier das Psychologisieren erkennen und benennen, verliert sie ihre Wirkung. Die Chance, dass Ihr Gegenüber die gleiche Methode noch einmal anwendet, ist gering. Und wenn doch, erkennen Sie sie zumindest und lassen sich ab jetzt nicht mehr darauf ein.

AUFDECKEN UND WEGLEGEN

Bekommen Sie es in einem Gespräch mit Unverständnis und unfairen Gesprächsmethoden zu tun, decken Sie diese Verhaltensweise auf, um sie anschließend wegzulegen, etwa:

- »[Zu kritisierendes Verhalten] bringt nicht weiter. Das Thema ist wichtig, weil …«
- »Was Sie hier gerade tun, ist [zu kritisierendes Verhalten]. Doch es ist wichtig, zu handeln, weil …«
- »Das ist [eine Unterstellung/eine Übertreibung/falsch]. Was ich sage, ist …«

Werden Sie manipuliert durch eine Psychologisierung, bedeutet das, dass Ihr Gesprächspartner Ihnen ein Problem unterstellt, das für Ihren Standpunkt verantwortlich ist. Der Scheinwerfer ist auf Sie und Ihr Seelenleben gerichtet. Lenken Sie den Scheinwerfer zurück auf Ihren Gesprächspartner und decken Sie auf, was er tut, mit oder ohne Weglegen, etwa:

- »Nehmen Sie Kritik noch an oder denken Sie grundsätzlich, dass jemand mit einem anderen Standpunkt ein Problem hat?«
- »Ich glaube nicht, dass jeder, der diesen Punkt kritisiert, sofort ein Problem hat oder etwas falsch macht, aber noch einmal zurück zum Punkt, nämlich …«

26. TECHNIK

Wer A sagt, muss nicht B sagen – Überredungskünstler vertreiben

Manche Menschen, die uns zu etwas überreden wollen, greifen auf emotionale Erpressung zurück: »Wenn Sie mich als Chefin respektieren und unterstützen wollen, dann übernehmen Sie diese Aufgabe«, »Als guter Mitarbeiter sollten Sie einsehen, dass dieses Verhalten nicht richtig war«, »Wenn du mich lieben würdest, dann würdest du das nicht sagen«. Auch die suggestiven Fragen von manchem Versicherungsmakler gehören dazu: »Sie wollen doch sicher auch, dass Ihre Familie im Notfall abgesichert ist, oder?«

Alle diese Sätze haben gemeinsam, dass Sie eine gute Eigenschaft verlieren, wenn Sie nicht tun, was von Ihnen verlangt wird: die Chefin respektieren, den Partner lieben, die gute Mitarbeiterin sein, für die Familie sorgen. Eine emotionale Erpressung bedeutet, dass Sie mithilfe von Gefühlen, die in Ihnen ausgelöst werden, zu einem bestimmten Verhalten gedrängt werden.[100] Manche geben in diesen Momenten nach, indem sie tun, was von ihnen verlangt wird. Sie wollen ihre positive Rolle nicht verlieren. Andere kämpfen um ihre Rolle und ihren Standpunkt und gehen in die Konfrontation: »Moment mal, so bitte nicht, mein Freund!«

Doch es gibt eine andere Möglichkeit, mit der Sie beides miteinander verbinden und sich kooperativ behaupten. Dafür ist es notwendig, den Trick hinter den genannten Aussagen zu verstehen. Alle Aussagen knüpfen einen positiven Wert, den Sie als »guter Mensch« hoffentlich vertreten, an das Produkt oder an die Aufgabe, der Sie zustimmen sollen. Wer ein guter Mensch ist und sich um seine Familie kümmert, wird doch wohl diese Versicherung abschließen wollen. Ansonsten scheint Ihnen Ihre Familie wohl nicht wichtig zu sein. Manchmal passiert das auch versteckt. Dafür knüpfen die Manipulatoren ihren Standpunkt an Werte, ohne dass die Aufforderung wie eine Drohung wirkt. Meisterhaft macht das ein Influencer mit mehreren Millionen Followern. Bei der Vermarktung seines Produktes versicherte er in seinen Instagram-Storys sinngemäß: »Ich würde mich so sehr über eure Unterstützung [Kaufen des Produkts] freuen. Ihr wisst nicht, wie viel mir das bedeutet. Ich selbst verdiene daran nichts. Es geht ausschließlich darum, euch eine Freude zu machen. Ihr seid immer so loyal gewesen, und ich meine, das, was wir hier auf diesem Kanal erreichen, erreichen wir nur gemeinsam als Community alle zusammen. Ich werde nachher schauen, wer von euch bestellt hat, und versuche, euch alle zu sehen.«

Das sind ganze fünf Werte, die an den Kauf des Produkts geknüpft sind: Unterstützung, Freude bereiten, Selbstlosigkeit, Loyalität, Gemeinschaft und am Ende seine Zuneigung, die an den Verkauf gebunden ist und die das große Bedürfnis der Follower danach erfüllt. Es muss nicht einmal böse gemeint sein, und dennoch verleitet diese Vorgehensweise Menschen dazu, ihre letzten Cents auszugeben, um diese Werte mitzutragen, die Anerkennung ihres Stars zu bekommen und ein Teil seiner unterstützenden Community zu sein, die für Loyalität einsteht. Gerade Menschen, die das im realen Leben nicht erfahren und sich abgehängt fühlen, sind dafür anfällig.

Doch egal, welche Werte an einen Standpunkt geknüpft werden – ob Nächstenliebe, Respekt, Nachhaltigkeit, Kinderschutz –, sie haben erst einmal nichts mit Ihrer Überlegung und Entscheidung zu tun. Deshalb können Sie beides voneinander trennen, indem Sie den angesprochenen Werten zustimmen, sich aber dennoch anders entscheiden, etwa: »Ja, das ist wichtig. Das bedeutet nicht, dass …« Sie sagen A, aber nicht B.

Drängt Ihre Vorgesetzte Sie mit »Wenn Sie mich als Chefin respektieren und unterstützen wollen, dann übernehmen Sie diese Aufgabe«, stimmen Sie der Beziehung zu und lehnen Sie den Standpunkt ab: »Ich respektiere Sie, das bedeutet nicht, dass ich mein ohnehin schon hohes Arbeitspensum noch weiter steigern kann.« Sagt Ihr Partner: »Wenn du mich wirklich lieben würdest, dann würdest du das nicht sagen«, lehnen Sie nur den Standpunkt ab; aber heben Sie die Beziehung hervor und stärken Sie sie: »Ich liebe dich, sehr sogar. Das bedeutet nicht, dass ich dir nicht sage, wie ich darüber denke.« Weist Sie ein Kollege darauf hin: »Bei all dem, was der Chef für dich getan hat, solltest du dankbar sein, anstatt jetzt in dieser Phase das Unternehmen zu verlassen«, entgegnen Sie: »Ich bin dankbar, das bedeutet allerdings nicht, dass ich meine privaten und finanziellen Entscheidungen davon abhängig mache.« Und fragt Sie Ihr Versicherungsmakler: »Sie wollen sicher auch, dass Ihre Familie finanziell abgesichert ist, oder?«, antworten Sie: »Ja, das bedeutet nicht, dass ich bei Ihnen eine Versicherung abschließe.«

Achten Sie auch bei Komplimenten darauf, sich nicht durch Gefühle einwickeln zu lassen. Will Sie jemand für ungeliebte Aufgaben gewinnen, wird ein Gefühl an den Standpunkt oder die Bitte gekoppelt: »Müller, Sie sind doch ein Ass in Excel, das hat mich wirklich beeindruckt, also Hut ab! Würden Sie mir bei der Excel Meckenbusch unter die Arme greifen?« Es fühlt sich undankbar an, nun Nein zu sagen. Doch Ihre Dankbarkeit für das Lob hat nichts mit dem Standpunkt zu tun. Trennen Sie die Anerkennung und Ihre Dankbarkeit dafür von der Aufgabe: »Vielen Dank, das ist sehr nett. Ob ich das übernehmen kann, muss ich noch einmal prüfen.«

Diese Art der Überredungskunst gibt es in vielfältigster Ausführung, vor allem in der Werbung und im Marketing: »Sind Sie es sich denn nicht selbst wert, einmal etwas für sich selbst zu tun?« Oder: »Ist dir deine Weiterbildung etwa nicht genügend wert?« Die Antwort lautet in allen Fällen: »Doch, das ist wichtig. Das bedeutet nicht, dass …« So können Sie sich in Ruhe Gedanken darüber machen, was Sie wollen, ohne sich unter Druck gesetzt zu fühlen. Und Ihr Gegenüber merkt, dass es mit diesem Trick nicht so einfach bei Ihnen durchkommt.

In allen Diskussionen, in denen Sätze fallen wie: »Wer dagegen nichts tut, unterstützt automatisch Korruption« oder »Wer das unterstützt, dem scheint Nachhaltigkeit nicht wichtig zu sein!«, behaupten Sie sich ohne Angriff kooperativ selbst, indem Sie den Wert von Ihrem Standpunkt trennen. Beides hat erst einmal nichts miteinander zu tun. Denn es gibt unterschiedliche Möglichkeiten, einen Wert zu definieren, und unterschiedliche Standpunkte, auf die er hinauslaufen kann.

WER A SAGT, MUSS NICHT B SAGEN

Eine emotionale Erpressung manipuliert durch das Einbinden von Gefühlen, indem Werte und die Beziehung an den Standpunkt gekoppelt werden. Behaupten Sie sich kooperativ selbst, indem Sie zwar dem Wert und der Beziehung zustimmen und dennoch einen anderen Standpunkt haben. Dazu eignet sich dieses Muster:

- »Ja, das ist mir wichtig. Das bedeutet nicht, dass …«

27. TECHNIK

Frame-Wechsel – den fremden Werterahmen ablehnen

In Vertragsverhandlungen, in denen der Verhandlungspartner mit Änderungen nicht einverstanden ist, fällt manchmal der Satz: »Wieso wollen Sie so viele Vertragspunkte ändern? Vertrauen Sie uns etwa nicht?« Sie haben ihn bereits im Kapitel *Übertriebene Zustimmung* gelesen. Er ist in Vertragsverhandlungen so oft zu hören, dass ich Ihnen noch eine zweite Variante an die Hand geben möchte, mit der Sie antworten können. Denn nicht jeder traut sich eine übertriebene Zustimmung mit Augenzwinkern zu, und sie ist nicht in jeder Situation passend. Eine andere Antwort-Variante bezieht sich auf die Tatsache, dass dieser Satz – wie die Beispiele der vorherigen Technik – einen Standpunkt mit einem Wert verknüpft, das heißt, er wird in einen bestimmten Werterahmen gesetzt. Stimmen Sie nicht zu, bedeutet das, dass Sie diesen wichtigen Wert des Vertrauens wohl nicht leben, obwohl der für geschäftliche und private Beziehungen doch so wichtig ist. Deshalb ist der Vorwurf des mangelnden Vertrauens immer wieder erfolgreich. Es drängt in die Ecke, und manche geben dann auch schnell klein bei: »Gut, wir bekommen das schon hin. Ich freue mich auf eine vertrauensvolle Zusammenarbeit.«

Doch lassen Sie sich nicht so leicht um den Finger wickeln, wenn Sie in die Ecke gedrängt werden. Sie müssen den Werterahmen des anderen nicht akzeptieren. Es geht bei Vertragsabschlüssen nicht um Vertrauen, sondern um Kriterien und Regeln, an die sich beide Parteien halten müssen. Damit verpflichten Sie sich selbst, sich an bestimmte Vorgaben zu halten, und beugen somit Unstimmigkeiten vor. Darüber hinaus regeln Sie die Vorgehensweise, falls doch Unstimmigkeiten auftreten. Das alles hat nichts mit Vertrauen zu tun.

Lehnen Sie also den Werterahmen ab und wechseln Sie ihn: »Es geht nicht um Vertrauen, sondern um einen fairen, professionellen Vertrag, der unsere Zusammenarbeit regelt. Dafür sind folgende Punkte notwendig …« Das einfache Muster hinter dem Wechsel ist: »Es geht nicht um …, sondern darum, dass …« Damit lassen Sie sich nicht auf eine Wertediskussion ein, sondern kommen schnell auf Ihr eigenes Argument zurück.

Können Sie Ihrem Arbeitskollegen leider nicht helfen bei seiner Arbeit, weil Sie keine Zeit haben, und er antwortet: »Komm schon, wir sind doch ein Team und haben immer zusammengehalten, ich habe dir letzte Woche auch geholfen«, stellen Sie klar: »Es geht nicht um Zusammenhalt oder darum, ob ich nicht will, sondern darum, dass ich leider keine Zeit habe. Das tut mir leid.«

Lehnen Sie eine teure Wellnessreise ab, und die Verkäuferin fragt sie: »Ist Ihnen das Ihre psychische und physische Gesundheit nicht wert?«, lassen Sie sich davon nicht dazu hinreißen, viel zu viel zu bezahlen, sondern behaupten Sie sich: »Es geht nicht darum, was ich mir wert bin, sondern um ein faires Preis-Leistungs-Verhältnis. Würden Sie mir noch einmal verraten, was alles mit inbegriffen ist?«

Sobald Sie ein merkwürdiges Bauchgefühl haben und Sie sich unter Druck gesetzt fühlen, stellen Sie den Werterahmen infrage und wechseln Sie ihn bei Bedarf.

FRAME-WECHSEL

Will Sie jemand zu etwas überreden, indem er sein Produkt und seinen Standpunkt in einen bestimmten Werterahmen setzt, stellen Sie diesen infrage. Wechseln Sie den Rahmen, wenn er unpassend ist. Das Muster lautet:

- »Es geht nicht um …, sondern um …«

28. TECHNIK

Vergleiche – Fehlschlüsse entlarven

Gibt es in einer Diskussion unterschiedliche Meinungen, haben Sie im Grunde zwei Möglichkeiten, um zu überzeugen: Sie können entweder Ihre eigene Position stärken oder die des anderen schwächen. Folgen die Diskussionspartner aber tiefsitzenden Glaubenssätzen, ist es schwer, mit der eigenen Sicht der Dinge durchzudringen. Solche Glaubenssätze kennen wir nur zur Genüge: »Das gehört sich so, denn es war schon immer so« oder »Die Natur möchte das so, und alles andere ist Kokolores«. Wie kommen wir dagegen an? In diesem Kapitel geht es darum zu erkennen, wenn die Glaubenssätze inhaltlich oder logisch falsch sind, um sie mit einfachen Mitteln schnell auszuhebeln.

Wie das funktioniert, zeigt der Beispielsatz: »Man sollte immer auf sein Bauchgefühl hören.« Das Bauchgefühl kann hilfreich sein, in manchen Fällen aber auch nicht. Diesem Satz entgegenzusetzen, er sei falsch, reicht aber nicht. Zu begründen, warum ein Bauchgefühl in die Irre führen kann – etwa weil die zugrunde liegenden Informationen unzureichend oder falsch sind oder wir aus schlechten Erfahrungen heraus ein verzerrtes Bauchgefühl haben –, ist schon besser. Noch überzeugender ist es, einen Vergleich anzuführen. Ein Vergleich hebelt mit wenigen Worten einen falschen Inhalt aus. Er ist quasi eine Abkürzung auf dem Weg, unser Gegenüber zu überzeugen. Für einen Vergleich schieben Sie eine falsche Behauptung in einen anderen Kontext, in dem sie offensichtlich nicht gilt. In diesem Fall etwa:

- »Wenn ich meinem Kollegen impulsiv die Meinung geige, folge ich auch meinem Bauchgefühl. Doch das ist nicht automatisch gut.«
- »Manche Menschen lassen aus einem Bauchgefühl heraus ein Leben lang ihr Geld auf dem Sparbuch. Deshalb ist das trotzdem die schlechteste Möglichkeit, mit seinem Geld umzugehen.«
- »Wenn ich zwei Tafeln Schokolade esse, handle ich auch nach meinem Bauchgefühl, deshalb ist es trotzdem nicht gesund.«
- »Wenn Menschen bei Rabattaktionen ihr letztes Geld für unnütze Dinge ausgeben, handeln sie auch nach ihrem Bauchgefühl, deshalb ist das trotzdem nicht klug.«

Vergleiche sind sehr einleuchtend. Einleuchtender und schneller als viele Argumente. Aber es ist manchmal schwer, in einer Diskussion spontan die passenden inhaltlichen Vergleiche zu finden. Das Gute ist: Es sind immer wieder die gleichen logischen Fehlschlüsse in den Glaubenssätzen und Überzeugungen des Gegenübers. Kennen wir das Prinzip, fällt es uns leichter, einen passenden Vergleich zu finden, der diese enttarnt. Grob gesagt, gibt es unter anderem häufig die folgenden Arten von logischen Fehlschlüssen:

- Naturalistischer Fehlschluss
- Traditionsfehlschluss
- Falsche Kausalität

Naturalistischer Fehlschluss

Der naturalistische Fehlschluss folgt dem Glaubenssatz: Weil etwas natürlicherweise so ist, soll etwas so sein. Eine deskriptive Aussage wird zur Forderung.[101] Deshalb wird er auch Sein-Soll-Fehlschluss genannt. Beispiele sind:

- Der Mensch versucht natürlicherweise möglichst wenig Energie aufzuwenden. Deshalb soll der Mensch möglichst wenig Energie aufwenden.
- Nur Mann und Frau können eine Familie gründen. Deshalb sollen nur Mann und Frau eine Familie gründen.

Dieser Fehlschluss findet sich häufig in religiösen Zusammenhängen, in der Nahrungsmittelindustrie, wenn mit Nahrungsmitteln geworben wird, die frei von »Genmanipulation« seien, obwohl laut wissenschaftlichem Konsens eine gentechnisch veränderte Pflanze nicht mehr oder weniger gesund ist als eine nicht veränderte. Oder in der Kosmetikindustrie, die mit natürlichen Inhaltsstoffen wirbt. Implizit wird vermittelt: Alles, was natürlich ist, ist gut und erstrebenswert.

Doch was natürlich ist, ist nicht automatisch gut. Verschiedenste Stoffe der Natur sind hochgefährlich, zum Beispiel Arsen, Uran oder Schlangengift. Auch ätherische Öle sind natürlich, doch werden sie unverdünnt in Cremes verwendet, reizen sie die Haut. Natürliche Peelings mit teilweise scharfkantigen Körnern verletzen die Haut, während chemische Peelings sanfter und für sensible Haut geeignet sind. Auch ein natürliches Verhalten ist nicht automatisch gut. Die Natur ist grausam. Tiere werden von der jeweils höheren Art abscheulich getötet und gerissen. Sich daran ein Beispiel zu nehmen, bedeutet Grausamkeit. Außerdem umgeben wir uns mit vielen unnatürlichen Dingen, die positiv sind. Wir leben in Häusern, nutzen Strom, arbeiten auf Laptops und Smartphones, tragen Jeanshosen und nutzen Sonnencreme, Schmerzmittel und lebensrettende Infusionen – das ist alles nicht natürlich. Und doch bedient sich die Kosmetikindustrie des beliebten Glaubens, Chemie sei schlecht und Natürliches sei grundsätzlich gut: »Mit natürlichen Inhaltsstoffen, frei von [Chemie].«

Eine Grenze zwischen natürlichen und »unnatürlichen« Stoffen zu ziehen, ist sowieso kaum möglich. Alles besteht aus Atomen und Molekülen. Schauen wir uns die chemischen Inhaltsstoffe einer Banane an, dann klingt vieles nach dem, was auch in chemisch hergestellten Produkten enthalten ist:

INGREDIENTS: WATER (75%), **SUGARS (12%)** (GLUCOSE (48%), FRUCTOSE (40%), SUCROSE (2%), MALTOSE (<1%)), STARCH (5%), FIBRE E460 (3%), **AMINO ACIDS (<1%)** (GLUTAMIC ACID (19%), ASPARTIC ACID (16%), HISTIDINE (11%), LEUCINE (7%), LYSINE (5%), PHENYLALANINE (4%), ARGININE (4%), VALINE (4%), ALANINE (4%), SERINE (4%), GLYCINE (3%), THREONINE (3%), ISOLEUCINE (3%), PROLINE (3%), TRYPTOPHAN (1%), CYSTINE (1%), TYROSINE (1%), METHIONINE (1%)), **FATTY ACIDS (1%)** (PALMITIC ACID (30%), OMEGA-6 FATTY ACID: LINOLEIC ACID (14%), OMEGA-3 FATTY ACID: LINOLENIC ACID (8%), OLEIC ACID (7%), PALMITOLEIC ACID (3%), STEARIC ACID (2%), LAURIC ACID (1%), MYRISTIC ACID (1%), CAPRIC ACID (<1%)), ASH (<1%), PHYTOSTEROLS, E515, OXALIC ACID, E300, E306 (TOCOPHEROL), PHYLLOQUINONE, THIAMIN, **COLOURS** (YELLOW-ORANGE E101 (RIBOFLAVIN), YELLOW-BROWN E160a), **FLAVOURS** (3-METHYLBUT-1-YL ETHANOATE, 2-METHYLBUTYL ETHANOATE, 2-METHYLPROPAN-1-OL, 3-METHYLBUTYL-1-OL, 2-HYDROXY-3-METHYLETHYL BUTANOATE, 3-METHYLBUTANAL, ETHYL HEXANOATE, ETHYL BUTANOATE, PENTYL ACETATE), 1510, NATURAL RIPENING AGENT (ETHENE GAS).

Abbildung 8: Wie viel Chemie steckt in einer Banane?[102]

Natürliches ist weder automatisch schlecht noch automatisch gut. Sie erkennen den naturalistischen Fehlschluss in Gesprächen durch Aussagen wie: »So ist der Mensch nun mal«, »Das muss so sein, so hat die Natur das eingerichtet«. Der Gegengedanke lautet: »Nur weil etwas natürlich ist, ist es nicht automatisch gut. Was ich für sinnvoll halte, ist …« Sie können den Fehlschluss erklären und ansprechen oder ihn durch einen Vergleich aushebeln. Dafür nutzen Sie einen anderen Inhalt, der demselben Fehlschluss folgt, etwa:

- Uran ist natürlich und trotzdem hochtoxisch.
- Kokain ist natürlich, deshalb ist es trotzdem nicht gesund.
- Der Mensch neigt auch natürlicherweise zum Sammeln. Deshalb ist es trotzdem nicht schön, in einer Messiewohnung zu leben.
- Der Mensch versucht von Natur aus, jegliche Anstrengung zu vermeiden. Deshalb ist es trotzdem nicht gesund, jeden Tag bewegungslos auf der Couch zu sitzen.

Der Traditionsfehlschluss

»Aber das haben wir schon immer so gemacht« ist eine Aussage, der ein traditioneller Fehlschluss zugrunde liegt. Sie folgt dem Prinzip: Weil etwas früher schon so gemacht wurde, ist es automatisch gut. Von Kindererziehung über Veränderungen im Job bis hin zu Ernährung findet sich der Glaube daran, dass alles, was früher so gemacht wurde, noch heute einen Sinn hat und nicht verändert werden darf. Ein früheres Verhalten wird in die aktuelle Zeit übertragen, unabhängig davon, ob es noch angemessen ist oder jemals angemessen war. Beispiele sind:

- »Früher haben wir auch keinen Helm beim Fahrradfahren getragen. Deshalb ist das heute auch nicht notwendig.«
- »Es gab schon immer Menschen, die ärmer waren, und Menschen, die reicher sind. So ist das nun mal.«

Eine andere Aussage schlägt in die gleiche Kerbe: »Die Jugend heutzutage liebt den Luxus. Sie hat schlechte Manieren […] und hat keinen Respekt vor den älteren Leuten. […] Die jungen Leute stehen nicht mehr auf, wenn ältere das Zimmer betreten …« Diese Aussage unterliegt dem traditionellen Fehlschluss »Früher war alles besser«. Aber die genannte Aussage wird Sokrates zugeschrieben, der sie vor über 2 000 Jahren getätigt haben soll. Früher schien schon immer alles besser gewesen zu sein. Nichts ist traditioneller als das Beschweren über die Jugend von heute.

Dem traditionellen Fehlschluss begegnet man sehr häufig, obwohl sich die Menschheit technisch und wissenschaftlich weiterentwickelt hat – wovon sie profitiert. Wir brauchen keine Steine mehr, um Feuer zu machen. Es finden keine Hexenverbrennungen mehr statt, wir halten uns keine Sklaven. Städte haben keine offenen Kloaken, sondern ein funktionierendes Abwassersystem. Wir haben neue wissenschaftliche Erkenntnisse über die Erde, die menschliche Psyche und die Gesundheit. Wir wissen, dass die Erde nicht flach ist, sondern ein Ellipsoid, und dass physische und psychische Gewalt an Kindern folgenschwere Schäden anrichtet.

Dennoch hängt der Mensch an Traditionen. Es ist eine Art Vergangenheitsverklärung und Nostalgie, die die Vergangenheit in unserer

Erinnerung schönfärbt, schöner, als die Realität tatsächlich war.[103] Diese Verklärung wird in der Werbung oder von bestimmten Parteien aktiv genutzt. Das konservative Bild der Familie, das heute noch so gelebt werden soll.

Der traditionelle Fehlschluss ist erkennbar an Sätzen wie: »Wir haben das schon immer so gemacht«, »Früher sind wir auch alle groß geworden«, »Früher gab es so was nicht«. Solche Sätze verkennen neue wissenschaftliche Erkenntnisse und neue Kontexte, in denen wir leben. Der Gegengedanke lautet: »Nur weil es früher so war, heißt das nicht, dass das automatisch gut ist. Im aktuellen Kontext ist es sinnvoll, dass …«

Dies können Sie erklären und ansprechen oder den Fehlschluss durch einen Vergleich aushebeln. Dafür nutzen Sie einen anderen Inhalt, der demselben Fehlschluss folgt, etwa:

- Früher hat man auch Quecksilber gegen Geschlechtskrankheiten eingesetzt und damit die Patienten vergiftet.
- Früher hat man sich beim Autofahren auch nicht angeschnallt.
- Früher sind Ehepaare zusammengeblieben, komme, was wolle – egal, ob es dabei physische Gewalt gab.

Falsche Kausalität

Der Mensch strebt natürlicherweise nach Plausibilität. Deshalb sind Denkmuster, die einer falschen Kausalität unterliegen, die häufigsten.[104] Wir streben so sehr nach Sinn und somit nach Zusammenhängen, dass wir auch falsche Zusammenhänge schnell akzeptieren oder verdrehen. Zwei Formen von Scheinkausalitäten gibt es besonders häufig:

1. Ein Ereignis ist angeblich die Ursache für etwas, das folgt. (In der Fachsprache »Post hoc ergo propter hoc« genannt, auf Deutsch: »Danach, also deshalb.«)
2. Gleichzeitig auftretende Ereignisse müssen auch miteinander zusammenhängen. (»Cum hoc ergo propter hoc«, übersetzt: »Mit diesem, also deshalb.«)

Ein Beispiel für Variante 1 ist: »Ich bin mit dem linken Fuß aufgestanden, deshalb ist heute etwas Schreckliches passiert.« Auf diesem Fehlschluss beruht der Karma-Glaube. Jemand hat etwas Gutes getan, deshalb wird ihm Gutes widerfahren. Jemand hat etwas Schlechtes getan, deshalb wird ihm Schlechtes widerfahren. Natürlich wissen wir, dass das nicht stimmt: Menschen gehen vor die Tür und bekommen einen Schlaganfall, niemand kann etwas dafür. Unschuldige Neugeborene erleiden Krebserkrankungen. Gerechte Menschen sind arm oder leiden unter schweren Krankheiten, während der größte Machiavellist ein Imperium an Reichtum und Frauen hat. Glück und Erfolg hängt zu einem großen Teil von Zufall ab,[105] den man durch Vorbereitung und Talent nutzen kann. »Gelegenheit trifft Vorbereitung« lautet daher ein Sprichwort. Manche haben diese Gelegenheit nicht. Doch schmeichelt es dem Selbstwert zu glauben, der eigene Erfolg und das eigene Glück sei ausschließlich selbst erarbeitet. Zudem strebt der Mensch danach, die Dinge kontrollieren zu können und Geschehnisse auf eine Ursache zurückzuführen. Dieser Fehlschluss zahlt auf dieses starke Streben ein.

Ursachen, die man sich nicht erklären kann, werden auf andere Ursachen zurückgeführt. Wetterphänomene, die man sich früher nicht erklären konnte, wurden auf die Launen der Götter zurückgeführt, und auch heute noch werden Krankheiten, für die keine Ursache gefunden werden kann, auf Stress zurückgeführt – was natürlich der Fall sein kann, genauso gut aber auch nicht. Es ist schwer auszuhalten, eine Ursache nicht zu kennen und somit keine Kontrolle zu haben. Die Lücke will geschlossen werden. Wir geben denjenigen Informationen und Argumenten ein höheres Gewicht, die logisch klingen, auch wenn sie falsch sind.[106] Sie erkennen solche falschen Kausalitäten an Formulierungen wie: »Es ist X passiert, kein Wunder, dass jetzt Y der Fall ist«, »Man hätte es doch ahnen können, nachdem X passiert ist«.

Sie können solche Fehlschlüsse durch einen Vergleich aushebeln, dessen Grundgedanke lautet: »Nur weil etwas nacheinander passiert, heißt das nicht, dass beides miteinander zusammenhängt. Ursache kann auch sein, dass …« Dafür nutzen Sie einen anderen Inhalt, der demselben Fehlschluss folgt, etwa:

- »Der Hahn kräht auch, bevor die Sonne aufgeht, deshalb ist der Hahn trotzdem nicht dafür verantwortlich, dass die Sonne aufgeht.«
- »Helmut Schmidt war Kettenraucher und ist 96 Jahre alt geworden, deshalb führt Zigarettenkonsum trotzdem nicht zu bester Gesundheit und hohem Alter.«
- »Ich habe gestern ein Marmeladenbrot gegessen und heute eine Gehaltserhöhung bekommen. Ich sollte öfter Marmeladenbrot essen.«

Ein Beispiel für Variante 2 der falschen Kausalität ist: Steigt der Konsum von Speiseeis, brennen auch mehr Wälder. Dennoch ist das Eis nicht daran schuld, sondern die gemeinsame Variable: die Temperatur. Je heißer es wird, desto mehr steigen auch Eiskonsum und Waldbrandgefahr.[107] Es gibt durchaus eine Korrelation, einen Zusammenhang, doch keine direkte Ursache-Wirkungs-Beziehung. Manchmal gibt es sogar gar keinen Zusammenhang, sondern etwas tritt völlig unabhängig zufällig gemeinsam auf. Wenn Sie sich die Nase putzen und gleichzeitig Ihre Katze tot umfällt, gibt es zwischen beidem keinen Zusammenhang.[108]

Dennoch werden gleichzeitig auftretende Ereignisse in Diskussionen häufig in Zusammenhang gebracht. Ein Fleischesser ist aggressiv. Das muss am hohen Fleischkonsum liegen, denn jeder weiß, dass rotes Fleisch und die darin enthaltenden Antibiotika aggressiv machen. Ein Veganer ist krank. Das muss an seiner pflanzlichen Ernährung liegen, denn jeder weiß, dass Pflanzen weniger gutes Eiweiß enthalten als Fleisch. Das Kind hat psychische Probleme. Das muss daran liegen, dass die Mutter zu viel/zu wenig arbeitet oder nicht oder zu viel stillt.

Sie erkennen diese Fehlschlüsse an Formulierungen wie: »Wer X tut, muss sich nicht wundern, dass …« Um sie zu entlarven, nutzen Sie Vergleiche, die nach dem Muster funktionieren: »Nur weil etwas nacheinander passiert, heißt das nicht, dass beides miteinander zusammenhängt. Ursache kann auch sein, dass …« Dafür nutzen Sie einen anderen Inhalt, der demselben Fehlschluss folgt, etwa:

- »Ja, ja, und Piraten gibt es immer weniger, während die Erderwärmung steigt.[109] Deshalb ist die geringe Anzahl von Piraten trotzdem nicht für die Erderwärmung verantwortlich.«

- »In Gegenden mit vielen Störchen ist die Geburtenrate höher, deshalb bringt der Storch trotzdem nicht die Babys.«
- »Ich mache auch jeden Morgen mein Bett. Das hat trotzdem nichts damit zu tun, dass ich jetzt krank bin.«

VERGLEICHE – FEHLSCHLÜSSE ENTLARVEN

Erkennen Sie, wann es sich um einen Fehlschluss handelt, und decken Sie ihn auf. Dabei hilft Ihnen der Vergleich. Dafür nutzen Sie einen anderen Inhalt, der demselben Fehlschluss folgt, etwa:

- »Der Hahn kräht auch, bevor die Sonne aufgeht, deshalb ist der Hahn trotzdem nicht dafür verantwortlich, dass die Sonne aufgeht.« (Falsche Kausalität) Oder:
- »Früher hat man auch Quecksilber gegen Geschlechtskrankheiten eingesetzt und damit die Patienten vergiftet.« (Traditioneller Fehlschluss)

DIE ÜBERZEUGENDE PERSÖNLICHKEIT

Die Persönlichkeit hat einen starken Einfluss auf die eigene Überzeugungskraft. Das zeigte das 1973 durchgeführte und inzwischen berühmt gewordene sozialpsychologische »Dr.-Fox-Experiment«. Darin wurde Dr. Fox als Koryphäe auf dem Gebiet der Anwendung der Mathematik auf das menschliche Verhalten einem Publikum vorgestellt, das aus Wissenschaftlern der Psychologie und Psychiatrie bestand. In Wirklichkeit war der angebliche Wissenschaftler aber Schauspieler. Er hatte die Aufgabe, einen Fachvortrag mit anschließender Diskussion zu halten und dabei möglichst viele inhaltliche Fehler und Widersprüche einzubauen. Gleichzeitig sollte er selbst möglichst kompetent und charismatisch wirken. Das Publikum war begeistert von Dr. Fox und nahm ihn als überzeugenden Experten wahr.

Stimme, Körpersprache, Wortwahl und gesamtes Verhalten des angeblichen Dr. Fox beeinflussten das Publikum so sehr, dass der stümperhafte Inhalt des Vortrags nicht auffiel. Ein Grund dafür ist, dass das Publikum nicht aus Fachleuten bestand, auch wenn es aus angrenzenden Wissensgebieten kam. Deshalb ist diese Studie auch kein Freifahrtschein für Nonsens. Menschen, die sich auskennen, fallen solche falschen Inhalte auf. Dennoch zeigt das Experiment die erhebliche Wirkung der Persönlichkeit eines Menschen auf seine Überzeugungskraft. Und je weniger sich Menschen mit einem Thema auskennen, desto mehr machen sie ihre Meinung von der Persönlichkeit des Sprechers abhängig. Zwei Jahre später wurde das Experiment leicht abgewandelt wiederholt, dieses Mal hielt Dr. Fox Vorträge mit unterschiedlicher Qualität, was Darstellung und Inhalt betrifft. Das Ergebnis: Wenn der Inhalt schlecht ist, muss dessen Präsentation hervorragend sein. Ist der Inhalt sehr gut, muss seine Präsentation nicht unbedingt gut sein.[1]

Bringen Sie beides zusammen, haben Sie die Chance, auch ein sehr kritisches Gegenüber zu überzeugen. Selbst wenn Sie nicht bei jedem Streitthema über ein tiefes Hintergrundwissen verfügen, hilft Ihnen eine kompetente persönliche Wirkung erheblich. Deshalb schauen wir uns im Folgenden an, wie Sie Ihre persönliche Wirkung schnell und einfach verbessern können.

STIMME: KOMPETENT KLINGEN UND DEESKALIEREN

Wenn Ihnen Ihr Partner in unfreundlichem Ton sagt: »Ich habe dir bereits gesagt, dass der Abend gestern mit dir wunderschön war!!«, glauben Sie vermutlich eher seiner Stimme als seinem Inhalt. Denn widersprechen sich Inhalt und Stimme emotional, glauben wir eher der Stimme. Ob Sie ernst genommen werden oder nicht, hängt ebenfalls entscheidend von Ihrer Stimme ab. Die folgenden beiden Sprechtechniken lassen Sie nicht nur kompetenter *wirken* und stärken so das Vertrauen in Sie und Ihre Inhalte, sondern sie tragen auch dazu bei, dass Sie sich selbst kompetenter *fühlen*.

Indifferenzlage – Ihr stimmlicher Heimathafen

Einer der wichtigsten Faktoren für eine überzeugende Wirkung ist Ihre Stimmlage, genauer: die Indifferenzlage. Das ist diejenige Stimmlage, die für andere vertrauenerweckend und kompetent klingt. Sie umfasst etwa vier bis fünf Töne im mittleren bis unteren Bereich Ihres gesamten Tonumfangs. Indifferenz bedeutet »Gleichgültigkeit«. In dieser Stimmlage ist es völlig egal, wie lange Sie sprechen, Sie werden nicht heiser, denn sie ist gleichzeitig auch Ihre physiologische Stimmlage. Sie entsteht durch entspannte Stimmmuskeln und zeigt somit, dass der Sprechende nicht ängstlich und angespannt zu sein scheint. Das wirkt selbstsicher und überzeugend. Diese Stimmlage ist individuell, sie ist daher anders als die Ihres Freundes oder die Ihrer Kollegin. Es geht nicht um eine generell tiefe Stimme, sondern um eine individuelle Tiefe, die durch Entspanntheit erzeugt wird. Sie nimmt dadurch auch den Stress aus Streitgesprächen heraus, in denen sich mit den Emotionen automatisch auch die Stimmlage hochschaukelt.

Eine unphysiologisch hohe Stimmlage wird auch »Kleinmädchenstimme« genannt. Sie klingt süß, aber nicht kompetent. Sind wir unsicher, spannt sich unser ganzer Körper an, somit auch unsere Stimmmuskeln, die sich dadurch häufiger in der Minute berühren. Die Frequenz steigt, die Stimme klingt höher. So verrät sie Anspannung und Unsicherheit. Zusätzlich legen wir eine erhöhte Stimmlage instinktiv an den Tag, wenn wir zeigen wollen: »Ich will dir nichts Böses. Ich bin keine Gefahr für dich.« Deshalb sprechen wir mit Babys und kleinen Kindern erhöht: »Ja, ei, du süße Maus, ja, bist du eine süße Maus?« Zudem ist die erhöhte Stimmlage bei Hunden beispielsweise eine Spielaufforderung: »Ja, wer will Gassi gehen, ja, will der Bruno Gassi gehen, ja feini!«

Gerade konfliktscheue Menschen zeigen eine Tendenz zur höheren Stimmlage. Sie baut Kontakt auf, klingt harmlos, nett und freundlich, für den Small Talk und belanglose Gespräche bestens geeignet – aber vermittelt eben keine Kompetenz. Die Indifferenzlage dagegen vermittelt Sicherheit. Verzichten Sie in Gesprächen, in denen Sie ernst genommen werden wollen, auf eine Spielaufforderung und sorgen Sie durch eine tiefere, entspanntere Stimme dafür, dass Sie als selbstsicher wahrgenommen werden.

Je aufgeregter und angespannter Sie sind, desto höher sprechen Sie. Je entspannter Sie sind, desto tiefer. Der Schlüssel liegt also darin, die Stimmmuskeln zu entspannen. Dies tun Sie zum Beispiel, indem Sie Ihre Augen schließen, den Bauch lockerlassen, die Lippen sanft aufeinanderlegen, den Kiefer lockerlassen und an ein leckeres Essen denken. Was wäre das Essen, das Sie nun zu vollster Zufriedenheit bringen würde? Vielleicht ist es ein Stückchen Schokolade, das Sie sich bildlich vorstellen. Sagen Sie nun leise vor sich hin: »Mmmmh, lecker! Mmmmh.« Dieses summende »Mmmmh« ist einer der untersten Töne Ihrer Indifferenzlage. Wie sehr unterscheidet sich dieser Ton von Ihrer Tonlage, in der Sie im Alltag sprechen? Ist der Unterschied groß, besteht die Wahrscheinlichkeit, dass Sie im Alltag höher sprechen, als Sie es eigentlich müssten.

Ziel ist nicht, ständig in den vier bis fünf Tönen Ihrer Indifferenzlage zu sprechen, denn Sie werden auch einmal eine positive Aufgeregtheit wie Freude empfinden und wollen nicht in eine Monotonie verfallen. Sprechen Sie leidenschaftlich, werden Sie ab und zu über der Indifferenzlage landen. Doch das Ziel ist, Ihren stimmlichen Heimathafen so oft wie möglich aufzusuchen, vor allem dann, wenn Sie Ihre wichtigsten Inhalte präsentieren. Erinnern Sie sich in diesen Momenten selbst an Ihren stimmlichen Heimathafen, vielleicht mit dem Symbol eines Schokoladenstücks.

Entspannen Sie Ihre Stimmmuskeln

Kennen Sie Ihren stimmlichen Heimathafen und suchen Sie ihn möglichst häufig auf.

Terminale Stimmführung – kommen Sie zum Punkt

Eine kleine Veränderung in der Sprechmelodie entscheidet ebenfalls darüber, ob Sie als kompetent wahrgenommen werden oder nicht. In Trainings gebe ich oft die Aufgabe, dass sich zwei bis drei Teilnehmende selbst vorstellen sollen. Davon mache ich Tonaufnahmen. Im Anschluss hören wir die Aufnahmen an und stellen oft ein wichtiges Detail in der Sprechmelodie fest: Die Stimme senkt sich nur ein einziges Mal, nämlich am Ende der Aufnahme. Die Aufnahmen klingen in etwa so: »Ja, hallo? Ich bin der Martin und ich bin leidenschaftlicher Sportler? Ähm, ich laufe regelmäßig Marathon, bin auch schon zweimal beim New-York-Marathon mitgelaufen? Ja, hier arbeite ich jetzt als technischer Leiter? War vorher ein halbes Jahr in China? Ja, äh, dort habe ich mit einem Großkunden ein langjähriges Projekt betreut? Jetzt bin ich hauptsächlich in den USA, aber auch gerne mal hier in Deutschland? Ja, genau, das war's eigentlich.«

Ein bewundernswerter Inhalt, der leider so vorgetragen wurde, als würde der Sprechende sich selbst Fragen stellen. Die Sprechmelodie hebt sich am Ende jedes Satzes. Das klingt so, als würde man jede seiner Aussagen selbst infrage stellen. So, als sei man sich selbst anscheinend nicht so sicher und würde sich selbst nicht vertrauen. Aber wie sollen dann andere dem Sprecher vertrauen? Machen Sie sich also klar: Sie wissen, wie Sie heißen, welchen Beruf Sie haben und was Sie können. Sie kennen sich aus mit dem, was Sie sagen. Das sind keine Fragen, sondern Aussagen!

Die fragende Sprechmelodie nennt man interrogative Stimmführung, die zeigt: Ich möchte hier gerne etwas von dir wissen, oder ich bin mir selbst nicht so sicher. Zusätzlich sorgt sie dafür, dass wir mehr »Ähms« produzieren, denn ein Heben der Stimme setzt Sie unter Druck, dass Sie nun weiterreden müssen. Wissen Sie aber noch gar nicht, was Sie als Nächstes sagen möchten, produzieren Sie automatisch ein »Ähm«.

Die Sprechmelodie, die sich immer wieder senkt, wird als terminale Stimmführung bezeichnet. Sie zeigt: Das ist keine Frage, sondern eine Feststellung. Ich weiß, dass die Dinge so sind, wie ich sie sage. Du kannst mir vertrauen. Zusätzlich signalisiert sie: Das, was ich gerade sage, ist wichtig. »Ich bin Martin. Und ich bin leidenschaftlicher Sportler.« Das klingt wichtiger als eine belanglose Aufzählung. Nachrichtensprecher senken nach jedem Satz – sei er noch so kurz – die Stimme, denn jeder Satz ist wichtig.

Nun sind Sie kein Nachrichtensprecher und sollten auch nicht wie einer klingen, denn das wäre zu monoton. Im Gegensatz zu Nachrichtensprechern dürfen und sollten Sie sogar Ihre Persönlichkeit und Ihre Leidenschaft für ein Thema durchklingen lassen. Doch zeigen Sie in Gesprächen, in denen Sie Kompetenz zu einem Themenbereich mitbringen, diese Kompetenz auch nach außen, indem Sie eine Aussage machen, statt zu fragen oder zu schnell mit gehobener Stimme über wichtige Inhalte hinwegzugehen. Senken Sie nicht nach jedem Satz Ihre Stimme. Doch immer dann, wenn Sie etwas für besonders wichtig halten, senken Sie Ihre Stimme und kommen Sie zum Punkt.

Machen Sie öfter mal einen Punkt

Senken Sie vor allem nach wichtigen Inhalten Ihre Stimme.

KÖRPERSPRACHE: WIE KOMPETENZ AUSSIEHT

Um die Wirkung der Körpersprache zu zeigen, bitte ich im Seminar die Teilnehmenden oft aufzustehen und betone zweimal, dass es nun wichtig sei, das zu tun, was ich ihnen *sage*. Dann fordere ich sie auf, ihre Arme *senkrecht* in die Luft zu halten. Gleichzeitig aber halte ich meinen Arm *waagrecht* in die Luft.[2] Was passiert, ist: Sie halten ihren Arm ebenfalls waagrecht in die Luft. – Bis die erste Person versteht: Moment mal, sie hat »senkrecht« gesagt. In den Fällen, in denen sich Körpersprache und Inhalt widersprechen, glauben wir eher der Körpersprache. Selbst wenn ich vorher wie in dieser Übung zweimal betone, dass das wichtig ist, was ich sage. Ihre Körpersprache hat einen Einfluss darauf, wie Ihre Inhalte und Sie als Person wahrgenommen werden. Deshalb können Sie sie nutzen, um mit nur kleinen Mitteln Gespräche zu deeskalieren und um Ihre eigene Wirkung zu stärken.

Lebendig, aber nicht hektisch

Stellen Sie sich jemanden vor, der hektisch über den Gang im Büro rennt, verwirrt den Kopf in verschiedene Büros streckt und nach etwas sucht. Und auf der anderen Seite jemanden, der in moderatem Tempo über den Gang läuft, zielgerichtet in ein Büro abbiegt und die Tür hinter sich schließt. Welche Person hat wahrscheinlich die höhere Position im Unternehmen? Auf die meisten Menschen wirkt Hektik nervös und gilt als Zeichen von niedriger Hierarchie. Gelassenheit wird eher mit Macht assoziiert.

Menschen, die erfolgreich in Entscheidungspositionen sitzen, haben es nicht nötig, sich nach anderen zu richten – andere richten sich nach ihnen. Als ich in Frankfurt auf der IAA mit dem Chef eines großen Automobilkonzerns gesprochen und ihn gefragt habe, wie es ihm trotz seines Zeitdrucks gerade geht, schaute er auf die Uhr und antwortete gelassen: »Eigentlich müsste ich jetzt gerade in Berlin sein.« Es sind die Assistentinnen und Assistenten, die im Hintergrund mit Hochdruck und Eile alle Termine so umplanen, dass sie funktionieren oder unwichtige Termine gestrichen werden. Andere richten sich nach der Zeit der Führungsperson, nicht umgekehrt. Eine Körpersprache, die auf Hektik verzichtet, verleiht den Eindruck von Macht.

Auch in Gesprächen hilft Gelassenheit, denn sie wirkt deeskalierend. Vor allem in Konfliktgesprächen werden schnelle Gesten schnell als Bedrohung wahrgenommen. Deshalb nehmen Sie die Geschwindigkeit eines Schlagabtausches nicht nur durch verbale Techniken wie *Fragen stellen* oder *Paraphrasieren* heraus, sondern auch durch eine unbedrohliche Körpersprache. Selbst wenn Ihnen danach ist, vor Wut hektisch in der Luft herumzufuchteln, verzichten Sie darauf. Damit beruhigen Sie nicht nur Ihr Gegenüber, sondern auch sich selbst. Denn Bewegungen, die der aktuellen Emotion wie Wut und Ärger widersprechen, helfen dabei, sich aus ihr zu befreien.[3]

Doch Vorsicht: Verfallen Sie nicht in ein emotionsloses Gegenteil. Eine emotionslose Körpersprache wirkt weniger kompetent als eine leidenschaftliche. In mehreren Untersuchungen wurden Menschen, die ihre Inhalte leidenschaftlich vortrugen, positiver bewertet als diejenigen, die zu viel Ruhe ausstrahlten.[4] Zudem kann in einem Konflikt eine allzu große Gelassenheit dazu führen, dass Ihr aufgeregter und wütender Gesprächspartner sich nicht ernst genommen fühlt. Oder wie fühlen Sie sich, wenn Sie vor Wut an die Decke gehen und Ihre Partnerin Ihnen völlig regungslos gegenübersitzt? Nutzen Sie lebendige Gesten. Unterstreichen Sie mit Ihren Gesten, was Sie sagen, und verleihen Sie Ihren Inhalten damit Nachdruck. Erlauben Sie dafür Ihren Armen und Händen, sich natürlicherweise mitzubewegen. Ziehen Sie dabei Ihre Gesten nicht sofort wieder zurück. Das machen viele im Eifer des Gefechts, sie fuchteln wild mit den Händen vor sich her oder lassen ihre Hände sofort wieder energielos fallen. Das wirkt verwirrt und kraftlos. Lassen Sie stattdessen Ihre natürlichen Gesten kurz stehen, dafür reichen schon zwei Sekunden. So zeigen Sie, dass Sie zu Ihrer Geste und dem Inhalt stehen, sie wirkt präzise und Sie nehmen gleichzeitig die Hektik heraus. Trauen Sie sich außerdem, Raum einzunehmen. Bei sehr zurückhaltenden Menschen kleben die Oberarme regelrecht am Oberkörper. Wenn sie ihrer Gestik freien Lauf lassen sollen, bewegen sich lediglich ihre Unterarme. Lösen Sie Ihre Oberarme vom Oberkörper und lassen Sie dem gesamten Arm seine Bewegungsfreiheit. Sie dürfen Raum einnehmen.

Lebendig und präzise

Wollen Sie Sicherheit ausstrahlen und deeskalieren, verzichten Sie auf Hektik in Körpersprache und Gestik, die nervös und impulsiv wirkt. Sprechen Sie dennoch mit Leidenschaft und nutzen Sie Ihre Gestik. Ziehen Sie sie nicht sofort wieder zurück, sondern lassen Sie sie stehen. So wirkt sie präzise.

Das deeskalierende Dreieck – kompetent, nicht konfrontativ

Die Stimmung zwischen zwei Gesprächspartnern wird durch die Positionierung zueinander beeinflusst. Der oft gehörte Tipp, sich zugewandt in die Augen zu blicken, ist nicht immer förderlich. Wenn Tiere sich zum Kampf aufstellen, nähern sie sich gegenseitig frontal an und schauen sich direkt in die Augen. Das frontale Gegenüberstehen wird als aggressiv wahrgenommen. Auch bei uns Menschen führt eine direkte Konfrontation zu einer erhöhten Anspannung, das Thema steht zwischen uns.

Eine andere Positionierung kann da deeskalierend wirken: Wenn Sie sich nur leicht zur Seite drehen und damit den Winkel auf etwa 30 Grad öffnen – und somit leicht schräg zueinander stehen –, löst das die Spannung. Sie schauen sich nicht mehr frontal in die Augen, und das Thema steht nicht mehr zwischen Ihnen, sondern Sie blicken aus einer gemeinsamen Perspektive auf das Thema. Auch im Sitzen können Sie Ihren Oberkörper leicht zur Seite drehen. Ein schöner Nebeneffekt: Im leichten Winkel wirken zumindest die Männer unter Ihnen kompetenter als frontal.[5] Das betrifft natürlich nicht nur Sie, sondern automatisch auch Ihr männliches Gegenüber.

In entscheidenden und schwierigen Gesprächen sowie in größeren Besprechungen mit mehreren Personen sorgen Sie dafür, dass Sie der Person, die für Sie am wichtigsten ist, nicht direkt gegenübersitzen, sondern über Eck.

> Stehen oder sitzen Sie Ihrem Gesprächspartner nicht frontal gegenüber, sondern über Eck.

MIMIK: WIE SIE AUFMERKSAMKEIT UND SELBSTSICHERHEIT SIGNALISIEREN

Wer zu seinem Gegenüber eine gute Beziehung aufbauen möchte, sollte möglichst freundlich lächeln und nicken. Könnte man annehmen. Doch wer ständig lächelt, wird als weniger intelligent eingeschätzt,[6] und wer seine eigenen Inhalte sowie die des anderen ständig abnickt, als unsicher.[7] Genauso unsicher wirkt ein Verlegenheitslächeln, mit dem jemand gefallen möchte. Was als »aktives Zuhören« in der interpersonellen Kommunikation bekannt geworden ist[8], wird auf der Suche nach eindeutigen Regeln der Körpersprache und Mimik mitunter fehlinterpretiert. Denn beim aktiven Zuhören geht es nicht um oberflächliche Körpersignale wie Lächeln und Nicken, sondern darum, eine echte Verbindung zum Gegenüber aufzubauen und ihm zu signalisieren, dass Sie mit Interesse zuhören. Und genauso wichtig ist es zu zeigen: So schnell lasse ich mich von dir nicht einwickeln.

Lächeln – aber nicht ohne Grund

Beim Kommunizieren geht es um eine positive Verbindung zu Ihrem Gegenüber. Halten Sie eine Rede auf einer Beerdigung mit einem ständigen Lächeln als Begleiter, ist diese gestört. Auch der ehemalige Kanzlerkandidat Armin Laschet, der im Hochwassergebiet während einer Rede des Bundespräsidenten im Hintergrund lachte, störte damit eine positive Beziehung zu Zuhörenden und Betroffenen.

Befinden Sie sich in einer Konfliktsituation und Ihr Gesprächspartner ist wütend, kann Ihr Lächeln den Eindruck erwecken, Sie nehmen ihn nicht ernst. Stellen Sie lächelnd Zahlen, Daten, Fakten vor, entspricht das unter Umständen nicht der gebotenen Ernsthaftigkeit.

Auf der anderen Seite aber wirkt ein echtes Lächeln gewinnend und sympathisch. Was ist nun richtig? Ein Lächeln verliert dann seine positive Wirkung, sobald es nicht angemessen ist und es für andere keinen ersichtlichen Grund gibt. Das Prinzip der Angemessenheit ist ein entscheidender Ratgeber für Ihre gesamte Kommunikation. Wie Sie sich in einem Gespräch verhalten, hängt von vier Faktoren ab: Ihrer Persönlichkeit, der Persönlichkeit Ihres Gegenübers, dem Thema und der umgebenden Situation. Ist Ihr Lächeln angemessen und hat es damit einen nachvollziehbaren Grund – Sie freuen Sich über das Thema oder über Ihr Zusammentreffen –, entfaltet es seine positivste Wirkung.

Nicken – stellen Sie den Wackeldackel ab

Ähnliches gilt für das Nicken. Es gehört zu den Rezipienzsignalen, genauso wie »mmh« und »ja« zeigt es als Zuhörsignal: »Ich höre, was du sagst.« Verzichtet jemand am Telefon darauf, fragen Sie irgendwann: »Hallo, bist du noch dran?« Im direkten Gespräch ist es beim Nicken ähnlich. Sehen Sie bei Ihrem Gegenüber keine Regung, fragen Sie sich irgendwann: »Hört er mir eigentlich zu? Was er wohl von dem hält, was ich sage?« Ein Fehlen dieser Signale verunsichert und lässt den Zuhörenden undurchschaubar wirken. Das wird gerne in Bewerbungsgesprächen eingesetzt, um zu prüfen, wie souverän der Bewerber bleibt, wenn er durch fehlende Zuhörsignale irritiert wird.

Ein zu häufiges Nicken zeigt, dass Ihr Fokus offensichtlich stark auf Ihrem Gegenüber liegt. Sie tun alles dafür, damit es sich wohlfühlt. Ein Zuviel davon wirkt wenig souverän: Souveränität bedeutet, sich ernsthaft auf die Sache konzentrieren zu können, ohne dabei ständig um das Wohlwollen anderer zu buhlen. Zusätzlich kann ein ständiges Nicken als Zustimmung missverstanden werden sowie als Aufforderung für den anderen, weiterzureden. So finden sich vor allem konfliktscheue Menschen schnell in der passiven zustimmenden Zuhörerposition wieder, in der sie mit Dingen »vollgequatscht« werden, die sie eigentlich gar nicht hören wollen.

Eine souveräne Persönlichkeit legt sich bei strittigen Themen nicht zu früh fest. Sie hört erst einmal zu, bevor sie sich ein Urteil erlaubt. Zeigen Sie in Gesprächen, dass Sie erst einmal interessiert zuhören, ohne dem ein oder anderen Inhalt zu früh zuzustimmen.

Manche nicken mehr, manche weniger. Das ist in Ordnung. Erwischen Sie sich allerdings selbst dabei, dass Sie damit versuchen, dem Gesprächspartner zu gefallen und ständig ein gutes Gefühl geben zu wollen, was Sie sogar vom Inhalt ablenkt, können Sie dies ändern. Konzentrieren Sie sich weniger auf das Gegenüber und mehr auf die Sache und schieben Sie diese in den Vordergrund: »Worum genau geht es?«, »Welche Informationen liegen dazu vor?«, »Interessant, welche Sichtweisen es dazu gibt«. Verzichten Sie auf vorschnelle zustimmende Reaktionen. Versuchen Sie zu verstehen, statt zu gefallen. So wirkt auch das Nicken authentisch und gleichzeitig souverän.

Wie Sie Aufmerkamkeit und Selbstsicherheit signalisieren

1. Angemessenes Lächeln

Zeigen Sie, dass Sie sich auch ernsthaft auf die Sache konzentrieren können, und verzichten Sie auf ein konstantes Gute-Laune-Lächeln. Lächeln Sie nur dann, wenn Ihnen danach ist und wenn es der Situation, Ihrem Gegenüber und dem Thema angemessen ist. Die Faustregel lautet: Lächeln ja, aber nicht ohne Grund.

2. Gemäßigtes Nicken – stellen Sie den Wackeldackel ab

Verzichten Sie auf ein zu häufiges Abnicken der Gesprächsinhalte. Das schaffen Sie, indem Sie Ihren Fokus vom Beziehungsaspekt weg hin auf den Sachaspekt lenken. Versuchen Sie zu verstehen, statt zu gefallen.

WORTWAHL: MIT DER ICH-DIÄT ZU EINER KOMPETENTEREN WIRKUNG

Ihre Wortwahl beeinflusst, wie Sie von anderen wahrgenommen werden. Menschen mit sozial höherem Status nutzen weniger das Pronomen der ersten Person Singular, also »ich« und »mich«, als Menschen mit niedrigerem Status. Sie verwenden stattdessen öfter »du« und »wir«.[9]

Es ist also ein Unterschied, ob Sie erklären: »Ich wollte mit diesem Punkt verdeutlichen, dass …«, oder ob Sie sagen: »Dieser Punkt soll verdeutlichen, dass …« Ob Sie anmerken: »Ich habe das Projekt deshalb an die Kollegin abgegeben, weil sie …«, oder ob Sie erklären: »Der Grund ist der, dass die Kollegin …« Ob Sie beschreiben: »Ich finde X passend, um …«, oder ob Sie sagen: »X eignet sich, um …« Oder ob Sie »Ich wollte mich erkundigen, was Sie von X halten« sagen oder stattdessen direkt fragen: »Was halten Sie von X?«

Das Pronomen »ich« wird vor allem dann verwendet, wenn sich jemand entmachtet, unsicher oder ängstlich fühlt.[10] Frauen verwenden »ich« häufiger als Männer. Manche Menschen, die sich dessen bewusst sind, ersetzen deswegen das »Ich« durch ein »Wir«. Der Plural erweckt den Anschein, nicht allein zu sein, sondern ein ganzes Team hinter sich zu haben. »Wir vom Institut sind der Meinung, dass …« Das Statement wird so als machtvoller wahrgenommen.

Ein Verzicht auf das »Ich« gibt den Anschein einer Allgemeingültigkeit. Ihre Aussagen wirken dann so, als beruhten sie nicht allein auf Ihren Gedanken. Verordnen Sie sich eine Ich-Diät vor allem dann, wenn Sie mit Menschen sprechen, die den Fokus eher auf die Sache als auf den Menschen legen und die sehr kritisch sind. Sie wollen allgemeingültige Zahlen, Daten, Fakten und interessieren sich nicht, was Sie gerade denken oder wie Sie etwas finden.

Wenn Sie also nicht gerade mit jemandem über Ihre eigenen Gefühle sprechen, lohnt es sich darüber nachzudenken, ob Sie zugunsten der eigenen wahrgenommenen Kompetenz das ein oder andere »Ich« einsparen können.

Ich-Diät

Reduzieren Sie an den Stellen einer Diskussion, an denen Sie den Fokus nicht auf Ihre persönliche Sichtweise oder Ihre Gefühle lenken wollen, die Verwendung des Personalpronomens »ich«. Ersetzen Sie es durch eine direkte Aussage oder Frage, zum Beispiel:

- »Der Grund dafür war, …«
- »Was halten Sie von …?«

FREUNDLICH ODER DURCHSETZUNGSFÄHIG – EIN WIDERSPRUCH, DER KEINER IST

Zu einer überzeugenden Persönlichkeit gehört die Fähigkeit, andere zu akzeptieren, genauso wie die Fähigkeit, sich durchzusetzen. Anders ausgedrückt: Anderen Respekt erweisen und sich selbst Respekt verschaffen, Akzeptanz und der Mut zur Konfrontation gehören dazu – jedoch ohne dabei in ein Extrem zu verfallen. Beide Werte zusammen ergeben eine positive Durchsetzungskraft. Das Werte- und Entwicklungsquadrat stellt die Seiten dar, es zeigt die Tugenden Akzeptanz und Konfrontation sowie ihre negativen Ausprägungen Unterwürfigkeit und rücksichtslose Härte.

AKZEPTANZ Respekt erweisen Freundlichkeit Empathie Harmonie	**KONFRONTATION** sich Respekt verschaffen Kampfgeist Abgrenzung Uneinigkeit
UNTERWÜRFIGKEIT Konfliktscheue Selbstaufgabe Standpunktlosigkeit	**RÜCKSICHTSLOSE HÄRTE** Einschüchterung Egoismus Fanatismus/Dogmatismus

Abbildung 9: Mit Akzeptanz und Konfrontation zur positiven Durchsetzungskraft[11]

Manchmal brauchen wir eher die Akzeptanz, die uns befähigt, freundlich auf die andere Person zuzugehen, sie als Mensch und ihren Standpunkt zu respektieren, ihr zuzustimmen oder den eigenen Standpunkt gänzlich aufzugeben. Manchmal brauchen wir eher die Konfrontation, die uns befähigt, Nein zu sagen, Unverschämtheiten zu parieren, den eigenen Standpunkt glasklar zu vertreten und der anderen Person zu zeigen: »Wofür du stehst, ist falsch!« oder »Wie du mit mir redest, lasse ich nicht zu!«.

Wer das übertreibt, lebt eine rücksichtslose Härte, die nur auf den eigenen Vorteil bedacht ist, das Gegenüber und dessen Gefühle nicht in die eigenen Überlegungen mit einbezieht. Doch wem alle Methoden recht sind, um den eigenen Standpunkt durchzusetzen, kommt oft nicht ans Ziel – und wenn doch, dann ist die Beziehung belastet. Zudem verliert man durch fehlende Offenheit für die andere Seite an Glaubwürdigkeit. Man wirkt verschlossen und dogmatisch. Als ich einen praktischen Arzt einmal auf heilpraktische Methoden ansprach, reagierte er sofort verärgert und holte gleich zum Rundumschlag gegen alternative Medizin aus, die ja ohnehin nur Geldmacherei sei. Deswegen zweifelte ich an seinen Aussagen. Hätte er weniger generalistisch und aufbrausend argumentiert, dann hätte ich seinen Standpunkt ernster genommen und ihm nicht unterstellt, mit Scheuklappen unterwegs zu sein.

Wer die Akzeptanz übertreibt, lebt eine Unterwürfigkeit und ist nicht in der Lage, die eigene Meinung zu äußern. Sehr friedliebende Menschen sind so empathisch, dass sie sich schnell in der Position wiederfinden, mehr Verständnis für den anderen zu haben als für sich selbst und für die Sache, für die sie einstehen wollten: »Ist ja total verständlich, er hat ja Recht aus seiner Perspektive. Ich verstehe ihn.« Doch nur weil etwas verständlich ist, heißt das nicht, dass etwas so sein muss und dass Sie nicht für sich einstehen dürfen. Ein Zurückstecken liegt nicht nur in Empathie begründet, sondern auch in der Angst, zurückgewiesen zu werden. Alles ist besser, als abgelehnt zu werden.

Diese Konfliktscheue ist keineswegs ausschließlich friedlich, sie hat auch negative Folgen, wie zum Beispiel eine passive Aggressivität. Wer sich nicht traut, offen zu sagen, was er denkt, obwohl es innerlich brodelt, dem rutschen womöglich immer wieder kleine fiese Spitzen heraus. Zum anderen kann auch eine friedliebende Person aus dem Nichts heraus eine impulsive Gefühlsexplosion erleben, bei der alles zu Tage tritt, was bisher verschwiegen wurde. Ein kleiner Tropfen bringt das Fass zum Überlaufen, sodass sich andere wundern: »Nanu, er war doch sonst immer so ein lieber Kerl, der keiner Fliege was zuleide tut.« Genau das kann dazu führen, dass die Bombe ohne Vorwarnung platzt.

Für eine positive Durchsetzungsfähigkeit brauchen wir die beiden Werte im oberen Teil des Quadrats, die zu einer freundlichen Konfrontation verbunden werden können. Sie ist möglich und in den allermeisten Fällen auch der richtige Weg, um zu überzeugen. Eine positive Durchsetzungskraft braucht die Fähigkeit, eine kurzfristige Harmonie aufs Spiel zu setzen, um eine langfristige und echte Harmonie zu erreichen.

Mut zur Konfrontation

Menschen, die zu starker Empathie neigen und häufig anderen zuliebe ihren eigenen Standpunkt aufgeben, möchten bei Streitigkeiten gerne so wenig Ärger wie möglich auf sich ziehen. Dabei kommt ihnen die Ich-Botschaft zu Hilfe. Sie ist ein wichtiger Teil unserer Kommunikation. Sie entdeckt hinter Vorwürfen wie »Nie hilfst du mir!« das Bedürfnis dahinter: Der Satz »Ich bin hilflos und brauche Unterstützung« drückt das eigene Gefühlsleben aus. Die andere Person muss sich nicht angegriffen fühlen. Zudem kann sie der Aussage nicht widersprechen und behaupten, es stimme nicht, denn was die andere Person fühlt, fühlt sie – es ist widerspruchsfrei. Die Ich-Botschaft ist sinnvoll, um Streitigkeiten die Schärfe zu nehmen. In der Praxis wird sie mit einem konkreten Ereignis verbunden, das dieses Gefühl auslöst, etwa: »Ich bin traurig, wenn du …«, »Ich bin irritiert, weil …«. Das sind echte Ich-Botschaften.

Anders ist es bei einer verschleierten Du-Botschaft wie: »Ich fühle mich unfair behandelt.« Denn sie enthält den Vorwurf, dass der andere etwas falsch gemacht hat: nämlich unfair zu handeln. »Ich kann mit unserem Streit gerade gut umgehen, ich nehme nun mal nicht alles persönlich. Ich kann aufgrund meines Wissens über Kommunikation entspannt sein und habe es nicht mehr nötig, mich so schnell angegriffen zu fühlen« ist ebenfalls eine verschleierte Du-Botschaft durch die doppelte Hintertür. Der gesamte Satz sagt aus: »Du hast es in der Kommunikation nicht drauf, ich schon.« Solche fehlerhaften Ich-Botschaften rutschen dann heraus, wenn der Vorwurf an der Türschwelle sitzt, jedoch nicht rausdarf.

Es gibt noch zwei andere Probleme mit der Ich-Botschaft: Sie setzt eine Offenheit des Gegenübers voraus, überhaupt über Gefühle und Bedürfnisse zu sprechen. Nicht jeder Mensch ist dazu zu jeder Zeit und in jeder Situation bereit. Ihn dazu zu drängen, kann aus einer kleinen Meinungsverschiedenheit einen ausgewachsenen Konflikt machen.[12] Ein Klären ohne Einbezug von Gefühlen oder eine Verhaltensänderung, ohne die Situation anzusprechen, sind dann die besseren Alternativen.

Außerdem legt sie nahe, dass wir selbst immer einen Anteil an der Konfliktsituation tragen und uns fragen: »Was hat dieser Ärger mit mir selbst zu tun? Welches meiner Bedürfnisse ist nicht erfüllt?« Manche Menschen kommen dadurch immer wieder ins Grübeln, was sie anders machen können, um die Situation zu ändern. Sie befreien ihr Gegenüber von seiner Verantwortung. So laufen sie niemals Gefahr, sich unbeliebt zu machen. Es liegt an ihnen, sie müssen an sich selbst arbeiten.

Genau hier liegt die eigene Entwicklungschance: eine Disharmonie zu riskieren und auszuhalten. Gerade wenn Sie es mit einem aggressiv-entwertenden Stil Ihres Gegenübers zu tun haben, der die Verantwortung während eines Konflikts zu keinem Anteil bei sich selbst sieht, sondern ausschließlich bei Ihnen sucht, ist ein weiteres Suchen durch Sie selbst nach Ihren eigenen Anteilen fehl am Platz. Die Hierarchie des Gesprächs kippt zu Ihren Ungunsten, und Ihre Offenbarung von Gefühlen bietet eine weitere Angriffsfläche: »Wenn Sie das so belastet, dann sind Sie vielleicht nicht die Richtige für diese Position.«

Deshalb eignen sich Ich-Botschaften nicht immer. Zeigen Sie in solchen Fällen, dass Ihr Standpunkt oder Ihre Kritik nicht allein in Ihren persönlichen Bedürfnissen und subjektiven Empfindungen begründet ist, sondern auf sachlichen Kriterien beruht, indem Sie ohne Selbstbezug für Ihren Standpunkt einstehen und auf eine Ich-Botschaft verzichten. Seien Sie bei Bedarf auch in der Lage, Du-Botschaften zu senden, die zum Beispiel unfaire Gesprächsmethoden Ihres Gegenübers aufdecken. Mehr dazu im Kapitel *Aufdecken und weglegen.*

Weniger Schlagfertigkeit, mehr Souveränität

Schlagfertige Menschen sind unterhaltsam und beeindrucken: »Wow, sie ist wirklich niemals sprachlos und hat auf alles einen Witz parat.« Schlagfertigkeit kommt Ihnen als Persönlichkeit zugute – Sie ernten Anerkennung. Zudem zeigt es Selbstsicherheit. Doch ob Sie damit andere von bestimmten Themen überzeugen, steht auf einem anderen Blatt.

Vielleicht haben Sie es selbst schon einmal erlebt, dass der größte Schlagfertigkeitskönig, der auf alles eine Antwort hatte, Sie nicht nachhaltig überzeugen konnte. Ja, er hat es geschafft, Sie zu überrumpeln und kurzfristig zu etwas zu überreden. Mehr aber auch nicht. Echte Überzeugungsarbeit basiert nicht auf Schlagfertigkeit.

Wer immerzu schlagfertig sein will, verfällt schnell in ein durchschaubares Muster: Auf eine Frage muss sofort eine Antwort folgen, auf einen Angriff eine Rechtfertigung oder ein Gegenangriff. Diese Muster helfen Ihnen in Debatten, die Sie »gewinnen« wollen, in denen es darum geht, Zuschauende auf Ihre Seite zu ziehen. Doch in Gesprächen, in denen Sie Ihr direktes Gegenüber verstehen und mit einem bestmöglichen Ergebnis aus diesem Gespräch gehen wollen, sind diese Muster kontraproduktiv.

In Verhandlungen und Überzeugungsprozessen spielt Schlagfertigkeit eine untergeordnete Rolle. Ruhe und Besonnenheit stehen im Vordergrund, um keine vorschnellen Entscheidungen zu treffen oder Beziehungen zu belasten. Gerade in Verhandlungen ist es wichtig, sich selbst und andere nicht zu früh festzulegen und mögliche Optionen in Ruhe abzuwägen, reflexiv statt reaktiv. Es braucht Souveränität, nicht auf alles vorschnell Reaktionen zu zeigen oder mit unüberlegten Reaktionen womöglich sogar der Verhandlungsbeziehung zu schaden.

Es geht also nicht um Schlagfertigkeit, sondern um Souveränität. Je mehr Ihnen das bewusst ist, desto schlagfertiger sind Sie paradoxerweise. Denn sobald Sie aufhören, sich selbst unter Druck zu setzen, auf alles eine perfekte Antwort parat zu haben, desto freier kann Ihr Gehirn arbeiten. Sie sind in der Lage, flexibler und spontaner zu antworten. Angst – zum Beispiel sprachlos zu sein – lähmt.

Souveränität zweiter Ordnung

Was man im allgemeinen Sprachgebrauch unter Souveränität versteht, bezeichnet man in der Kommunikationspsychologie als »Souveränität erster Ordnung«. Von ihr leben viele von uns Rhetoriktrainern. Denn viele Menschen wünschen sich, nie mehr sprachlos zu sein und auf alles die perfekte Antwort zu haben. Doch es ist okay, keine Antwort zu haben.

Der Abteilungsleiter eines großen Unternehmens stellte seinen Mitarbeitenden den Prozessablauf seines letzten Projekts vor, der als Best-Practice-Beispiel für alle folgenden Großprojekte dienen sollte. Während seiner Präsentation wies ihn eine Mitarbeiterin darauf hin, dass in der Produktion andere Kriterien gelten und es hier schwer werden würde, genau diesen Ablauf anzuwenden. Der Abteilungsleiter redete sich nicht heraus oder fand fadenscheinige Erklärungen, sondern antwortete: »Das ist ein guter Einwand, denn in der Produktion gibt es spezielle Anforderungen. Haben Sie denn schon bestimmte Punkte vor Augen, bei denen es schwierig wird?« Sie diskutierten über die Kriterien, die ergänzt werden mussten, vereinbarten ein Meeting, in dem die Anpassungen noch einmal genauer besprochen werden sollten, und hatten als Ergebnis eine verbesserte Best-Practice-Vorlage.

Der Abteilungsleiter zeigte eine Souveränität zweiter Ordnung, denn ihm brach kein Zacken aus der Krone, als er zugab, dass er auf die Frage seiner Mitarbeiterin keine schnelle Lösung parat hatte. Wie sollen wir alle auf alles unter allen Umständen immer eine Antwort haben? Schnelle Antworten sind möglich, aber ob diese immer gut und richtig sind, ist eine andere Frage. Auf der Suche nach Erkenntnis und der besten Lösung ist Schnelligkeit kein guter Ratgeber. Das weiß auch Ihr Gegenüber. Deswegen gilt auch: Weniger schnelle Antworten wirken überzeugender. Nämlich deshalb, weil Sie zeigen, Sie haben sich Gedanken gemacht. Eine Souveränität zweiter Ordnung hat es nicht nötig, auf alles wie aus der Pistole geschossen zu antworten. Sie verhilft Ihnen zu mehr Selbstsicherheit; diese wiederum stärkt Ihre persönliche Überzeugungskraft.

EMOTIONSREGULATION

Was Sie denken und fühlen, wirkt sich automatisch auf Ihr Verhalten und auf Ihre Körpersprache und Stimme aus. Halten Sie Ihr Gegenüber für einen Volltrottel, strahlen Sie dies durch Körpersprache und Stimme aus. Kein Körpersprache- oder Stimmtraining wird daran etwas ändern. Wissen Sie nicht, was Sie sagen sollen, strahlen Sie diese Unsicherheit ebenfalls aus, auch wenn Sie theoretisch wissen, wie Sie sich körpersprachlich oder stimmlich verhalten sollten. Deshalb ist es wichtig, Emotionen regulieren zu können.

In Diskussionen über Themen, die uns am Herzen liegen, regen wir uns schnell so sehr auf, dass unser Herz pocht, der Puls steigt, unsere Stimme zittert, uns gute Argumente nicht mehr einfallen und wir wütend werden. Später ärgern wir uns über uns selbst, wie unsouverän wir in diesem Moment reagiert haben.

Eine hohe Emotionalität hat Auswirkungen auf unsere Glaubwürdigkeit und unsere Durchsetzungsfähigkeit. Ein bekannter Neurowissenschaftler, der regelmäßig öffentlich über die Wirkung von Medienkonsum wie Fernsehen, Smartphone und Tablets auf Kleinkinder berichtet, regte sich in einer Talkshow dermaßen über diejenigen auf, die ihren Kindern Tablets in die Hand drücken und damit eine verlangsamte Gehirnentwicklung in Kauf nehmen, dass er vor Wut beinahe vom Stuhl fiel. Mit seiner Wut sprach er diejenigen an, die sowieso seiner Meinung sind: »Endlich sagt es mal einer so klar!« Wer aber nicht seiner Meinung war, nahm ihn weniger als Experten war. Die Annahme ist: Wer so wütend ist, muss ein persönliches Problem haben und kann nicht mehr rational sein. Wer sich gemäßigter ausdrückt und emotional weniger eingebunden ist, dem werden mehr Expertentum und Rationalität zugeschrieben, selbst wenn die Inhalte ähnlich sind.

Ein wütender Verhandler ist ein schlechter Verhandler

Speziell Wut beschädigt nicht nur die Glaubwürdigkeit, sondern hat weitere negative Auswirkungen. Der ehemalige Harvard-Professor Keith Allred zeigte in seinen Studien zum »Angry Negotiator« (»wütender Verhandler«), dass Wut die Wahrscheinlichkeit erhöht, dass Diskussionen eskalieren, Parteien sich festfahren und Verhandlungsergebnisse schlechter ausfallen[13] – für alle Beteiligten. Denn Wut verzerrt zum einen die Wahrnehmung, nicht nur für die Interessen des anderen, sondern auch für die eigenen Interessen. Wir beharren auf einmal auf Standpunkten, auf denen wir in gemäßigter Emotion nie beharren würden. Zum anderen plagt den Wütenden selbst später oft das schlechte Gewissen, das zu unverhältnismäßig hohen Zugeständnissen führt, die sein vorheriges aufbrausendes Verhalten wieder ausgleichen sollen.[14] Negative Folgen hat Wut vor allem dann, wenn es nicht nur um Zeit oder Geld in Honorarverhandlungen geht, sondern um persönliche Interessen und Überzeugungen.[15]

Wut führt nur in einem ganz speziellen Fall zum Erfolg: Wenn man in Kauf nimmt, jemanden in Stress zu versetzen, und kein Interesse an einer langfristig guten Beziehung hat. Das kann beispielsweise in einmaligen Verhandlungen der Fall sein, in denen das Gegenüber durch Stress durchaus dazu verleitet wird, mehr Zugeständnisse zu machen – aus Angst, der Deal könnte sonst platzen.[16]

Wollen Sie ernst genommen werden und Menschen wirklich und nachhaltig überzeugen, ist ein schroffer Ton fehl am Platz. Eine breit angelegte, elf Jahre dauernde Paarstudie hat beispielsweise gezeigt: Je wütender und emotionaler Partner ihre Streitigkeiten austragen, desto höher ist die Trennungsquote.[17] Es ist also wichtig, dafür zu sorgen, dass sich Streitigkeiten nicht zu sehr hochschaukeln und Sie rechtzeitig die Kurve bekommen.

Neben Wut werden je nach Situation, Thema und persönlicher Betroffenheit auch andere Emotionen wie Angst oder Enttäuschung erzeugt, die uns in unserer Handlungsfähigkeit einschränken und dazu führen, dass wir als weniger souverän wahrgenommen werden.

Stress macht dumm – Amygdala Hijacking

In schwierigen Diskussionen, in denen wir uns persönlich angegriffen fühlen, weil wir uns stark mit einem Thema identifizieren oder tatsächlich persönlich angegriffen werden, werden im Gehirn dieselben Reaktionen ausgelöst wie bei einer lebensbedrohlichen Situation.[18] Wir versuchen, uns selbst und unser Selbstbild zu verteidigen. Das ist eine heftige Reaktion, die in keinem Verhältnis zur echten Situation steht, es sind nur Worte und unser Leben ist nicht in Gefahr, und dennoch brennt eine Sicherung durch. Die Amygdala, unser Angstzentrum, wird gekapert (»Amygdala Hijacking«[19]). Sie ist ein mandelförmiger kleiner Teil unseres Gehirns, einer im rechten und einer im linken Temporallappen, der blitzschnell zwischen gefährlich und nicht gefährlich unterscheidet und bei der Entscheidung »Gefahr« die Kontrolle über unser Verhalten übernimmt. Dieser unüberlegte, reflexhafte Teil unseres Gehirns entscheidet, welche und wie viele Stresshormone ausgeschüttet werden. Er löst nicht nur starke emotionale Reaktionen aus, sondern erlaubt auch ansonsten unterdrückte Verhaltensweisen. Insgesamt haben wir vier Stressreaktionen zur Verfügung:

1. **Fight:** der Kampfmodus, der auf Angriff, einen harten Ton und harte Strategien gepolt ist. Wir sind nicht in der Lage, uns freundlich zu verteidigen, sondern reagieren nach dem Gedanken: »So nicht, mein Lieber! Das tragen wir beide aus!«
2. **Flight:** der Fluchtmodus, der dazu führt, dass wir uns aus Diskussionen lieber zurückzuziehen oder den Kontakt sogar ganz vermeiden, um uns selbst vor negativen Reaktionen zu schützen. Wir ziehen den inneren Dialog oder einen Dialog mit anderen unbeteiligten Personen vor, statt direkt Stellung zu beziehen, ganz nach dem Motto: »Ich sage lieber nichts, bevor du auf mich wütend sein könntest.«
3. **Freeze:** der eingefrorene Modus oder auch Totstellreflex, der keine Reaktion erlaubt, um dem als Gefahr empfundenen Gegenüber nicht aufzufallen. Er führt dazu, dass wir quasi erstarren und resignieren: »Mach es, wie du willst, ich steh dir dabei nicht im Weg.«
4. **Fawn:** der einschmeichelnde und sich unterwerfende Modus. In diesem geben wir nach, mehr noch: Wir machen uns beliebt, um

die Wut des Gegenübers nicht auf uns zu lenken. Dieser Modus folgt dem typischen »People Pleasing«. Wir möchten es anderen recht machen: »Ich unterstütze dich, damit ich dir gefalle.« Diese Reaktion wird auch Bambi-Reflex genannt.

Insbesondere die letzte Reaktion ist weitverbreitet. Wenn Sie sich jemals dabei beobachtet haben, wie Sie kopfnickend und lächelnd vor jemandem standen, dessen Standpunkt Sie ablehnen, war das der typische Fawn-Reflex.

Alle vier Reaktionen halten uns davon ab, unseren Standpunkt freundlich zu vertreten und dabei als souverän wahrgenommen zu werden. Der ausgelöste Stress macht dumm, denn das logische Denken wird zurückgefahren. Kein Wunder, dass uns erst nach einer schwierigen Diskussion die besten Antworten einfallen. In der Situation selbst sind wir tatsächlich zu dumm.

So bekommen Sie die Kontrolle zurück

Doch wir sind unseren Emotionen und Reflexen nicht ausgeliefert. Sie können Ihre Emotionen zwar nicht kontrollieren, doch Sie können sie regulieren, indem Sie Ihre Amygdala aktiv beruhigen und impulsives Verhalten bremsen. Der Neurologe und Psychiater Viktor Emil Frankl, Begründer der Logotherapie und KZ-Überlebender, fragte sich, ob es eine geistige Freiheit gebe, sich zu verhalten, und ob jemand unter bestimmten Umständen »nicht anders kann«. Er kommt zu dem Schluss, dass der Mensch eine Wahl hat, wie er über etwas denkt, und dass vieles nicht eine Frage der automatischen Reaktion, sondern eine Frage der Entscheidung ist.[20] Der US-amerikanische Autor Stephen Covey ließ sich davon inspirieren und prägte das berühmte Zitat: »Zwischen Reiz und Reaktion liegt ein Hiatus. In diesem Hiatus liegt unsere Freiheit, weil er uns ermöglicht, uns für eine Reaktion zu entscheiden. Mit unserer Reaktion beeinflussen wir unser Wachstum und unser Glück.«[21]

FREIHEIT

REIZ ⟶ REAKTION

Abbildung 10: Die Freiheit zwischen Reiz und Reaktion

»Hiatus« meint eine Lücke, einen Freiraum. Diesen können wir sinnvoll nutzen, um unsere Reaktion zu beeinflussen. Fühlen wir uns äußerem Druck und Stress ausgesetzt, zum Beispiel durch aggressive Gesprächspartner, sind wir einem Automatismus, der uns zurückschießen, einknicken oder schlecht fühlen lässt, nicht ausgeliefert. Es ist möglich, den freien Raum zu nutzen und unsere Reaktion zu beeinflussen.

Gesprächstechniken sind eine Möglichkeit, denn sie holen aus einer Ohnmacht heraus. Mit ihnen sind wir nicht mehr machtlos und haben Optionen zur Verfügung, die zwischen Flucht und Angriff liegen. Es gibt viele weitere Möglichkeiten, die Sie dazu befähigen, Ihre automatisch ablaufenden Reaktionen positiv zu beeinflussen und Ihre Emotionen zu regulieren.

1. Rein in die Komfortzone

Chronischer Stress führt dazu, dass unsere Amygdala schneller stimuliert wird und wir häufiger die Kontrolle verlieren. Schon kleinste Reize versetzen sie dann in Alarmbereitschaft. Sie kennen das: Erleben Sie beruflich oder privat anstrengende Zeiten, dann genügt nur ein falsches Wort und Sie gehen an die Decke. Wenn Sie sich selbst dabei beobachten, dass Sie auf Kleinigkeiten gereizt reagieren, dass Sie sich aufregen, wenn nur jemand vor Ihnen langsam läuft, wenn jemand auf der Rolltreppe steht statt geht, wenn jemand im Büro vergisst anzuklopfen oder wenn der Autofahrer vor Ihnen an der grünen Ampel nicht bei Sekunde 0,1 sofort losfährt, dann fragen Sie sich in einer ruhigeren Minute einmal, wie es um Ihren Stresspegel steht.

Wir befinden uns dann im Stress, wenn mindestens ein wichtiges Bedürfnis nicht erfüllt ist. Das können physische Bedürfnisse wie Essen, Trinken und Schlaf sein und darüber hinaus die vier Bedürfnisse des Riemann-Thomann-Modells[22]: Distanz, die ihren Freiraum braucht; Nähe, die Kontakt benötigt; Dauer, die Planungssicherheit verlangt; und Wechsel, der Abwechslung braucht. Wir alle haben Bedürfnisse, die uns besonders wichtig sind, unsere persönliche Komfortzone. Unser »Heimatgebiet«, in dem wir uns wohlfühlen. Bewegen wir uns dort dauerhaft heraus, empfinden wir Stress.

Wollen Sie Ihren Stresspegel herunterfahren, fragen Sie sich: Wo ist Ihre Komfortzone, welches Bedürfnis dieser Komfortzone haben Sie in letzter Zeit vernachlässigt?

- Fehlt die Distanz, schadet es nicht, die nächste Mittagspause mal allein ohne die Kollegen zu verbringen, eine Teamarbeit abzusagen und Ihre aktuelle Aufgabe selbst zu durchdenken oder ein bis zwei Stunden am Tag für niemanden erreichbar zu sein.
- Fehlt die Nähe, tut es Ihnen vielleicht gut, mal wieder mit lieben Kollegen zusammen eine Mittagspause zu verbringen, sich abends einer Freundin anzuvertrauen oder sich bei einem Kollegen Unterstützung zu holen.
- Fehlt der Wechsel, ist es eine Überlegung wert, ein neues Projekt anzunehmen, in Ihrer Freizeit mal wieder einen Tag wegzufahren, in der Mittagspause Ihren nächsten Urlaub zu organisieren oder ein neues Hobby zu beginnen.
- Fehlt die Dauer, hilft es Ihnen, sich Planungssicherheit zu verschaffen, indem Sie die anstehenden Aufgaben priorisieren, sich einen Zeitplan schreiben oder Ritualen nachgehen wie dem obligatorischen Latte macchiato um 15 Uhr in der Kaffeeküche.

Viele kennen ihre eigene Komfortzone nicht und befinden sich deshalb unwissentlich zu oft und lange außerhalb dieser Zone. Je länger Sie sich außerhalb befinden, desto größeren Stress empfinden Sie. Der Tipp »Raus aus der Komfortzone!«, damit sich Menschen weiterentwickeln, verfehlt deshalb seinen Sinn, sobald er sich an Menschen richtet, die sich sowieso bereits die meiste Zeit außerhalb bewegen. Diese Aufforderung kommt manchmal von Menschen, die selbst ein starkes Bedürfnis nach Neuem und Abwechslung haben. Für sie ist die Abwechslung bereits ihr Heimatgebiet, es entspannt sie. An ihnen muss sich nicht jeder ein Beispiel nehmen. Wir sind alle unterschiedlich.

Lernen Sie deshalb sich selbst und Ihre persönliche Komfortzone kennen. Sie ist die Basis, aus der Sie sich immer wieder herausbewegen, um dazuzulernen und sich weiterzuentwickeln. Merken Sie, Sie sind schnell gereizt, bewegen Sie sich aktiv hinein in Ihre Komfortzone und geben Sie sich, was Sie brauchen. So bringt Sie auch ein herausforderndes Gespräch nicht mehr so schnell aus dem Gleichgewicht.

2. Emotional Labeling

Emotional Labeling bedeutet nichts anderes, als die eigenen Gefühle in Worte zu fassen. Die Kommunikationstechnik hilft Ihnen auch dann, wenn Ihre Emotion so stark wird, dass Sie Angst haben, sie könnte außer Kontrolle geraten. Sprechen Sie aus, was Sie fühlen: »Ich bin wütend/frustriert/enttäuscht/verzweifelt/genervt.« Das alleinige Benennen der Emotion senkt die Aktivität in der Amygdala und nimmt der aktuellen Emotion die Wucht.[23] Je besser Sie Ihre Emotion erkennen und je exakter Sie sie in Worte fassen, desto stärker die positive Wirkung. Zur Exaktheit gehören auch widersprüchliche Emotionen wie: »Einerseits spüre ich Mitleid und habe Verständnis für deine Situation, und andererseits bin ich auch richtig wütend, wenn ich das höre.«[24] Es ist völlig normal, dass sich in uns widersprüchliche Gedanken und Emotionen melden. Sobald Sie diese nicht mehr verdrängen, sondern sie zulassen und anerkennen, müssen sie nicht mehr versuchen, sich Bahn zu brechen, und können abklingen.

Es ist hilfreich, mit Freunden und Familie über belastende Gefühle zu sprechen, damit sie herunterkühlen, genauso wie innerhalb einer Diskussion. Klopft Ihr Herz und rast Ihr Puls, hören Sie in sich hinein, identifizieren Sie Ihr Gefühl und sprechen Sie es aus. So reduzieren Sie umgehend seine Wucht.

3. Bauch locker lassen und tief atmen

Fühlen wir uns angegriffen, begreifen wir das nicht nur mental, sondern merken dies sofort an körperlichen Symptomen. Bewertet die

Amygdala eine Information als negativ, schlägt sie Alarm und sorgt durch die Ausschüttung von Stresshormonen dafür, dass das vegetative Nervensystem auf Hochtouren läuft. Es besteht aus drei Teilen: dem sympathischen Nervensystem, das aktiviert und unsere Leistung steigert; dem parasympathischen Nervensystem, das beruhigt und für Erholung sorgt, und dem enterischen Nervensystem des Magen-Darm-Trakts, das die Verdauung steuert. Das sympathische Nervensystem ist dasjenige, das bei gefühlter Gefahr aktiv ist: Der Körper spannt sich an, unser Herzschlag und Pulsschlag steigt, wir atmen schneller und flacher, der Körper ist darauf eingestellt, zu flüchten oder zu kämpfen.

Doch wir sind diesen Reaktionen nicht ausgeliefert. Es ist möglich, das vegetative Nervensystem zu beeinflussen. Das funktioniert mithilfe der Atmung. Sobald Sie merken, Sie fühlen sich angegriffen und Ihr Körper verspannt sich, gönnen Sie sich Soforthilfe: Lassen Sie Ihren angespannten Bauch locker, sodass der Atem tief einströmen kann, und atmen Sie anschließend so lange wie möglich aus. Das Ausatmen ist es, das den beruhigenden Parasympathikus aktiviert. Achten Sie dabei darauf, den Atem durch die Nase fließen zu lassen. Denn nur die Nasenatmung steigert die Gehirnleistung.[25]

Wird das Gehirn durch eine tiefe Atmung optimal mit Sauerstoff versorgt, kann es wieder zuverlässig arbeiten. Damit sind wir nicht nur beruhigt, sondern steigern nebenbei auch die Wahrscheinlichkeit, eine sinnvolle Antwort zu geben und auf unsere guten Argumente zurückgreifen zu können. Dann müssen Sie sich später nicht ärgern, dass Ihnen in der Stresssituation selbst mal wieder keine gute Antwort eingefallen ist.

4. Was und Wer trennen durch positives Kopfkino

Die Auffassung »Wer so denkt, ist böse!« verhindert, dass wir in ein kooperatives Gespräch finden. Ganz im Gegenteil: Es zieht Mauern hoch. Die Dämonisierung des anderen ist einer der größten Fallstricke in Verhandlungen oder Diskussionen. Und doch passiert meist genau das. Regen wir uns über jemanden auf, regen wir uns nicht über sein Verhalten, sondern über den Menschen auf. Jemand *verhält* sich aus unserer Sicht nicht rücksichtslos, sondern jemand *ist* rücksichtslos. Jemand *sagt* nicht etwas Rassistisches, sondern jemand *ist* ein Rassist, jemand *tut* nicht etwas, das vielleicht toxisch ist, sondern jemand *ist* toxisch. Damit ist der Mensch selbst das personifizierte Fehlverhalten, auch wenn wir nur wenige Informationen über ihn und sein sonstiges Auftreten haben. Ein einziger Fehltritt führt dann zu einer generellen Verurteilung. Es gibt keine Unterscheidung zwischen Mensch und problematischem Verhalten.

Ein Gleichsetzen von Fehler und Mensch kommt zustande, weil wir dazu neigen, das Fehlverhalten anderer zu internalisieren. Das heißt, es wird einem mangelnden oder schlechten Charakter zugeschrieben. Verhalten wir uns jedoch selbst falsch, externalisieren wir unser Verhalten. Wir hatten unsere guten Gründe dafür, äußere Umstände haben uns dazu gezwungen. Dies ist der sogenannte »fundamentale Attributionsfehler«[26].

Im schlimmsten Fall drücken wir unserem Gegenüber vorschnell ein Etikett auf: Narzisst, alter weißer Mann, hysterische Feministin, Schlafschaf. Etiketten entmenschlichen das Gegenüber, sodass es leichter fällt, der eigenen Wut ihm gegenüber freien Lauf zu lassen. Das ist eine »Alltagsentmenschlichung«[27], die sehr häufig in Diskussionen auftritt. Sobald wir unser Gegenüber allerdings nicht mehr als Menschen sehen, verlieren wir Empathie und Respekt, wir werfen moralische Vorstellungen des sozialen Miteinanders über Bord. Die Schwelle zu Beleidigungen und überzogenen Konsequenzen ist herabgesetzt. Denn es ist leichter, gegen das personifizierte Fehlverhalten zu wettern als gegen einen Menschen, der weit mehr zu bieten hat als dieses eine Fehlverhalten. Wir sehen ihn nicht mehr als Mensch mit Gefühlen, mit anderen positiven Charaktereigenschaften oder bestimmten Gründen für sein Verhalten, sondern nur noch als Etikett und Feind, der bekämpft werden muss.

Doch ein Verhalten kann strikt verurteilt werden, während der Mensch noch als Mensch respektiert wird. Halten Sie Ihr Gegenüber für das personifizierte Böse, gehen Sie mit Verachtung ins Gespräch. In welcher Negativspirale solche Gespräche enden, wissen Sie aus eigener Erfahrung. Sehen Sie das Gute im anderen, gehen Sie mit Respekt ins Gespräch, der Ihre Wut reduziert und Ihren Einfluss erhöht.

Im berühmten Harvard-Konzept des Verhandelns gilt daher das Prinzip, den Menschen und das Thema getrennt voneinander zu behandeln.[28] Doch wie funktioniert diese Trennung in der Praxis? Das »positive Kopfkino« hilft Ihnen dabei, anderen wieder mehr Respekt entgegenzubringen und Mensch und Thema voneinander zu trennen. Es ist auf zweierlei Weise anwendbar.

Verändern Sie die Geschichte

Eine Methode ist, sich die Geschichte über die andere Person und über Sie einmal anders zu erzählen. Denn manchmal werden wir von unserem eigenen Kopfkino überrumpelt und verlieren uns in Annahmen über die andere Person, die nichts mit der Realität zu tun haben. Zum Beispiel, wenn Sie sich über eine Freundin ärgern, die sie einfach nur etwas gefragt hat: »Wie kann sie von mir erwarten, dass ich jetzt extra für sie an meinem freien Wochenende nach einer Lösung recherchiere und auch noch mein Netzwerk aktiviere und Kollegen frage? Ich habe keine Lust, immer für andere der Depp zu sein!« Erwartet Ihre Freundin das wirklich oder hat sie Sie nur um einen kurzen Rat gebeten? Und wenn es gerade nicht möglich ist, wäre das völlig in Ordnung? Welche unbestätigten Annahmen machen Sie über die andere Person? Deshalb ist die Frage: Welche Geschichte haben Sie da gerade erzählt? Und ist sie wirklich wahr?

Sie beeinflusst, wie wir uns fühlen. Wenn bei einem Fußballspiel eine Mannschaft gewinnt, gehen die Fans dieser Mannschaft überglücklich nach Hause. Die Fans der Verlierermannschaft gehen unglücklich nach Hause. Doch das Ereignis ist dasselbe. Es ist die Geschichte, die Sie sich über die Realität erzählen, die Ihre Emotionen mit formt, nicht die Realität allein.

Erzählen Sie sich die Geschichte einmal anders, als es ihr Kopfkino vorher getan hat. Fragen Sie sich in Bezug auf Ihr Gegenüber: Was könnte die positivste Unterstellung sein, die Sie ihm machen können? Vielleicht ist der Kollege, der ohne anzuklopfen in Ihr Büro hineinplatzt, nicht bewusst respektlos, sondern schätzt Sie so sehr, dass er es nicht abwarten kann, die Information mit Ihnen zu teilen. Vielleicht ist die Kollegin, die Sie in Besprechungen immer wieder unterbricht, nicht bewusst rücksichtslos, sondern impulsiv; oder sie weiß genau, wenn sie ihren Gedanken jetzt nicht ausspricht, vergisst sie ihn wieder.

Bevor Sie direkt mit Ihrer Reaktion herausplatzen, stoppen und überlegen Sie: Welche ist die positivste Erklärung, die Sie für ein Verhalten finden können? Das heißt nicht, dass Sie ab jetzt keine klärenden Gespräche mehr führen, alles mit sich machen lassen, naiv sind oder für den Fall der Fälle kein Ass im Ärmel hätten. Sondern es bedeutet, dass Sie Ihre Emotion herunterfahren, um ein Gespräch gelassener führen zu können. Ziehen Sie eine positive Erklärung zumindest in Betracht, um sich zu beruhigen. Was wir in der Kommunikation brauchen, ist eine komplementäre Spannung zwischen Vertrauen in das Gute im Menschen auf der einen Seite und einem kritischen Denken auf der anderen.

Manche Ereignisse und Verhaltensweisen lassen sich allerdings nicht schön erzählen. Nicht alles kann durch eine positive Erklärung aufgefangen werden. Finden Sie für ein Verhalten keine positive Erklärung, bedienen Sie sich der folgenden zweiten Möglichkeit.

Die bewundernswerte Eigenschaft

Unser Gehirn strebt danach, Menschen bestimmten Schubladen zuzuordnen. Wir beobachten ihr Verhalten und fragen uns: »Ist das ein guter Mensch oder ein schlechter Mensch? Mag ich ihn oder mag ich ihn nicht? Ist er gefährlich oder ungefährlich?« Diese Zuordnung nimmt dem Gehirn die Informationslast und erspart, alle Informationen einzeln abzuwägen.[29] Schubladendenken ist also menschlich und völlig normal. Sich dagegen zu wehren und niemanden jemals mehr beurteilen zu wollen, kommt dem unerreichbaren Ziel der Erleuchtung gleich. Es geht also nicht darum, ein Schubladendenken abzustellen, sondern um die Fähigkeit, Menschen aus diesen Schubladen wieder herauszuholen. Wenn Sie mit jemandem diskutieren, der unmoralisch oder böse zu sein scheint, seien Sie sich bewusst darüber, dass es in der Realität keine sauber aufgeräumten und getrennten Schubladen gibt. Jeder Mensch hat seine guten und seine schlechten Seiten. Wenn Sie gerade jemanden kennen gelernt haben, der sie verzaubert, können Sie bereits jetzt davon ausgehen, dass er mindestens eine Facette an sich hat, die Sie nicht mögen werden. Wenn Sie dagegen jemanden kennen lernen, dessen Verhalten Sie ablehnen, können Sie davon ausgehen, dass er mindestens eine andere Facette an sich hat, die Sie schätzen werden.

Einen Menschen zu idealisieren, ist nicht zielführend, denn dieses Bild kann bei näherem Hinsehen nur enttäuscht werden. Genauso falsch ist es, Menschen zu dämonisieren. Das Dämonisieren des anderen ist eine der größten Fallen, in die Menschen in Verhandlungen und schwierigen Diskussionen tappen.[30] Es hält uns davon ab, kooperativ mit der anderen Person umzugehen und gemeinsam nach Lösungen zu suchen.

Kein Mensch ist ganz richtig oder ganz falsch. Die Kunst ist, beides gleichzeitig zu sehen und anzuerkennen. Sehen Sie aktuell nur die schlechte Seite, rufen Sie sich die gute Seite aktiv ins Gedächtnis, indem Sie sich noch vor dem anstehenden Gespräch mit einer schwierigen Person fragen: »Welche Eigenschaft hat diese Person, die ich schätzen kann?« Diese Eigenschaft muss nichts mit dem aktuell strittigen Thema zu tun haben, sondern kann etwas ganz anderes sein.

Vielleicht hat der schwierige Kollege im letzten Projekt eine hervorragende Idee gehabt, auf die Sie selbst nie gekommen wären, und Sie schätzen sein Denken außerhalb vorgegebener Muster. Vielleicht ist er privat ein liebender Familienvater, der gut mit Kindern umgehen kann. Vielleicht malt Ihre laute Kollegin, die Ihnen im Büro bei ihren Telefonaten den letzten Nerv raubt, privat Bilder, deren Kunst Sie bewundern. Was ist es, was Sie an Ihrem Gegenüber schätzen? Stellen Sie sich diese Frage noch vor Ihrem Gespräch, sodass Sie dieses statt mit Wut mit Gelassenheit beginnen können.

5. Die Notbremse

Bei Konflikten landen wir oft in einer Negativspirale. Der amerikanische Psychologe Paul Ekman geht bei Auseinandersetzungen davon aus, dass wir uns im Zustand der negativen Emotion in einer »Refraktärphase« befinden. Das ist diejenige Zeitspanne während der emotionalen Hochphase, in der wir nur noch Informationen wahrnehmen, die unsere aktuelle Emotion bestätigen. Egal, was Ihr Gegenüber jetzt sagt oder tut, es ist mal wieder »typisch« und bestätigt, was Sie dachten. Denn Ziel ist es nicht zu hinterfragen, ob unsere Interpretation der Situation richtig ist, sondern Ziel ist, sie zu bestätigen.[31] Alles, was der aktuellen Emotion widerspricht, blenden wir aus. Haben Sie den Eindruck, es mit einem rechthaberischen Egoisten zu tun zu haben, interpretieren Sie alles, was er sagt und tut, so, dass diese Annahme bestätigt wird, Sie sehen sein Handeln durch den Idioten-Filter. Deshalb verschlimmert jedes weitere Wort die Situation. Und wir selbst sagen Dinge, die wir später bereuen. Die Refraktärphase kann zwischen wenigen Sekunden bis hin zu mehreren Stunden dauern, je nach Kaliber, das Ihnen entgegenschlug, und persönlicher Involviertheit.

Hier hilft vor allem eins, um die Negativspirale zu brechen: eine Pause. Warten Sie so lange, bis Sie auch positive Informationen wieder wahrnehmen können oder bewusst positiv bewerten können. Nutzen Sie in dieser Pause andere Techniken aus diesem Kapitel, wie zum Beispiel die regulierende Atmung. Viele schwierige Verhandlungen werden zwischendurch pausiert, um aus verfahrenen Situationen wieder herauszukommen.

Auch Sie können in Diskussionen oder Verhandlungen pausieren und die Notbremse ziehen. Leiten Sie sie wohlwollend ein, etwa: »Ich merke, wir kommen an diesem Punkt nicht weiter. Um zielführend zu sprechen, schlage ich eine Pause vor.« Oder seien Sie transparent: »Ich bin gerade so wütend/enttäuscht/irritiert, dass unser Gespräch in diesem Moment zu nichts führt. Lass uns besser später weitersprechen.« Solange Sie nicht in der Notaufnahme arbeiten und es ums nackte Überleben geht, gibt es wenige Situationen, in denen Sie keine Pause einlegen könnten. So brechen Sie eine Negativspirale, die zu schlimmeren Ausbrüchen führt, die eine zukünftige Beziehung belasten sowie vorschnelle Entscheidungen verhindert, die Sie später wieder zurückziehen.

Auch eine Mikropause von nur einer Minute hilft, aus einer belastenden Emotion wieder herauszufinden. Unterbrechen Sie bewusst das aktuelle Muster Ihrer Emotion, das von Ihnen verlangt, weiterzudiskutieren, sich zu rechtfertigen oder der anderen Person nun ordentlich die Meinung zu geigen, indem Sie aufstehen, das Fenster öffnen, durchatmen oder einen Kaffee einschenken. Erfahrene Verhandler nutzen Mikropausen, um Emotionen zu regulieren und eben erhaltene Informationen zu verdauen. Wir reagieren auf Informationen, die wir sehen und hören, oft sehr schnell und bewerten sie, ohne sie verarbeitet und überdacht zu haben. So wie Ihr Darm die Nahrung verdaut, muss auch Ihr Gehirn bestimmte Informationen erst einmal verarbeiten, um die Bestandteile adäquat zu bewerten. Nehmen Sie sich diese Zeit, um überlegt reagieren zu können.

6. Scheinwerferwechsel

Es gibt Sätze, die treffen uns besonders, weil sie eine Information über uns und unser Selbstbild enthalten, der wir nicht zustimmen. »Ich glaube einfach, dass alle Mütter, die ihre Kinder, noch bevor sie zwei Jahre alt sind, in eine Kita geben, nichts verstanden haben. Ich setze doch keine Kinder in die Welt, um sie dann sofort abzuschieben.« Sind Sie selbst eine Mutter oder ein Vater, die/der sein Kind früh in die Kita gegeben hat, sitzt der Stachel tief. Wir sorgen uns wohl nicht genug um das Kindeswohl, es ist uns nicht wichtig genug, wir haben nicht richtig recherchiert.

Genauso können wir auch im Büro von Aussagen getroffen werden: »Ihre Präsentation gestern war absolut unterirdisch, wie lange haben Sie zur Vorbereitung gebraucht? Fünf Minuten?« Die Fragen, die wir uns in solchen Momenten stellen, betreffen uns selbst und unsere Beziehung zur anderen Person: »Was denkt sie über mich? Hält sie mich für dumm? Glaubt sie, ich tue die Dinge leichtfertig? Denkt sie, ich habe mich nicht genügend informiert? Glaubt sie, ich sei faul? Oder glaubt sie womöglich, bei mir kann sie sich alles erlauben?« Die übergeordnete Frage lautet: »Was hält die andere Person von mir?« Fällt Ihre Antwort darauf negativ aus, ist es schwer, dies zu ignorieren. Der Reflex, sich sofort in ein gutes Licht zu rücken, sich zu erklären, zu verteidigen, notfalls mit harten Worten, steht schon in den Startlöchern.

Wenn uns etwas persönlich trifft, hilft auch nicht der gut gemeinte Ratschlag »Nimm es nicht persönlich«. Und schon gar nicht, wenn etwas tatsächlich persönlich gemeint war. Es ist nicht möglich, etwas nicht zu tun – in diesem Fall etwas nicht persönlich zu nehmen –, wenn wir dafür keinen Ersatz haben. Es ist ähnlich wie mit dem berühmten Satz: »Denke nicht an einen rosa Elefanten.« Schon denken wir daran. Sagt Ihnen aber jemand, woran Sie stattdessen denken sollen: »Denke an einen grünen Elefanten«, haben Sie einen Ersatz.

Wenn Sie etwas also nicht persönlich nehmen sollen, ist die Frage: Wie denn dann? Nehmen Sie den Scheinwerfer, der gerade auf Sie gerichtet ist, von sich selbst weg, indem Sie ihn auf die andere Person richten und darauf, was sie mit ihrer Aussage über sich selbst aussagt: Ja, sie scheint sehr wütend zu sein. Das Thema ist ihr offensichtlich wichtig. Vielleicht hat sie schon einmal schlechte Erfahrungen gemacht? Fühlt sie sich an etwas erinnert? Befürchtet sie negative Folgen? Weshalb ist sie wohl so gereizt? Ist es nur dieses Thema oder hat sie noch andere Themen, die sie aufwühlen und so wütend machen?

Sobald Sie anfangen, sich zu fragen, was in Ihrem Gegenüber wohl vorgeht, und den Schweinwerfer auf ihn richten, sind Sie nicht mehr mit sich selbst beschäftigt. Zusätzlich sehen Sie den Auslöser für die Aussage in diesem Moment eher in Ihrem Gegenüber begründet statt in Ihrem eigenen Verhalten.

Übertreiben Sie es dabei aber nicht und immunisieren Sie sich nicht gegen jegliche Kritik – und schieben Sie der anderen Person nicht grundlos ein Problem unter. (Was das bedeutet, haben Sie bei der Technik *Aufdecken und Weglegen: Psychologisierung – Das Problem sind Sie!* kennen gelernt.) Nutzen Sie die Fokusverschiebung lediglich dazu, Verständnis für die andere Person zu entwickeln, und dazu, Ihre eigenen Emotionen zu regulieren.

Eine andere Art des Scheinwerferwechsels ist die Frage nach dem Sachinhalt der Aussage Ihres Gegenübers. Auf welchen Informationen beruht sein aktuelles Urteil? Welche konkreten Punkte sind aus seiner Sicht schwierig? Wie müsste es idealerweise sein und warum?

Gibt es zum Beispiel Unternehmensrichtlinien, nach denen eine Präsentation aufgebaut werden soll? Gibt es ein anderes Best-Practice-Beispiel? Was sind Dos and Don'ts einer Präsentation? Vielleicht kann diese Präsentation der Anlass sein, eine Vorlage zu bauen und Kriterien zu entwerfen. Sobald Sie damit beschäftigt sind, Informationen zu sammeln und herauszufinden, was genau Ihr Gegenüber stört, sind Sie nicht mehr mit sich selbst beschäftigt. Sie klären mögliche Missverständnisse, finden heraus, wem welche Informationen vorliegen, und

Ihnen wird klar, was für Ihr Gegenüber in diesem Fall »logisch« ist, wenn es Sie auffordert, mal logisch zu denken.

7. Öfter mal mit Kotzbrocken sprechen

Die Versuchung, Menschen zu meiden, mit denen wir in wichtigen Themen nicht übereinstimmen, ist groß. Es ist anstrengend, es wäre viel leichter, kritische Themen ganz auszusparen oder sogar den Kontakt zu Andersdenkenden gänzlich abzubrechen. Dieses Denken stammt häufig aus einer falsch verstandenen Selbstliebe heraus: »Ich tue mir Gutes und dazu gehört auch, mich nicht mit schlechten Menschen und Energien zu umgeben.« Ein ursprünglich positives Ziel verkommt zu einer Egozentrik mit Gedanken, die ausschließlich um uns selbst und unser Wohlbefinden kreisen. Doch wenn wir nie mit Menschen sprechen, die Dinge sagen, die uns aufregen und unserer Sichtweise widersprechen, verlieren wir die Fähigkeit, für unseren Standpunkt einzustehen. Genauso wie wir keine Resilienz ausbilden können, wenn wir nie schwierige Situationen meistern müssen.

Deshalb verlassen Sie öfter einmal den gemütlichen Stuhlkreis, in dem alle einer Meinung sind, treten Sie hinaus und wagen Sie Gespräche mit Menschen, die die Dinge anders sehen als Sie. Sprechen Sie öfter mal mit Kotzbrocken. Erst mit kleinen, dann mit großen. Sie müssen keinen Urlaub zusammen verbringen, sondern nur ein Gespräch führen. Sehen Sie es als Übung. Das nimmt den Druck, sofort Erfolg haben zu müssen. Probieren Sie sich aus. Übung macht den Meister.

8. Notfallgedanke

»Es ist ja okay, wenn man homo ist – von mir aus –, aber es ist einfach nicht natürlich. Ich will es einfach nicht auf offener Straße sehen!« Es gibt Situationen, die sprachlos machen. Der Standpunkt des anderen ist nicht nachvollziehbar oder die Art und Weise, wie er diesen vertritt. Wütet Ihr Gegenüber vor sich hin und können Sie seine Gedanken nicht nachvollziehen, rettet Sie der folgende Notfallgedanke: »Das ist die beste Reaktion, die diese Person gerade zur Verfügung hat.«

Sie kann einfach nicht anders. Gerade wenn es um Werte geht, sind Menschen stur und verbohrt. Können Sie nicht fassen, wie jemand so denken kann, rufen Sie sich in Erinnerung, dass die andere Person glaubt, im Namen des Guten zu handeln. Sie glaubt, es müsste so sein, sie ist so aufgewachsen und geprägt, und sie glaubt, dass ihre Werte ihren Standpunkt rechtfertigen. Deshalb ist sie kein böser Mensch. Vielleicht ist sie auch innerlich gerade so erschüttert, sodass sie nur diese eine Reaktion zur Verfügung hat. Wie gesagt, es ist ihre beste Reaktion.

Deshalb kann diese dennoch absolut falsch sein. Doch der Gedanke hilft, sich davon emotional zu distanzieren.

Wenn Sie diesen Gedanken übertreiben und vorschnell anwenden, hindert er Sie daran, die andere Person ernst zu nehmen, und führt zu einer Überheblichkeit. Denn die andere Person scheint ein Problem zu haben, an ihren Inhalten ist nichts dran. So könnten Sie bei jeder Meinung, die Ihnen nicht gefällt, denken: »Na ja, das ist eben ihre beste Reaktion, sie weiß es nun mal nicht besser.«

Nutzen Sie diesen Notfallgedanken deshalb nur, um Ihre Emotionen zu regulieren, und nicht, um sich generell davor zu drücken, andere Meinungen zuzulassen.

ONLINE-KOMMUNIKATION UND IHRE BESONDEREN HERAUSFORDERUNGEN

Online eskalieren Diskussionen schneller, und der Ton ist schroffer. Warum das so ist, ist wichtig zu verstehen, um damit umgehen zu können. Wenn Sie die Dynamik hinter einer schriftlichen Kommunikation durchschauen, ist es möglich, sie zu durchbrechen und aus einem fiesen Troll in der Kommentarspalte einen harmlosen Gesprächspartner zu machen. Selbst wenn das nicht gelingt, gibt es verschiedene Möglichkeiten, damit umzugehen und gelassen auf dieses Phänomen zu blicken.

WARUM DIE DISTANZ WÄCHST, JE MEHR WIR REDEN

In der schriftlichen Online-Kommunikation empören sich Menschen schneller und neigen stärker zu respektlosem Verhalten. Das passiert aus mehreren Gründen.

Zum einen werden schriftliche Kommentare anders wahrgenommen als das gesprochene Wort. Die Sinneskanäle sind reduziert, Sie hören weder die Stimme, noch nehmen Sie die Körpersprache Ihres Gegenübers wahr, mit der es deutlich macht, was wie gemeint ist. Dadurch entstehen schneller inhaltliche und emotionale Missverständnisse. Lesende tendieren dazu, die Lücke der Sinneswahrnehmung mit negativen Interpretationen zu füllen.[1] Die Wahrscheinlichkeit, dass sich vor allem fremde Menschen in einem schriftlichen Austausch nicht verstehen, ist deshalb deutlich höher als in einem direkten Gespräch.

Hinzu kommt, dass wir auch online eher den Informationen glauben, die unsere Meinung bestätigen. Dort ist dieser Bestätigungseffekt verstärkt, denn für jede denkbare Position, für jede Art von Überzeugung gibt es im Netz Zuspruch und Belege, und wir erhalten Empfehlungen zu weiteren thematisch verwandten Inhalten. Zusätzlich finden wir auf Social-Media-Plattformen schnell Verbündete, mit denen wir uns für ein gemeinsames Ziel einsetzen können. Bekommen wir Rückendeckung, sorgt das Gruppenzugehörigkeitsgefühl dafür, dass wir uns verbal Andersdenkenden gegenüber mehr erlauben, als wir es ohne tun würden. Und die mitlesende Masse sorgt dafür, dass es schwieriger wird, seine eigene Meinung zu revidieren. Haben wir sie einmal öffentlich geäußert, ist es nicht mehr so leicht, sie wieder zurückzuziehen, ohne sein Gesicht zu verlieren. Auch führt die Anonymität im Web zum Verlust von Hemmungen. Online trauen wir uns, Dinge zu sagen, die wir uns im direkten Gespräch nicht herausnehmen würden.

Zusätzlich werden emotionale Inhalte häufiger angeklickt. Ein wütendes »Die Bahn: unpünktlich und chaotisch!«[2] sorgt für mehr Klicks als eine nüchterne Aufklärung über die Sachlage und eine Suche nach Lösungen. Online ist es Trend, etwas gemeinsam dramatisch zu finden.

All diese Faktoren sorgen dafür, dass wir – obwohl wir mehr miteinander kommunizieren – uns nicht besser verstehen. Online kann ein Kontakt zu anderen Gruppen, die sich nicht kooperativ verhalten, eine Lagerbildung sogar noch verstärken. Die Annahme, man müsse nur aus seiner Filterblase herauskommen und allein der Kontakt untereinander führe zu einem besseren Miteinander, ist daher falsch. Kontakt braucht ein kooperatives Umfeld und gemeinsame Ziele, um Vorbehalte abbauen zu können.[3] Die Lösung ist deshalb nicht, mehr miteinander zu kommunizieren, sondern besser miteinander zu reden und vor allem online bestimmte Punkte zu beherzigen.

Sparen Sie sich das Drama – Input reduzieren

In einer repräsentativen Studie von November 2022 gaben 64 Prozent der Befragten an, das soziale Miteinander aktuell als schlecht zu empfinden. Unter den Jüngeren, die häufiger Online-Plattformen nutzen, waren es sogar 73 Prozent.[4] Die Social-Media-Nutzung scheint einen Einfluss darauf zu haben, wie wir die Welt sehen. Je häufiger man sich dort aufhält, desto eher entsteht der Eindruck, auch in der echten Welt von Extremen und Unverschämtheiten umgeben zu sein. Doch Social Media ist kein Abbild der Realität. Es zeichnet ein verzerrtes Bild, das Empörung und Lagerbildung belohnt und gemäßigte Stimmen ausbremst. Das beeinflusst laut Chris Bail, Professor für Soziologie und öffentliche Politik, unser Menschenbild und begünstigt im realen Leben Misstrauen gegenüber den anderen »auf der anderen Seite«[5].

Zusätzlich deutet die Forschung darauf hin, dass wir mit jedem intensiven Gefühl, mit dem wir online konfrontiert sind, einer »emotionalen Ansteckung«[6] unterliegen. Sehen wir fröhliche Inhalte, fühlen wir uns fröhlicher. Sehen wir traurige Inhalte, fühlen wir uns trauriger. Werden wir mit Stress, Angst und schrecklichen Ereignissen konfrontiert, erleiden wir diese Gefühle zum Teil selbst. Einige Probanden zeigten sogar selbst Anzeichen einer posttraumatischen Belastungsstörung, nachdem sie online mit traumatischen Inhalten konfrontiert wurden.[7]

Um emotionale Belastungen und Wahrnehmungsverzerrungen zu vermeiden, setzen Sie sich nicht ständig den Dramen aus, die sich Sekunde für Sekunde im Internet und vor allem auf Social-Media-Plattformen abspielen. Reduzieren Sie am besten den Input und damit die Dramaaufnahme.

Auf Facebook, Instagram, TikTok und Co. sehen wir sie immer wieder: die dramatischen Kalendersprüche wie »Die Wahrheit ist, wenn du ein zu gutes Herz hast, dann hilfst du zu viel, du gibst zu viel, du liebst zu viel und du vertraust zu sehr«, »Lass dir ein gutes Herz nicht von schlechten Menschen verderben«, »Komisch ist, dass, wenn man sich nicht mehr respektlos behandeln lässt, die Leute anfangen, einen als schwierig zu bezeichnen«, »Innerer Frieden beginnt in dem Moment, in dem du entscheidest, schlechten Menschen nicht mehr die Macht über deine Gefühle zu geben«.

Sprüche, die aus einer Enttäuschung oder sogar Verbitterung heraus entstanden sind und sich auf verschiedensten Seiten verbreiten. Durch die Emotion während ihrer Entstehung zahlen sie auf ein Menschenbild ein, das davon ausgeht, selbst zu gut für diese Welt zu sein und sich vor anderen mit harten Grenzen schützen zu müssen. Doch wenn Sie nicht beginnen, Ihre Grenzen rücksichtslos zu ziehen, sondern freundlich und respektvoll, werden es eher wenige sein, die sich darüber negativ wundern. Verzichten Sie auf den zu hohen Konsum von Beiträgen, die aus Enttäuschung heraus entstanden sind. Dann nehmen Sie die Welt und Ihre Mitmenschen auch weniger dramatisch und rücksichtslos wahr.

Sie bestimmen, worauf Sie sich einlassen – sachliches Liegenlassen

Lassen Sie sich nicht auf jede Provokation oder subtile Beleidigung ein. Sie müssen nicht jede Unverschämtheit widerlegen und damit womöglich einen Streit auf einer zweiten Ebene provozieren. Sind Sie in der Lage, Spannungen auszuhalten, ohne sie anzusprechen, und Provokationen auch mal liegen zu lassen, kommen Diskussionen schnell wieder zu einer inhaltlichen Ebene zurück. »Pick your battles« (»Du bestimmst deine Kämpfe«) ist eine Weisheit, die viel Kraft und Energie spart und zusätzlich deeskaliert.

Seit die Wissenschaftsjournalistin Mai Thi Nguyen-Kim YouTube-Videos zu Corona-Viren veröffentlichte, bekam sie es besonders häufig mit persönlich diffamierenden Kommentaren zu tun. Unter einem Video, in dem es um Corona-Viren und deren Verbreitung mittels Aerosolen ging, auch dieser: »Das stimmt nicht. Wenn die Luftfeuchtigkeit niedriger ist, lösen sich Aerosole besser auf. Hat mit den Dampfdrücken zu tun. Bitte noch mal Grundlagenfächer wälzen Mai, danke.« Dass Mai als erfahrene Wissenschaftlerin nun erst einmal ihre Grundlagenfächer wälzen soll, ist ein persönlicher Angriff, der ärgern kann. Doch wer sofort darauf anspringt, riskiert, dass sich die andere Person in einen unangenehmen Verteidigungsmodus begibt. Wir alle kennen diese Diskussionen, die sich im Kreis drehen. Das Team um Mai hat die Provokation liegen lassen und ausschließlich auf die Sache geantwortet: »Sie lösen sich nicht auf, weil sie nicht aus reinem Wasser bestehen, sondern gelöste Stoffe enthalten (z. B. Virus). Sie schrumpfen schnell auf eine Gleichgewichtsgröße. Je trockener die Luft, desto kleiner ist sie. Kleinere Partikel bleiben länger in der Luft, größere sinken schneller zu Boden. Daher hat man bei niedrigerer Luftfeuchtigkeit eine höhere Belastung mit Viren aus Aerosolen; siehe zum Beispiel https://pubmed.ncbi.nlm.nih.gov/21731764/.« Die Reaktion: »Danke.« Kein Streit, keine weitere Diskussion.

Natürlich müssen Sie nicht immer jede Unverschämtheit auf sich sitzen lassen. Aber es lohnt sich nicht, bei jedem Kommentar gleich in den Kampfmodus überzugehen. Wer grundsätzlich in der Lage dazu ist, Auseinandersetzungen nicht weiter zu befeuern, kommt schneller zu einer sachlichen Diskussion zurück und lebt auch entspannter. Also: Pick your battles!

Ein bisschen Naivität schadet nicht – betonte Freundlichkeit

Um bei Online-Diskussionen Missverständnisse zu vermeiden und unnötigen Eskalationen aus dem Weg zu gehen, sind zwei Dinge wichtig. Bevor Sie jemandem antworten, fragen Sie sich selbst: Welche ist die positivste Unterstellung, die Sie der anderen Person machen können? Selbst wenn Ihr Gegenüber es nicht so nett meinte, wie Sie dies nun unterstellen, verhilft Ihnen eine positive Unterstellung zu einer gelassenen und positiven Reaktion. Dadurch beeinflussen Sie das Gespräch in eine positive Richtung. Ein bisschen Naivität schadet der Kommunikation nicht. Und fragen Sie sich auch: Was könnte die negativste Unterstellung sein, die Ihnen der andere machen könnte? Überprüfen Sie danach Ihre Antwort und ändern Sie sie entsprechend. Merken Sie bei der Überprüfung Ihres Kommentars, dass er immer noch negativ aufgefasst werden könnte, fügen Sie freundliche Smileys hinzu. Auch wenn viele sich dagegen wehren, sind sie auf Social Media doch eine gute Möglichkeit, um Ihre positive Emotion zu zeigen. Besonders online macht so eine betonte Freundlichkeit deutlich: Auch wenn wir in der Sache unterschiedlicher Meinung sind, schätze ich dich als Mensch.

2020 postete die Schauspielerin Mariella Ahrens auf Instagram ein Foto am Strand. Sie war offensichtlich während der Pandemie verreist, was besonders einen Mitleser wütend stimmte: »Schön, dass es Corona gibt. Man müsste prominent sein.« Die Schauspielerin reagierte auf den Vorwurf: »Es tut einfach so gut, shooten zu können – würdest du Nein sagen, wenn's die Möglichkeit gibt? Ich darf monatelang nicht arbeiten, und das tut mal ganz gut.« Diese Erklärung stimmte den Kommentator nicht gelassener, sondern er bekräftigte zunächst seinen Vorwurf: »In dieser Situation würde ich Nein sagen. Ich müsste Nein sagen, denn ich habe eine pflegebedürftige Mutter, die ich pflege. Selbst wenn ich nicht jemanden pflegen müsste, würde ich es nicht machen (Vorbildfunktion). Tja, so ist es, wenn man prominent ist.« Die Schauspielerin reagierte nicht auf den Vorwurf, sondern stellte die falsche Annahme über Prominente richtig und zeigte ihm zusätzlich Wertschätzung: »Promis führen nicht unbedingt ein anderes Leben. Aber das versteh ich – toll, dass du da verantwortungsvoll bist und dich so kümmerst! 😘😘« Der Follower nahm seinem Vorwurf daraufhin die Schärfe und zeigte zusätzlich ebenfalls Wertschätzung: »Ich wollte Sie nicht kritisieren, dass und vor allem, wo Sie arbeiten. Das steht mir einfach nicht zu. Ich habe nur das ›Fingerspitzengefühl‹ vermisst. Im Übrigen finde ich, dass Sie eine tolle Schauspielerin und eine tolle Frau sind. Ich wünsche Ihnen und Ihrer Familie alles Gute und vor allem vieeeel Gesundheit. Das ist doch das Wichtigste 🌹🌹😂✌️😂🌹🌹.« Die Schauspielerin: »Daaaaaanke 😘😘😘.« Er: »🌹🌹👋👋🌹🌹.«

Wenn Sie auf Anschuldigungen freundlich reagieren und sie richtigstellen, ist die Wahrscheinlichkeit höher, dass anderen ihre erste Bemerkung leidtut. So auch bei der Teilnehmerin einer Quizshow, die online Gegenwind bekam: »Ich weiß nicht, aber mich nervt sie. Geschmäcker sind halt verschieden …« Sie antwortete: »Und das ist absolut in Ordnung so :) Hatte bisschen Bammel vor negativen Kommentaren, aber du hast Recht: man muss nicht jeden mögen. Hoffe, du schaltest trotzdem ein.« Ihr Entgegenkommen und ihre emotionale Offenbarung führten auch bei ihm zu Entgegenkommen: »Natürlich schalte ich ein, und ich drück dir sogar ein bisschen die Daumen, auch wenn es nicht live ist :D Aber Wahnsinn, wie gelassen du vor der Kamera bist, könnte ich nicht.«

Reagiert jemand freundlich, fällt dem Kritisierenden eher auf, dass seine negative Annahme über diese Person nicht stimmt.

Der Smiley lacht mich doch aus!

Achten Sie beim Einsatz von Smileys darauf, dass sie in ihrer Emotion deckungsgleich mit Ihrer Aussage sind. Ein lachender Smiley, der im Widerspruch zu Ihren Worten steht, provoziert. Zum Beispiel: »Ich finde das einfach komplett falsch 😊.« Es deckt sich nicht mit der Aussage, und Inkongruenz erzeugt Unklarheit und Misstrauen. Ein lachender Smiley hinter einem gegenteiligen Standpunkt wirkt deshalb schnell überheblich. Genauso wie ein Zwinkersmiley hinter einem Ratschlag: »Vielleicht das nächste Mal besser planen 😉.« Auch das wirkt überheblich. Nicht umsonst wird der Zwinkersmiley auch »der Soziopath unter den Smileys«[8] genannt. So wird ein schriftlicher Austausch mit begleitenden Lach-Smileys schnell zum passiv-aggressiven Schlachtfeld.

Grundsätzlich ist Ironie – ob mit oder ohne Smiley – in der Online-Welt im Umgang mit Fremden eine schlechte Idee. Da ist die Gefahr, dass diese nicht verstanden wird, noch höher.

Das Leben geht weiter – kritisches Ignorieren

Wer online Hassrede sieht, sollte eingreifen – könnte man meinen. Doch Anastasia Kozyreva, Wissenschaftlerin am Max-Planck-Institut für Bildungsforschung, rät zum Gegenteil, zum »kritischen Ignorieren«[9]. Das bedeutet auf Online-Beiträge und Informationen bezogen, diese noch vor dem Lesen zu überprüfen: Wer hat sie verfasst? Hat die verfassende Person ein bestimmtes Interesse, oder ist sie neutral? Ist die Quelle nicht vertrauenswürdig, soll man den Beitrag ignorieren. In Bezug auf Hassrede heißt das: »Don't feed the trolls.« Die Trolle nicht zu füttern bedeutet, nicht auf Kommentare zu antworten, die offensichtlich ausschließlich beleidigen oder provozieren sollen und gar nicht an einer sachlichen Diskussion interessiert sind. Je mehr Menschen auf diese Kommentare reagieren, desto mehr Aufmerksamkeit und Reichweite bekommen die Trollkommentare. Und das ist genau das, was die Verfasser erreichen wollen. Andere Experten auf diesem Gebiet raten dazu, gleichzeitig die positiven Kommentare zu verstärken und auf sie zu reagieren.

Verstärken Sie also Positives und ignorieren Sie die Kommentare von Menschen, die nicht auf das sachliche Liegenlassen oder die betonte Freundlichkeit reagieren. Und seien Sie sich bewusst: Man kann etwas nicht gut finden und dennoch oder sogar gerade deshalb sein Leben weiterleben und einfach weiterklicken. Schwierige Diskussionen lassen sich besser offline ohne Zuschauer unter vier Augen und persönlich führen. Online ist es oft besser, darauf zu verzichten.

DIE POSITIVEN SEITEN DER ONLINE-KOMMUNIKATION

Der Diskurs im Web sei verroht, hören wir häufig. Die Versuchung liegt nahe, allein das Internet und »Leute von heute« dafür verantwortlich zu machen. Doch wenn ich mich 25 Jahre zurückerinnere, dann sehe ich meine Mutter, die während einer *Wetten, dass..?*-Sendung am Telefon stand und am liebsten mit dem Intendanten des ZDF gesprochen hätte, um sich über die unmöglichen Bemerkungen der Gäste zu beschweren. Einmal war sie sogar schon mit dem Finger an der grünen Wählscheibe.

Aufregung, die früher hinter verschlossenen Türen stattfand, findet heute öffentlich und online statt, und dazu auch noch sehr schnell und unmittelbar. Menschen sind noch intensiv in ihrer Wut, während sie schon in die Tasten hacken. Die Gruppendynamik sorgt dafür, dass sie schnell Anhänger finden. Früher waren sie auch wütend. Doch es dauerte länger, bis sie telefonisch jemanden erreicht oder einen Leserbrief geschrieben haben. Bis die Briefmarke aufgeklebt war, hatte sich die Ratio wieder eingeschaltet. Was heute in Echtzeit auf Twitter an negativen Kommentaren zu lesen ist, fand früher hinter verschlossenen Türen statt. Heute kann jeder alles zu jeder Zeit ins Internet setzen, aber das heißt nicht, dass die Gedanken früher nicht die gleichen gewesen sein mögen.

Das Positive an öffentlichen Äußerungen ist, dass sich nicht mehr jeder alles erlauben kann. Fehlverhalten fliegt auf, illegale Maskendeals, die Folgen der E-Zigaretten, Inkompetenzen von führenden Personen in Wirtschaft und Politik, schlechte journalistische Recherchen. YouTuber reagieren auf aktuelle gesellschaftliche und politische Entwicklungen, decken durch eigene journalistische Recherchen Fehlinformationen auf und stellen ein wichtiges Korrektiv dar.

Zusätzlich kann ein lautes Drama auch wichtig sein, um einem Anliegen Gehör zu verschaffen, das bisher von der Mehrheit nicht gesehen wurde. Online ist das möglich. Auch wenn »die schreiende Minderheit« unangenehm ist, bringt sie die Gesellschaft voran. Das war übrigens auch früher schon so: Der Historiker und Vordenker der modernen Demokratie Alexis de Tocqueville sprach vor über 180 Jahren von der »Tyrannei der Mehrheit«. Die Mehrheit hat bis Ende des 19. Jahrhunderts die Todesstrafe akzeptiert, die Mehrheit hat die Sklaverei akzeptiert, die Mehrheit akzeptiert heute immer noch die Massentierhaltung. Ist das richtig? Tocqueville sagte: »Die Minderheit war schon immer auf die Gnade der Mehrheit angewiesen.«[10] Online besteht die Möglichkeit für Menschen mit neuen Ideen und Idealen, sich lautstark für etwas einzusetzen. Nicht jeder, der laut ist, hat Recht. Aber auch nicht jeder, der laut ist, hat Unrecht.

Laut und trotzdem respektvoll

Auch wenn Menschen sich online lautstark für etwas einsetzen, widerspricht das nicht den Gesetzen einer guten Kommunikation in der Kommentarspalte. Es ist möglich, konsequent für eine Sache einzustehen und anderer Meinung zu sein, ohne den Menschen selbst zu diffamieren. Auch online können Sache und Mensch getrennt werden.

Nicht jeder, der sich falsch verhalten hat, ist als Mensch zu verabscheuen. Auf der einen Seite gibt es noch immer »Fuckup Nights«, bei denen Menschen für ihre Fehler gefeiert werden, weil sie danach wieder aufgestanden sind. Und auf der anderen Seite findet online das genaue Gegenteil statt: dass Menschen sich nach einem Fehlverhalten kaum noch zurück in die Öffentlichkeit trauen können, weil ein Verzeihen unmöglich erscheint.

Auch wenn wir uns laut gegen Ungerechtigkeiten wehren, ist es möglich, eine positive Online-Diskussionskultur zu leben. Dabei helfen die drei wichtigsten Online-Kompetenzen, die Gespräche deeskalieren:

- freundlich sein, auch wenn es die andere Person nicht ist;
- Emotionsregulation, die es ermöglicht, nicht auf alles sofort zu reagieren;
- den Menschen respektieren, auch wenn wir seine Meinung ablehnen.

Beachten Sie diese Punkte, ist eine Diskussion auch online möglich. Doch das Eskalationspotenzial ist online so hoch, dass Sie immer ein Auge dafür haben sollten, wann das Gespräch auf eine negative Sackgasse zusteuert. Steigen Sie im Zweifel auf private Sprachnachrichten, ein Telefonat oder ein persönliches Treffen um. Ist das nicht möglich, verabschieden Sie sich freundlich aus dem Gespräch.

DIE MACHT DER KOOPERATIVEN KOMMUNIKATION

Vor allem online lesen Sie oft Ratschläge wie: »Grenze dich ab von schwierigen Menschen«, »Verabschiede dich von Energievampiren« oder »Wenn dich jemand nicht respektiert, ziehe Grenzen«. Sie sind gut gemeint und enthalten einen sinnvollen Kern. Es ist wichtig, sich nicht unnötig von Menschen belasten zu lassen, die nicht am Glück anderer interessiert sind und die sie nicht respektieren. Doch wer unter »Respektlosigkeit« versteht, dass andere nicht nach den eigenen Maßstäben und Werten leben, und unter »Grenzen setzen« versteht, sofort den Kontakt abzubrechen oder dem anderen »übers Maul« zu fahren, trägt dazu bei, dass wir verlernen, miteinander zu diskutieren.

Ich beobachte in sozialen Netzwerken sowie im realen Leben immer wieder, dass derartige Sprüche genutzt werden, um das eigene Handeln nicht überdenken und sich nicht mit anderen Meinungen auseinandersetzen zu müssen. Das Leben im eigenen Stuhlkreis mit Menschen, die alles genauso sehen wie man selbst, ist zu schön, um daraus auszubrechen. Der Wunsch, sich nur noch mit Gleichgesinnten zu umgeben, ist groß. Das Leben ist schwer genug.

Warum also mit Menschen diskutieren, die es einem schwer machen? Wer nie mit Menschen spricht, die andere Meinungen und andere Werte vertreten, verliert wichtige Gesprächskompetenzen. Die brauchen wir allerdings, um gemeinsame Lösungen zu finden, um Verträge zu schließen, um in Teams zusammenzuarbeiten, um unsere privaten und beruflichen Beziehungen zu schützen und um unsere Geschäftspartnerinnen und Kunden zu überzeugen. Und wer sich gegen Kritik abschottet, entwickelt sich nicht weiter, hört auf, sich selbst und seine Entscheidungen zu reflektieren, oder rennt in die falsche Richtung, ohne es zu merken.

Menschen mit anderen Meinungen zu unterstellen, sie wüssten weniger vom Leben, sie seien »noch nicht so weit«, sie hätten falsche Glaubenssätze, sie seien respektlos, sie als »Hater«, »Jammerer« oder »Energievampire« abzustempeln, trennt uns voneinander. Das erlaubt uns nicht mehr, miteinander zu diskutieren und zu streiten, wenn wir unterschiedliche Ansichten haben. Winston Churchill wird die Aussage zugeschrieben: »Wenn zwei Menschen immer die gleichen Ansichten haben, ist einer davon überflüssig.« Unterschiedliche Ansichten bringen uns voran. Durch eine respektvolle, wertschätzende Diskussion haben wir die Chance, uns weiterzuentwickeln.

Sehen Sie Online-Sprüche, die darauf abzielen, Grenzen zu ziehen, nicht als uneingeschränkte Ratschläge, die immer gelten, wenn Ihnen Menschen auf die Nerven fallen. Geben Sie bei Meinungsverschiedenheiten nicht zu schnell auf. Erkennen Sie Ihren Einfluss, den Sie haben, und nutzen Sie ihn. Oft ist mehr möglich, als die meisten glauben. Nämlich dann, wenn wir kooperativ sind: Hören Sie anderen zu, und setzen Sie anderen etwas entgegen. Immer in dem Wissen, dass Sie manche Aussagen auch ablehnen und gleichzeitig anderen Wahrheiten zustimmen können, dass Sie der kompletten Haltung eines Menschen widersprechen und trotzdem gleichzeitig mit ihm im Gespräch bleiben können.

Selbst wenn Sie es nicht sofort schaffen zu überzeugen, haben Sie deutlich gemacht, dass es auch für Ihren Standpunkt sehr gute Gründe gibt. Überzeugen bedeutet manchmal, Zweifel zu sähen. Die wirken nicht über Nacht, sondern erst mit der Zeit.

EXKURS: WIE EIN SCHWARZER MUSIKER HUNDERTE RASSISTEN BEKEHRTE

Wenn von kooperativen Techniken die Rede ist, kann sich schnell der Gedanke einschleichen: »Bei richtig schweren Kalibern kommt man damit nicht durch. Da muss man hart bleiben!« Doch das Gegenteil ist der Fall. Gerade bei Menschen mit extremen Positionen kann man erst Einfluss ausüben, wenn man eine Beziehung aufgebaut hat. Außerdem meint kooperativ nicht »weich«. Auch kooperative Techniken sind direkt, zeigen Unterschiede auf, lehnen Ansichten ab und setzen Grenzen. Es bedeutet lediglich, mit dem Gegenüber im Gespräch zu bleiben und nach einer gemeinsamen Lösung zu suchen, ohne zu beleidigen.

Wie gut das funktioniert, zeigt das Beispiel des Musikers und Journalisten Daryl Davis, der es bis heute durch Gespräche immer wieder schafft, Mitglieder des rassistischen Ku-Klux-Klans zum Umdenken zu bewegen.[11] Im Alltag haben wir es zum Glück mit viel harmloseren Fällen zu tun, und dennoch denken wir häufig, da sei Hopfen und Malz verloren – viel zu früh. Doch wenn man mit kooperativen Techniken sogar Extremisten überzeugen kann, dann funktioniert einiges davon auch bei harmloseren Fällen im Büro, in Besprechungen und Diskussionen zu Hause.

Daryl Davis ist ein Schwarzer US-amerikanischer R&B- und Blues-Pianist. Er spielte bereits mit Prominenten wie Jerry Lee Lewis, Chuck Berry, B. B. King oder auch Bill Clinton. Und er überzeugte bis heute über 200 Mitglieder des Ku-Klux-Klans, aus dem rassistischen Geheimbund auszusteigen. Das schaffte er allein durch Gespräche.

Die fanatischen Mitglieder bekämpfen Schwarze, Juden und deren Freunde. Sie stellen vor ihren Häusern brennende Warnkreuze auf und sind bekannt dafür, ihre Drohungen in die Tat umzusetzen. Sie verüben Anschläge oder ermorden Menschen auf offener Straße und sind tief davon überzeugt, für das Gute zu kämpfen: den Schutz der eigenen weißen Rasse. Immer wieder werden Klan-Mitglieder wegen Mordes verurteilt. Sobald sie frei sind, schließen sie sich wieder ihrer Gruppierung an, um für die Rassentrennung zu kämpfen und den Rassenkrieg vorzubereiten.

Dass Daryl Davis einen solch großen Einfluss auf Mitglieder des Klans ausüben konnte und ihr Weltbild erschüttert hat, liegt an seiner Herangehensweise, die sich grundlegend von der der meisten von uns unterscheidet. Sie geht auf ein Erlebnis in seiner Kindheit zurück. Mit zehn Jahren lief er als Pfadfinder mit einer amerikanischen Flagge in der Hand auf einer Parade mit und wurde dabei von fremden Weißen auf der Straße mit Flaschen und Steinen beworfen. Die erste Erklärung, die der kleine Daryl dafür hatte, war: »Da gibt es wohl einige, die Pfadfinder nicht mögen.« Doch er wunderte sich gleichzeitig, warum nur er beworfen wurde und die anderen nicht. Wieder zu Hause angekommen, wurde er von seinen Eltern über Rassismus aufgeklärt. Er konnte es nicht fassen und stellte sich eine Frage: »Wie können die mich hassen, obwohl die mich gar nicht kennen?« Seine Mutter wusste darauf keine Antwort, genauso wenig wie irgendjemand anders. Als Daryl erwachsen wird, hat er ein Ziel: Er will eine Antwort! Das ist bereits ein entscheidender Unterschied zu den meisten Überzeugungsversuchen anderer.

> **Daryl will nicht überzeugen, Daryl will verstehen. Sein Ziel ist es herauszufinden, woran der Klan glaubt und warum. (»Recherchebrille«)**

Eines Abends, im Jahr 1983, gibt Daryl in der Silver Dollar Lounge in Maryland ein Konzert mit seiner Band. Einer der Gäste kommt in der Pause zu ihm, um ihm seine Bewunderung auszusprechen. Im weiteren Gespräch stellt sich heraus, dass dieser Gast Mitglied des Ku-Klux-Klans ist. Er lädt Daryl auf ein Getränk ein, und sie unterhalten sich über Musik. Daryl sieht seine große Chance, endlich eine Antwort zu bekommen, und fragt den Mann nach dem Kontakt des obersten Anführers des Klans in Maryland, Roger Kelly. Der Gast gibt den Kontakt zwar heraus, aber nur unter der Voraussetzung, dass Daryl auf keinen Fall preisgeben darf, woher er diesen hat, und warnt ihn: »Triff dich auf keinen Fall mit Kelly. Er wird dich töten.«

Doch der Wunsch in Daryl, endlich eine Antwort zu bekommen, überwiegt. Also weist er seine Sekretärin Mary an, einen Termin mit Roger Kelly zu vereinbaren – unter dem Vorwand, dass er ein Buch über den Klan schreiben wolle. Sie solle verschweigen, dass er Schwarzer sei. Wenn der Klan-Chef fragt, solle sie die Wahrheit sagen, doch sie solle dafür sorgen, dass er nicht fragt, damit das Treffen stattfindet.

Er verschweigt die Unterschiede. (»Positiver Filter«)

Kelly sagt zu. An einem Samstagnachmittag bereiten Daryl und seine Sekretärin das Zimmer im Motel direkt über der Silver Dollar Lounge für das Interview vor, und Mary stellt eisgekühlte Getränke für seinen Gast bereit. Es klopft. Mary öffnet die Tür. Der »Knighthawk«, der Bodyguard – in Militärkleidung und mit einer Waffe ausgestattet –, und Kelly kommen herein und bleiben sofort stehen, als sie sehen, dass Daryl Schwarzer ist. Davis steht auf, kehrt die Handflächen nach außen, um zu zeigen, dass er unbewaffnet ist, und reicht ihm danach die Hand: »Hi, mein Name ist Daryl Davis.« Überrumpelt reichen die beiden auch ihm ihre Hand.

**Daryl ist gastfreundlich und offen.
(»Ohne Beziehung keine Überzeugung«)**

Daryl und Kelly setzen sich, und der Bodyguard behält stehenderweise die Situation im Auge. Ein erstes Machtspiel beginnt: Kelly möchte, dass Daryl sich ausweist. Als der ihm seinen Führerschein zeigt, stellt Kelly fest: »Wow, Sie leben in einer schönen Gegend, in Silver Spring.« In diesem Moment wird Daryl schlagartig klar, dass er sich durch die Preisgabe seiner Adresse in Gefahr gebracht hat. Er behält seine Angst für sich und antwortet: »Ja, das stimmt, dort wohne ich. Und Sie leben in …« Er nennt Kellys komplette Anschrift mit Hausnummer, die er vorher recherchiert hat.

Daryl bleibt auf Augenhöhe, indem er seine Gefühle zurückhält und den Ball zurückspielt. (»Deeskalieren mit pragmatischer Gelassenheit«)

Mit seiner Antwort, die ebenfalls als Drohung interpretiert werden kann, zeigt er Mut zur Konfrontation. (»Mut zur Konfrontation«)

Daryl scheint für Kelly ein ernst zu nehmender Gesprächspartner zu sein. Das Interview beginnt. Und Daryl Davis stellt Fragen, sinngemäß etwa: »Wer hat Ihnen erzählt, dass Schwarze weniger wert sind als Weiße? Wann haben Sie zum ersten Mal davon gehört? Wo steht es geschrieben? Welche Erfahrungen haben Sie mit Schwarzen gemacht?« Durch diese Art der Fragestellung ist Kelly bereit zu reden. Er wird nach seiner Meinung gefragt, die er bereitwillig äußert.

Daryl zeigt Interesse und fragt neugierig nach. (»Konkretisierende Fragen«)

Die beiden reden über viele weitere Themen und erzählen von sich selbst. Dabei entdecken sie einige Gemeinsamkeiten. Nach dem Gespräch sagt Daryl zu seiner Sekretärin über Kelly so etwas wie: »Ich mag ihn. Wir wollen beide die Drogen von der Straße bekommen, wir wollen beide die Bildungschancen für Jugendliche verbessern. Wir haben viele Gemeinsamkeiten. Eigentlich trennt uns nur der Rassismus. Sonst nichts.«

Er erkennt die Gemeinsamkeiten. (»Positiver Filter«)

Kelly erlebt im Gespräch eine verständnisvolle Atmosphäre, und das, obwohl er selbst wenig zurückgibt. Er macht immer wieder deutlich, dass Daryl ihm nicht ebenbürtig sei. Doch jedes Mal, wenn er die Rassentrennung begründet mit: »Aber Mr. Davis, in der Bibel steht …«, holt Davis die Bibel heraus, gibt sie Kelly und bittet ihn darum, ihm die Stelle zu zeigen. Ein Faktencheck an Ort und Stelle, auf der Wertegrundlage von Kelly.

Daryl akzeptiert die Wertegrundlage des Gegenübers. (»Inhaltliches Werte-Framing«)

Immer wenn Daryl nach der Bibel oder nach einer neuen Kassette für das Aufnahmegerät greift, legt der Bodyguard seine Waffe an und verharrt so lange in einsatzbereiter Pose, bis es Entwarnung gibt. Auf einmal gibt es einen Knall! Panik bricht aus. Daryl springt auf. »Kelly wird dich töten«, schießt es Daryl wieder in den Kopf. Die Tür ist zu weit weg. Bis er dorthin flüchten kann, ist er tot. Also bleibt nur die Flucht nach vorn. Er blickt Kelly in die Augen. Dieser schaut erstarrt zurück und springt ebenfalls auf. Hinter ihm hält sein Bodyguard erneut seine Waffe im Anschlag und blickt zwischen Daryl und Kelly hin und her, auf der Suche nach der Bedrohung. Alle stehen da in höchster Alarmbereitschaft.

Die Sekretärin erkennt als Erste, woher der Knall kommt. Das viele Eis im großen Kübel für die Wasserflaschen hat angefangen zu schmelzen und zu knacken. Die nach unten rutschenden Flaschen sorgen in dem Moment erneut für ein lautes Knacken. Mary zeigt auf den Eiskübel, alle folgen ihrem Blick und fangen an zu lachen. Die Spannung löst sich.

> **Daryl und sein Gesprächspartner können über sich selbst lachen. (»Humor ist, wenn man trotzdem redet«)**

Nach dem Gespräch sagt Daryl zu seiner Sekretärin: »Weißt du was? Ich mag ihn irgendwie. Ich mag zwar seine Ansichten nicht, aber ich mag ihn als Person.«

> **Daryl trennt Person und Problem. Er lehnt die Haltung ab, während er den Menschen gleichzeitig schätzt. (»Emotionsregulation: Was und Wer trennen durch positives Kopfkino«)**

Daryl entscheidet sich, mit Kelly weiter Kontakt zu halten. Einige Wochen später ruft er ihn an und lädt ihn zu sich nach Hause ein. Der folgt der Einladung. Ihre Themen sind vielfältig, und sie lernen sich als Menschen besser kennen. Die Treffen häufen sich. Kelly bringt zwar jedes Mal seinen Bodyguard mit, und er lädt Daryl auch nicht in sein eigenes Haus ein, doch er kommt zu ihm oder zu den vereinbarten Treffpunkten. Daryl lädt seine Freunde zu den Treffen ein: Weiße, Schwarze und Juden. Er möchte, dass Kelly so viele unterschiedliche Menschen wie möglich kennen lernt, damit sie ihm nicht mehr fremd sind. Sie verbringen Zeit zu Hause, aber auch in Bars, wo Kelly und seine Freunde zu den Pianoabenden von Daryl und seiner Band eingeladen sind.

Sie treffen sich häufiger, entdecken weitere Gemeinsamkeiten und lernen sich mehr und mehr zu schätzen. (»Offenheit zeigen«)

Die Zweifel an seiner eigenen Überzeugung werden in Kelly gesät und über die kommenden Jahre immer weiter gefüttert. Denn Kelly merkt, dass Daryl seinem Klischeedenken über Schwarze widerspricht: Daryl hat keine kriminelle Vergangenheit, genauso wenig wie seine ganze Familie. Niemand von ihnen hat jemals staatliche Hilfen bekommen, und Daryl sowie seine Eltern haben College-Abschlüsse – im Gegensatz zu Kelly, der gerade so einen Highschool-Abschluss erlangt hat. In Gesprächen bemerkt Daryl oft seinen Wissensvorsprung: »Ich wusste, dass ich in meinem kleinen Finger mehr Bildung habe als Kelly und sein ganzer Klan zusammen.« Doch das lässt er ihn nicht spüren. Er erzählt von sich, seinem Leben, seiner Familie und dem, was er über die amerikanische Geschichte weiß.

Daryl erklärt Zusammenhänge ohne Überheblichkeit. (»Gemeinsamkeiten erkennen und nutzen: Auf Überheblichkeiten verzichten«)

Der Fernsehsender CNN bekommt etwas von der ungewöhnlichen Freundschaft mit und beginnt, über die Geschichte zu berichten. Interviews und Gespräche werden aufgezeichnet – wie auch ein Gespräch in einem Café mit einem weiteren Anhänger des Klans. Der glaubt, dass Elvis Presley Rock als Weißer erfunden hat. Daryl klärt ihn auf, dass das nicht stimmt und dass es Schwarze waren. Die Reaktion seines Gegenübers: »Das ist unwichtig. Wenn Musik gut ist, dann ist sie gut. Dann ist es doch egal, wer sie erfunden hat, oder?« Daryl stellt klar: »Na ja, es ist insofern wichtig, als dass die richtigen Credits den richtigen Leuten gegeben werden. Du versuchst hier gerade, den weißen Vorfahren dieses Landes Credits zu geben. Welchen Unterschied macht das? Ich bin jetzt hier. Ben Franklin sitzt hier nicht, Abraham Lincoln sitzt hier nicht. Ich gebe einen Scheiß auf Abraham Lincoln und Ben Franklin.« Daryl hält seine leeren offenen Handflächen beschwichtigend vor sich und relativiert: »Ich sage nur, so wie du es sagst – dann macht es doch keinen Unterschied, oder?« Mit diesem Vergleich deckt er den Widerspruch auf: Manchmal scheint es wichtig zu sein, wer etwas erfunden hat, nämlich dann, wenn es Weiße waren, und manchmal nicht – dann, wenn es Schwarze waren. Er macht es so charmant, dass ihm sein Gesprächspartner nicht böse ist.

Daryl deckt Widersprüche mit Vergleichen auf. (»Vergleiche«)

Jedoch kann er auch sehr deutlich werden, wie er das in einem Interview mit einem führenden Mitglied des Klans, Tom Robb, tut: »Der einzige Mann, der in diesem Land einen Nationalfeiertag hat [Anm.: Christoph Kolumbus], war nicht einmal Amerikaner, er war ein Vergewaltiger, und er war ein Mörder. Er hat nichts entdeckt, auch wenn er behauptet, er hätte es entdeckt. Andere waren bereits vorher hier.« Tom entgegnet brüskiert: »Lassen Sie mich Ihnen etwas sagen. Wenn Sie dabei sind, an der Geschichte von Christoph Kolumbus zu zweifeln …« – »Oh ja, das tue ich.« – »Okay, dann bin ich an keinem Interview mit Ihnen interessiert.« – »Aber sagen Sie mir, warum.« – »Sie wissen doch auch, warum. Sie sind antiweiß.« – »Nein, ich bin nicht antiweiß. Aber ich stelle heraus …« – »Doch, das sind Sie.« – »Nein, das bin ich nicht. Wie kommen Sie darauf, dass ich antiweiß sein soll, Tom?«

Daryl konfrontiert sein Gegenüber mit Fakten, die es nicht hören will. Er riskiert dessen Wut. (»Mut zur Konfrontation«) Auch wenn andere das Gespräch beenden wollen, hält Daryl das Gespräch durch weitere Fragen am Laufen. (»Recherchebrille«)

Tom Robb erklärt: »Weiße haben dieses Land gebaut mit den weißen Architekten dieses Landes. Sie wollen ihre Nachbarschaft bewahren, ihre ethische Identität, mit allem, was sie als ein Volk identifiziert.« Daryl fasst Toms Perspektive zusammen: »Das heißt, Ihrer Meinung nach würden Sie sagen, dass Sie beschmutzt werden, wenn Sie schwarzes Blut in sich hätten oder Ihre Tochter oder wenn Ihre Familienmitglieder schwarzes Blut in sich haben würden.« – »Ich würde es wahrscheinlich eine weitere Aushöhlung und einen weiteren Schritt zum weißen Genozid nennen.«

Daryl fasst die Perspektive des anderen immer wieder zusammen, unabhängig davon, wie verletzend sie für ihn ist. (»Paraphrasieren«)

Daryl bleibt in diesem und in allen anderen Gesprächen wie ein Fels in der Brandung sitzen, lässt sich kaum seine innere Erschütterung anmerken, selbst als er von einem Rassisten aufgefordert wird, dankbar für das amerikanische Sozialsystem zu sein und nicht in Ruanda oder Kenia zu leben, wo es ihm deutlich schlechter gehen würde.

Daryl zeigt weder Abneigung noch Zuneigung. Er lässt sein Gegenüber ausreden, egal, wie erschütternd die Aussagen sind. (»Emotionsregulation« und »Mimik: Wie Sie Aufmerksamkeit signalisieren«)

Wenn Daryl sich sicher ist, dass die Klan-Mitglieder inhaltlich falschliegen und es keine Belege für ihre Aussagen gibt, gibt er ihnen immer wieder den Auftrag, möglichst viele Argumente für ihre Sicht der Dinge zu finden und nach Informationen zu suchen, die ihre Haltung bestätigen. Das tut er unter dem Vorwand, sie besser verstehen zu wollen. Er weiß aber, dass sie keine oder nur unzureichende Belege finden werden, sodass sie dadurch selbst dafür sorgen, an ihrer eigenen Haltung zu zweifeln.[12]

Daryl nutzt mit konkretisierenden Fragen den »Effekt der ungelesenen Bibliothek« und bringt die Mitglieder mit Fragen an ihre Wissensgrenzen. Damit streut er Zweifel. (»Konkretisierende Fragen«)

Als zwei Klan-Mitglieder in Virginia wegen Mordes vor Gericht stehen, protestiert eine aufgebrachte Menschenmenge gegen den Klan. Daryl Davis sucht das Gespräch mit dem lokalen »Imperial Wizard« und macht das Gegenteil: »Wir beide teilen Geschichte. Meine ist ein Teil eurer und eure ist ein Teil meiner, oder? Und wir sollten die des jeweils anderen kennen, oder nicht?« – »Ja klar, natürlich. Du hast absolut Recht.« Daryl fragt: »Und wie überzeugen *wir* jetzt *die anderen* davon, damit die sagen: Okay, wir können unser ganzes Leben lang streiten oder wir entwickeln uns einen Schritt weiter?« Daryl will mit dem Wizard zusammen ihren Ruf verbessern.

Durch seine Wir-Sprache und das gemeinsame Ziel betont Daryl die Zugehörigkeit zur gleichen Gruppe. (»Lagerdenken überwinden: In-Group-Bias«)

Während eines Drehs mit CNN erklärt Klan-Chef Kelly dem Journalisten, wie wichtig die Rassentrennung sei. Doch er sagt auch: »Ich werde diesem Mann [Daryl] zur Hölle und zurück folgen. Weil ich an das glaube, für was er steht. Und er glaubt an das, wofür ich stehe. Wir sind uns nicht in allem einig. Aber er respektiert mich, er setzt sich hin und hört mir zu. Und ich respektiere ihn, setze mich hin und höre ihm zu.«

Daryl ist es immer wichtig, sich mit den Mitgliedern zu treffen: »Weil sie mein echtes Ich nicht per E-Mail oder Facebook kennen lernen können.«

Daryl möchte nicht schriftlich kommunizieren, sondern trifft sich immer zum direkten Gespräch. (»Online-Kommunikation«)

All die positiven Informationen über Daryl als Mensch und seine inhaltlichen Informationen über die amerikanische Geschichte lassen die kognitive Dissonanz in Kelly wachsen – die Lücke zwischen Überzeugung und Realität: »Er ist gebildet, aber: Er ist Schwarz«, »Er ist sympathisch, aber: Er ist Schwarz«, »Er ist anständig, aber: Er ist Schwarz«. Widersprüche und Zweifel, von denen Kelly selbst später berichtet.

Die Treffen vertiefen sich über die Jahre, und eine Freundschaft entsteht. In dieser klärt Daryl immer wieder über Fehlannahmen über die amerikanische Geschichte auf.

Daryl bleibt hartnäckig. (»Kaputte Schallplatte«)

Daryl Davis hat Geduld. Nach Jahren der Freundschaft schafft Kelly es kaum, seine Überzeugung aufrechtzuerhalten. Die Zweifel, die sich über die Jahre entwickelt haben, sind zu stark. Seine Überzeugung wird jahrelang konsequent widerlegt. Es kommt der Tag, an dem er – ohne dass Daryl ihn jemals darum gebeten hatte – tatsächlich seine Robe abnimmt. Die anderen beiden Anführer des Ku-Klux-Klans in Maryland und zwei Dutzend weitere Mitglieder tun das Gleiche. Der Klan mit etwa 200 Mitgliedern löst sich auf. Eine tiefe Freundschaft ist entstanden. Daryl ist heute der Patenonkel von Kellys Tochter.

Ein persönlicher Hinweis ist mir an dieser Stelle sehr wichtig: Die Geschichte von Daryl Davis zeigt, wie weit wir mit kooperativer Gesprächsführung kommen. Doch ist sie keinesfalls eine Aufforderung dazu, auf einen lauten und notwendigen Aufschrei gegen offenen und versteckten Rassismus mitten unter uns zu verzichten. Im Gegenteil, ein lauter Aufschrei ist gleichzeitig notwendig.

PLÄDOYER FÜR EINE POSITIVE GESPRÄCHSKULTUR

Wenn man mancher Diskussion zuhört, könnte man glauben: Menschen meinen, mehr bei anderen zu erreichen, wenn sie sie als dumm hinstellen und moralisch auf sie herabblicken. Doch das Gegenteil ist der Fall. Je mehr wir uns moralisch erheben, uns unterschiedlichen Lagern zuordnen, andere dämonisieren und sie überheblich belehren, desto geringer wird unsere Chance, die andere Person zu erreichen.

Haben wir einmal die bewusste Entscheidung getroffen, dass wir die andere Person nicht herabwürdigen, sondern sie überzeugen wollen, ist es möglich, aus den üblichen Mustern auszubrechen und aufzuhören, uns in einer harten Gegenargumentation zu verlieren, ohne überhaupt die andere Seite verstanden zu haben.

Eine positive Gesprächskultur ist kein Nice-to-have und etwas, das wir nur dann anwenden, wenn alle sowieso gleicher Meinung sind, sondern etwas grundlegend Notwendiges, um Menschen zum Umdenken zu bewegen. Sobald wir auf Augenhöhe miteinander sprechen und die Werte anderer respektieren, verwandelt sich ein sturer Esel schnell in ein feinfühliges Langohr, dem unser Anliegen auch nicht egal ist und das sich sehr wohl bewegen lässt. Und vielleicht war es unser eigenes Verhalten, das ihn erst so stur gemacht hat.

Wer behauptet: »Das ist Nonsens, und alle, die ich kenne, sehen das genauso«, der kann sich sicher sein, dass er sich in einer Meinungsblase befindet. Ein gleichgesinnter Stuhlkreis ist ein untrügliches Zeichen dafür. Sind Sie in der Diskussion offen für die Haltung anderer, entwickeln Sie sich nicht nur selbst weiter, sondern können andere Sichtweisen in Ihre eigene Argumentation einbauen. Oder Sie stellen sogar fest, dass die Argumente des anderen gar nicht so dumm sind, wie Sie zunächst dachten. Offen zu sein bedeutet, nicht um jeden Preis überzeugen zu wollen, sondern stattdessen damit zu beginnen, die eigene Perspektive zu erweitern und gemeinsam die beste Lösung zu finden. Die sieht vielleicht ganz anders aus als die, die Sie sich zuvor überlegt hatten. Ein kooperatives Gespräch fängt dort an, wo Rechthaben aufhört. Damit vermeiden wir, selbst zum sturen Esel zu werden. Denn was, wenn wir selbst auf dem Holzweg sind?

Der Nebeneffekt: Je weniger Sie den Eindruck erwecken, unbedingt überzeugen zu wollen, desto größer auch die Chance, *dass* Sie überzeugen.

Sie verfügen nun über genügend Gesprächstechniken, die den Raum zwischen Angriff und Rückzug nutzen und Ihnen fast immer einen vernünftigen Austausch mit anderen ermöglichen, dass wir miteinander reden. Sie müssen dafür nicht viel Zeit aufwenden oder sich mit schwierigen Gesprächen quälen, sondern lediglich die eine oder andere Diskussion zulassen, um etwas zu bewirken. Reden Sie miteinander – gerade dann, wenn Sie unterschiedlicher Meinung sind. Die kooperative Durchsetzungskraft hilft Ihnen dabei. Manchmal liegt der Schlüssel zu einem erfolgreichen Gespräch darin, nicht zu schnell aufzugeben.

ANMERKUNGEN

Einführung

1 Harvard Law School, Program on Negotiation: https://www.pon.harvard.edu/tag/conflict-negotiation/

2 Der Bias Blind Spot beschreibt das Phänomen, dass kognitive Verzerrungen eher anderen Menschen zugeschrieben werden als sich selbst. Sich selbst sieht der Mensch eher als rational und frei von kognitiven Urteilsfehlern: Pronin, E. (2007). Perception and misperception of bias in human judgment. Trends in Cognitive Sciences, 11(1), 37–43. https://doi.org/10.1016/j.tics.2006.11.001.

3 So der Sprachwissenschaftler Prof. Dr. Hartwig Eckert in einem Gespräch mit der Autorin.

4 Leising, D. (2011). The consistency bias in judgments of one's own interpersonal behavior: Two possible sources. *Journal of Individual Differences, 32*(3), 137–143. https://doi.org/10.1027/1614-0001/a000046

5 J. Edward Russo, Anne-Sophie Chaxel (2017). Cognitive Consistency Theories. *Oxford Bibilographies.* https://doi.org/10.1093/obo/9780199828340-0195

6 Ebert, Vince (2022). Lichtblick statt Blackout. Hörbuch, Kapitel 37. HERBERT Management. Originalquelle: Pinker, Steven (2018). Aufklärung jetzt: Für Vernunft, Wissenschaft, Humanismus und Fortschritt. Eine Verteidigung. S. Fischer, Frankfurt a. M.

Teil 1: 28 kooperative Techniken

1 Dieses Zitat hat keinen eindeutigen Urheber. Das Original wird dem Psychologen Abraham Maslow zugeschrieben: »Ich glaube, es ist verlockend, wenn das einzige Werkzeug, das man hat, ein Hammer ist, alles zu behandeln, als ob es ein Nagel wäre«, Abraham H. Maslow: The Psychology of Science: A Reconnaissance, S. 15

2 Der Begriff Konflikt wird unterschiedlich definiert. Hier ist die Definition eines Konflikts nach Friedrich Glasl auf den Eskalationsstufen 1 und 2 gemeint. Er beschreibt die Eskalation auf insgesamt 9 Stufen. Stufe 1 (Verhärtung) führt zu Spannungen und enthält verbale Ausrutscher (»Das ist doch Quatsch!«). Auf Stufe 2 (Polarisation und Debatte) sind dies keine Ausrutscher mehr, sondern bewusst gesetzte Tiefschläge, denn hier geht es nicht mehr um eine gemeinsame Lösung, sondern darum, wer Recht hat und gewinnt. Aus: Friedrich Glasl (2020). Konfliktmanagement: Ein Handbuch für Führung, Beratung und Mediation. Haupt Verlag, Bern.
3 Brehm, Jack W. (1966). Theory of psychological reactance. New York, Academic Press
4 PON staff (2023). How to deal with Threats: 4 Negotiation Tips for Managing Conflict at the Bargaining Table. Program on Negotiation, https://www.pon.harvard.edu/daily/conflict-resolution/how-to-deal-with-threats/
Tyler, Tom R. (2010), Social Justice. Outcome and Procedure. https://doi.org/10.1080/002075900399411
5 Regan, D. T. (1971). Effects of a favor and liking on compliance. *Journal of Experimental Social Psychology*, 7(6), 627–639
6 Fernbach, Philip u.a. (2013). Political Extremism Is Supported by an Illusion of Understanding, Psychological Science. 24 (6) https://www.researchgate.net/publication/236339575_Political_Extremism_Is_Supported_by_an_Illusion_of_Understanding
7 Boghassian, Peter, Lindsay, James (2020). Die Kunst, schwierige Gespräche zu meistern. München, riva, Seite 178
Lieberman, M. D., Eisenberger, N. I., Crockett, M. J., Tom, S. M., Pfeifer, J. H., & Way, B. M. (2007). Putting Feelings Into Words. Psychological Science, 18(5), 421–428. https://doi.org/10.1111/j.1467-9280.2007.01916.x
8 Noesner, Gary (2018). Stalling for Time: My Life as an FBI Hostage Negotiator, Random House
9 Torre, Jared, Liebermann, Mathew (2018). Putting feelings into words: Affect Labeling as Implicit Emotion Regulation. https://www.scn.ucla.edu/pdf/Torre(2018)ER.pdf
10 Wood Brooks, Alison (2020). Verhandeln mit Gefühl Harvard Business Manager, Hamburg
11 Heiland, Regine (2018): Weil Worte wirken. Wie Arzt-Patienten-Kommunikation gelingt. Kohlhammer, Stuttgart
12 Itzchakov, G., Kluger, A. N., & Castro, D. R. (2017). I Am Aware of My Inconsistencies but Can Tolerate Them: The Effect of High Quality Listening on Speakers' Attitude Ambivalence. Personality and Social Psychology Bulletin, 43(1), 105–120. https://doi.org/10.1177/0146167216675339
Itzchakov, G., DeMarree, K. G., Kluger, A. N., & Turjeman-Levi, Y. (2018). The listener sets the tone: High-quality listening increases attitude clarity and behavior-intention consequences. Personality and Social Psychology Bulletin, 44(5), 762–778. https://doi.org/10.1177/0146167217747874

13 o.A. (2005). Gewußt wie: Tips für mehr Trinkgeld. *FAZ*, 17.4.2005.
Lynn, M., & McCall, M. (2009). Techniques for Increasing Servers' Tips: How Generalizable Are They? Cornell Hospitality Quarterly, 50(2), 198–208. https://doi.org/10.1177/1938965509334221

14 Thompson, Jeff (2013). Active Listening Techniques of Hostage & Crisis Negotiators. Techniques to help prevent and settle conflicts. Psychology Today.
Royce, Terry (2005). The Negotiator and the Bomber: Analyzing the Critical Role of Active Listening in Crisis Negotiations. Negotiation Journal 21(1): 5–27

15 Dennet, Daniel C. (2014). Intuition Pumps and Other Tools for Thinking, New York, London, W. W. Norton & Company

16 Schranner, Matthias (2001). Verhandeln im Grenzbereich: Strategien und Taktiken für schwierige Fälle. Econ, Berlin

17 Tversky, Amos, Kahneman, Daniel (1974). Judgment under Uncertainty: Heuristics and Biases. In: Science. Band 185, Nr. 4157, ISSN 0036-8075, S. 1124–1131, doi:10.1126/science.185.4157.1124

18 Todd, A. R., Bodenhausen, G. V., Richeson, J. A., & Galinsky, A. D. (2011). Perspective taking combats automatic expressions of racial bias. *Journal of Personality and Social Psychology*, *100*(6), 1027–1042. https://doi.org/10.1037/a0022308

19 Kang, Esther; Lakshmanan, Arun (2018). Narcissism and Self – versus Recipient-Oriented Imagery in Charitable Giving, Personality and Social Psychology Bulletin 44. (8). https://www.researchgate.net/publication/324362063_Narcissism_and_Self-_Versus_Recipient-Oriented_Imagery_in_Charitable_Giving

20 Saarinen A., Jääskeläinen I. P., Harjunen V., Keltikangas-Järvinen L., Jasinskaja-Lahti I., Ravaja N. Neural basis of in-group bias and prejudices: A systematic meta-analysis. Neurosci Biobehav Rev. 2021 Dec; 131:1214–1227. doi:10.1016/j.neubiorev.2021.10.027. Epub 2021 Oct 29. PMID: 34715150

21 Wohl, M. J. A.; Branscombe, N. R. (2005). Forgiveness and Collective Guilt Assignment to Historical Perpetrator Groups Depend on Level of Social Category Inclusiveness. *Journal of Personality and Social Psychology*, 88 (2), 288–303. https://psycnet.apa.org/doi/10.1037/0022-3514.88.2.288

22 Favard, Anne-Laure (2010). Enacting language games: The development of a sense of ›we-ness‹ in online forums, Information Systems Journals 20(4): 383–416, July 2010. https://www.researchgate.net/publication/220356658_Enacting_language_games_The_development_of_a_sense_of_%27we-ness%27_in_online_forums

23 Boghossian, Peter, Lindsay, James (2020). Die Kunst, schwierige Gespräche zu meistern, München, riva, S. 206

24 *Markus Lanz* (2020), ZDF, 8.7.2020

25 Krawczyk, Karina (2020). Warum man nach ›Markus Lanz‹ zum Vegetarier werden könnte, *Berliner Morgenpost*, 9.7.2020. https://www.morgenpost.de/kultur/tv/article229478474/Warum-man-nach-Markus-Lanz-zum-Vegetarier-werden-koennte.html

26 Puk, Stefanie (2020). Bei Lanz: Journalistin schildert drastisch, was Fleischesser nicht wahrhaben wollen, *Express*, 10.7.2020. https://www.express.de/promi-und-show/markus-lanz-gestern-drastischer-fleisch-talk-nur-schwer-zu-ertragen-48879?cb=1676833511271
27 Festinger, Leon (2012).Theorie der Kognitiven Dissonanz. Huber Verlag Bern, unveränderter Nachdruck der Ausgabe von 1978
28 Mnookin, Robert (2010). Bargaining with the devil. When to Negotiate, When to Fight. New York, Simon & Schuster
29 Greenaway, Katharine u.a. (2014). »Shared Identity Is Key to Effective Communication«, Personality & social psychology bulletin. 41 (2) und: Neville, Fergus G. u.a. (2020). »Shared social identity transforms social relations in imaginary crowds«, Group Processes & Intergroup Relations, Band 25, No. 1. https://journals.sagepub.com/doi/fl/10.1177/1368430220936759
30 Maoz, Ifat u.a. (2002). »Reactive Devaluation of an ›Israeli‹ vs. ›Palestinian‹ Peace Proposal«, *Journal of Conflict Resolution, 46*(4), 515–546. https://journals.sagepub.com/doi/10.1177/0022002702046004003
31 Sebenius, James K. (2001). »Six Habits of Merely Effective Negotiators«, Harvard Business Review, Vol. 79, No. 4, April 2001
32 Neville, F. G., Novelli, D., Drury, J., Reicher, S. D. (2022). »Shared social identity transforms social relations in imaginary crowds«, Group Processes & Intergroup Relations, 25(1), 158–173. https://journals.sagepub.com/doi/full/10.1177/1368430220936759
33 Cialdini, Robert, Wengenroth, Matthias (Übersetzer) (2013). Die Psychologie des Überzeugens: Wie Sie sich selbst und Ihren Mitmenschen auf die Schliche kommen Huber, München
34 Kubin, E. et al. (2021). Personal experiences bridge Moral and political devides better than facts, Vol. 118 (6). https://www.pnas.org/doi/10.1073/pnas.2008389118; R Yeomans, Michael u.a. (2020). »Conversational receptiveness: Improving engagement with opposing views«, Organizational Behavior and Human Decision Processes, Volume 160, S. 131–148. https://www.sciencedirect.com/science/article/abs/pii/S0749597819303425
35 Eckert, Hartwig, Kambach, Andreas (2014). Dynamisch verhandeln. Entscheiden, was andere entscheiden. Reinhardt, München
36 Angelehnt an Hartwig Eckert, Kambach, Andreas (2014). Dynamisch verhandeln. Entscheiden, was andere entscheiden. Reinhardt, München
37 Eckert, Hartwig, Kambach, Andreas (2014). Dynamisch verhandeln. Entscheiden, was andere entscheiden. Reinhardt, München, S. 54
38 Nasher, Jack (2013). Deal! Du gibst mir, was ich will. Frankfurt am Main, Campus
39 Weinstein, Eugene A., Deutschberger, Paul (1963). Some dimensions of altercasting. Sociometry 26 (4), 454–466. https://www.jstor.org/stable/2786148?origin=crossref undScott, John; Marshall, Gordon (2009). A Dictionary of Sociology. Oxford, Oxford University Press

40 Cialdini, Robert, Wengenroth, Matthias (Übersetzer) (2013). Die Psychologie des Überzeugens: Wie Sie sich selbst und Ihren Mitmenschen auf die Schliche kommen«, Huber, München
41 Channel 4 News (2018). Jordan Peterson debate on the gender pay gap, campus protests and postmodernism. https://www.youtube.com/watch?v=aMcjxSThD54&t=1s
42 Quora. https://www.quora.com/Whats-going-to-happen-to-Cathy-Newmans-career-after-her-epic-failure-interview-with-Jordan-Peterson-Can-anyone-take-her-or-her-views-on-feminism-seriously-after-this; Murray, Douglas (2018). Cathy Newman's catastrophic interview with Jordan Peterson. The Spectator, 31.12.2018. https://www.spectator.co.uk/article/cathy-newman-s-catastrophic-interview-with-jordan-peterson
43 Raab, G., Unger, A., Unger, F. (2010). Die Theorie kognitiver Dissonanz. In: Marktpsychologie. Gabler. https://doi.org/10.1007/978-3-8349-6314-7_4
44 Abeywickrama et al. (2020). »Why Moral Advocacy Leads to Polarization and Proselytization: The Role of Self-Persuasion.« Journal of Social and Political Psychology, Vol. 8 (2): 473–503
45 Van Bavel, Pereira (2018). »The Partisan Brain: An Identity-Based Model of Political Belief.« Trends in Cognitive Sciences
46 Boghossian, Peter, Lindsay, James (2020). Die Kunst, schwierige Gespräche zu meistern. München, riva, S. 192
47 Boghossian, Peter, Lindsay, James (2020). Die Kunst, schwierige Gespräche zu meistern. München, riva, S. 193
48 Schulz von Thun (2014). Miteinander reden 2: Stile, Werte und Persönlichkeitsentwicklung, Differentielle Psychologie der Kommunikation. 34. Auflage. S. 52.
49 Cohn, Ruth C., Farau, Alfred (2008). Gelebte Geschichte der Psychotherapie. Zwei Perspektiven. Klett-Cotta, Stuttgart, S. 280
50 Pörksen, Bernhard, Schulz von Thun, Friedemann (2021). Die Kunst des Miteinander-Redens, Über den Dialog in Gesellschaft und Politik. Carl Hanser Verlag GmbH & Co. KG, München
51 Oberhofer, Elke (2021). Wer herzhaft flucht, kann Schmerzen wahrscheinlich besser wegstecken. Schmerzmed. 37, 22–24 (2021). https://doi.org/10.1007/s00940-021-3245-8
52 Frank, Robert H. (2018). Ohne Glück kein Erfolg, Der Zufall und der Mythos der Leistungsgesellschaft. dtv, München
53 Unger, Sonja (2022): Depressionen überwinden mit dem Konzept der inneren WG: Wie Sie Meckertante, Schweinehund und Ihr inneres Kind ins Gleichgewicht bringen. Trias, Stuttgart
54 Heckhausen, Heinz (1980). Motivation und Handeln. Lehrbuch der Motivationspsychologie. Springer, Berlin. Rosenthal, Robert & Jacobson, Leonore (1966). Teachers' Expectancies: Determinants Of Pupils' IQ Gains. Psychological Reports, 19, 115–118 (Stangl, 2023)

55 Zoller, Karen (2016). Schwierige Mitmenschen: So gehen Sie souverän mit ihnen um. Rowohlt, Hamburg, S. 254

56 Schulz von Thun, Friedemann (2010). Miteinander reden 2: Stile, Werte und Persönlichkeitsentwicklung, Differentielle Psychologie der Kommunikation, Seite 176.

57 Mit Hypersensibilität ist nicht die psychologische Hochsensibilität gemeint. Wer hochsensibel ist, nimmt äußere Reize stärker wahr als andere. Geräusche sind lauter, Gerüche (un-)angenehmer oder Gefühle intensiver. Das bringt Menschen mit einer Hochsensibilität an Belastungsgrenzen, wenn sie sich nicht vor Reizüberflutung schützen. Gleichzeitig haben sie dadurch viele Fähigkeiten wie ein hohes Einfühlungsvermögen. Das ist eine spezielle Form der Wahrnehmung und stellt keinen Wert dar. Denn ein Wert beinhaltet immer ein bestimmtes Verhalten. Eine hochsensible Wahrnehmung führt nicht automatisch zu dem hier beschriebenen hypersensiblen Verhalten.

58 Angelehnt an das Werte- und Entwicklungsquadrat von Friedemann Schulz von Thun in: Pörksen, Bernhard, Schulz von Thun (2021). Die Kunst des Miteinander-Redens: Über den Dialog in Gesellschaft und Politik. Hanser, München

59 Vince Ebert auf der Veranstaltung »Tag der Klarheit« in Nürnberg 2017.

60 Popper, Karl (2013). The Open Society and Its Enemies. Routledge, London 1945. Deutsche Übersetzung: Die offene Gesellschaft und ihre Feinde, Band 1. Francke, Bern 1957; 8., bearb. Auflage, Mohr Siebeck, Tübingen 2003

61 Pörksen, Bernhard, Schulz von Thun (2021). Die Kunst des Miteinander-Redens: Über den Dialog in Gesellschaft und Politik

62 Bellet, Benjamin, Jones, Payton, McNally, Richard (2018). »Trigger warning: Empirical evidence ahead«, Journal of Behavior Therapy and Experimental Psychiatry, 61. https://www.researchgate.net/publication/326661272_Trigger_warning_Empirical_evidence_ahead

63 Pörksen, Bernhard, Schulz von Thun. Die Kunst des Miteinanderredens, Über den Dialog in Gesellschaft und Politik

64 Kumbier, Dagmar (2010): »Ich hoffe, ich habe dicht nicht …« Zu Risiken und Nebenwirkungen von Metakommunikation. In: Schulz von Thun, Friedemann; Kumbier, Dagmar (2010). Impulse für Kommunikation im Alltag. Kommunikationspsychologische Miniaturen 3. 3. Auflage 2018. Rororo. Leipzig

65 Prüfer, Tillmann (2020). »Paul Smith: Seit 50 Jahren bunt«, Zeit Magazin, 11.3.2020. https://www.zeit.de/zeit-magazin/2020/12/paul-smith-designer-stil

66 RTL+ »Bushido & Anna-Maria – Alles auf Familie«, Folge 3, 4:20 min

67 Kerr, Michael (2015) »The Power Of Humor to Drive Sales: He Who Laughs Last … Buys More?«. https://mikekerr.com/free-articles/humour-in-the-workplace-articles/the-power-of-humor-to-drive-sales-he-who-laughs-last-buys-more/

68 Tagesspiegel vom 30.8.2020

69 Beispiel zitiert von Synagoge Hechingen (2012). https://synagogehechingen.jimdofree.com/p%C3%A4dagogische-tipps/j%C3%BCdischer-humor/

70 Thibodeau, Paul H., Boroditsky, Lera (2011): »Metaphors We Think With: The Role of Metaphor in Reasoning«. PLoS ONE 6(2): e16782. https://doi.org/10.1371/journal.pone.0016782

71 Wehling, Elisabeth (2016). Politisches Framing. Wie eine Nation sich ihr Denken einredet – und daraus Politik macht, Halem, Köln, und
Lakoff, George, Wehling, Elisabeth (2016). Auf leisen Sohlen ins Gehirn: Politische Sprache und ihre heimliche Macht, Carl-Auer, Roßdorf

72 Sinaceur, M., Heath, C., & Cole, S. (2005). Emotional and Deliberative Reactions to a Public Crisis: Mad Cow Disease in France. Psychological Science, 16(3), 247–254. https://doi.org/10.1111/j.0956-7976.2005.00811.x

73 Aarts, H., & Dijksterhuis, A. (2002). Category activation effects in judgment and behaviour: The moderating role of perceived comparability. *British Journal of Social Psychology, 41*(1), 123–138. https://doi.org/10.1348/014466602165090

74 Wehling, Elisabeth (2016). Politisches Framing. Wie eine Nation sich ihr Denken einredet – und daraus Politik macht. Halem, Köln

75 Scheufele, Bertram. Engelmann, Ines (2018). »Mediale Value-Frames – Theoretisches Konzept und methodische Herausforderungen«. In: Frames interdisziplinär: Modelle, Anwendungsfelder, Methoden, Hg. Alexander Ziem, Lars Inderelst and Detmer Wulf, Berlin, Boston: düsseldorf university press, 2018, S. 123–154

76 Boghossian, Peter, Lindsay, James (2020). Die Kunst, schwierige Gespräche zu meistern, München, riva

77 Feinberg, Matthew; Willer, Rob (2015). From Gulf to Bridge: When Do Mooral Arguments Facilitate Political influence?, *Personality & social psychology bulletin*, 41(12), 1665–81. https://journals.sagepub.com/doi/full/10.1177/0146167215607842

78 Feinberg, M., & Willer, R. (2015). From Gulf to Bridge: When Do Moral Arguments Facilitate Political Influence? Personality and Social Psychology Bulletin, 41(12), 1665–1681. https://doi.org/10.1177/0146167215607842

79 Herrmann, Sebastian (2013). Starrköpfe überzeugen: Psychotricks für den Umgang mit Verschwörungstheoretikern, Fundamentalisten, Partnern und Ihrem Chef, Rowohlt, Reinbek bei Hamburg, S. 120

80 Langer, E. J., Blank, A., & Chanowitz, B. (1978). The mindlessness of ostensibly thoughtful action: The role of »placebic« information in interpersonal interaction. *Journal of Personality and Social Psychology, 36*(6), 635–642. https://doi.org/10.1037/0022-3514.36.6.635

81 Riemann, Fritz (2022). Grundformen der Angst. Eine tiefenpsychologische Studie, 47. Auflage, Ernst Reinhardt Verlag, München, Basel (Erstausgabe 1961) und Thomann, Christoph (2004). Klärungshilfe 2: Konflikte im Beruf: Methoden und Modelle klärender Gespräche, 9. Auflage, Rowohlt Taschenbuch Verlag, Reinbek bei Hamburg

82 Thomann, Christoph (2004). Klärungshilfe 2: Konflikte im Beruf: Methoden und Modelle klärender Gespräche, 9. Auflage, Rowohlt, Reinbek bei Hamburg
83 Werner, Marcus (2021). Die ICE-Methode: Überzeugen Sie dank Perspektivwechsel. In: Wirtschaftswoche
84 Tannenbaum, M. B., Hepler, J., Zimmerman, R. S., Saul, L., Jacobs, S., Wilson, K., Albarracín, D. Appealing to fear: A meta-analysis of fear appeal effectiveness and theories. Psychol Bull. 2015 Nov; 141(6):1178–204. doi: 10.1037/a0039729. PMID: 26501228; PMCID: PMC5789790
85 Cialdini, Robert, Wengenroth, Matthias (Übersetzer) (2013) Die Psychologie des Überzeugens: Wie Sie sich selbst und Ihren Mitmenschen auf die Schliche kommen. Huber, München
86 Herrmann, Sebastian (2013). Starrköpfe überzeugen. Psychotricks für den Umgang mit Verschwörungstheoretikern, Fundamentalisten, Partnern und Ihrem Chef. Rororo, Hamburg, S. 56
87 Edwards, K., & Smith, E. E. (1996). A disconfirmation bias in the evaluation of arguments. Journal of Personality and Social Psychology, *71*(1), 5–24. https://doi.org/10.1037/0022-3514.71.1.5
88 Carlson, Kurt, Shu, Suzanne (2013). When Three Charms But Four Alarms: Identifying the Optimal Number of Claims in Persuasion Settings. SSRN, June 10, 2013. https://ssrn.com/abstract=2277117
89 Herrmann, Sebastian. Starrköpfe überzeugen. Rowohlt, Reinbek bei Hamburg, S. 201–203
90 Wranke, Christina (2009). Der Einfluss von Emotionen auf das logische Denken. Justus-Liebig-Universität Gießen
91 Stephan Lewandowsky, John Cook, Ullrich Ecker, Dolores Albarracin, Michelle Amazeen, P. Kendou, D. Lombardi, E. Newman, G. Pennycook, E. Porter, D. Rand, D. Rapp, J. Reifler, J. Roozenbeek, P. Schmid, C. Seifert, G. Sinatra, B. Swire-Thompson, S. van der Linden, E. Vraga, T. Wood, M. Zaragoza. The Debunking Handbook 2020
92 Borbonus, René (2006). Unwiderstehlich überzeugend! Die Kunst der freien, überzeugenden Rede Wortaktiv Verlag, Eckental Kapitel 6
93 Hasher, L., Goldstein, D. & Toppino, T. (1977). Frequency and the Conference of Referential Validity, Journal of Verbal Learning and Verbal Behavior, 16(1), 107–112
94 Arkes, H. R., Boehm, L. & Xu, G. (1991). Determinants of Judged Validity. *Journal of Experimental Social Psychology*, 27(6), 576–605
Schwartz, M. (1982). Repetition and Rated Truth Value of Statements. American Journal of Psychology, 95(3), 393–407
95 BBC Radio 4, »More or less«, 14.8.2009, ab Minute 23:10. http://www.bbc.co.uk/programmes/b00lyvz9
96 McGuiness, Meagan (2016). »Donald Trump on rooting for housing crisis: ›That's called business‹«, Boston.com, 26.9.2016. https://www.boston.com/

news/politics/2016/09/26/donald-trump-on-rooting-for-housing-crisis-thats-called-business/

97 Kool Savas Official I Essah TV (2009). Das Urteil. https://www.youtube.com/watch?v=2NdoI5rOROA, 2:49 min

98 Robot Hugs (2015). No, we won't ›calm down‹. Everyday Feminism, 7.12.2015. https://everydayfeminism.com/2015/12/tone-policing-and-privilege/

99 Albert, Hans (1994). Die Idee der kritischen Vernunft. In: Aufklärung und Kritik, S. 16 ff. und Popper, Karl R. (1973). Objektive Erkenntnis. Ein evolutionärer Entwurf. Hamburg, S. 43

100 Online-Lexikon für Psychologie & Pädagogik (o.D.). »Emotionale Erpressung«. https://lexikon.stangl.eu/31212/emotionale-erpressung

101 Geht auf George Edward Moore zurück: Stanford Encyclopedia of Philosophy (2004). George Edward Moore. https://plato.stanford.edu/entries/moore/

102 Kennedy, James ; free download full poster: https://jameskennedymonash.files.wordpress.com/2014/01/ingredients-of-a-banana-poster.pdf

103 Mitchell, Terence R. u. a. (1997). Temporal Adjustments in the Evaluation of Events: The ›Rosy View‹, Journal of Experimental Social Psychology, Band 33, No. 4, S. 421–448. https://www.sciencedirect.com/science/article/abs/pii/S0022103197913330

104 Kolmer, Lothar, Rob-Santer, Carmen (2008). Studienbuch Rhetorik. Brill, Leiden (NL)/Boston, Schöning, Lübeck

105 Hirschi, Andreas (2011). Laufbahntheorien: Oft führt der Zufall zum Erfolg. Panorama 3, 20–21. https://static1.squarespace.com/static/559a865ae4b00d130d5f6e4f/t/55b7c239e4b05ba33317bb6e/1438106169261/Hirschi_2011_Oft+f%C3%BChrt+der+Zufall+zum+Erfolg.pdf

106 Sternberg, Robert J., Leighton, Jacqueline P. (2004). The Nature of Reasoning. Cambridge University Press. p. 300. ISBN 978-0-521-00928-7. Retrieved 3 September 2013.

107 Friebe, Janosch A., Instagram »Dr. Jap«

108 ebd.

109 Richardson, Jesse, Smith, Andy, Meaden, Som and Flip Creative. The School of Thought. https://yourlogicalfallacyis.com/de/scheinkausalitaet

Teil 2: Die überzeugende Persönlichkeit

1 Leonhardt, Walter (2020). Doctor Fox Effect: Trust me, I'm a doctor, bleib im.haus. https://www.academia.edu/29131455/Doctor_Fox_Effect_Trust_me_Im_a_doctor_EN_and_DE_Leonhardt_2020_

2 Übung nach Thorsten Havener

3 Elkjær, E., Mikkelsen, M. B., Michalak, J., Mennin, D. S. & O'Toole, M.S. (2020). Expansive and contractive postures and movement: A systematic review and meta-analysis of the effect of motor displays on affective and behavioral responses. Perspectives on Psychological Science. doi: 10.1177/ 1745691620919358

4 Naftulin, D. H., Ware, J. E. & Donnelly, F. A. (1973). The Doctor Fox Lecture: A Paradigm of Educational Seduction. Journal of Medical Education, 48, 630–635.

5 Mehrabian, A. (1972). Nonverbal Communication. Aldine-Atherton, Chicago.

6 Murphy, N.; Hall, J.; Colvin R. (2003): Accurate intelligence assessments in social interactions. Mediators and gender effects. In: Journal of Personality 71, 3, S. 465–93

7 Mehrabian, A. (1972). Nonverbal Communication. Aldine-Atherton, Chicago.

8 Rogers, Carl R. (1985). Die nicht-direktive Beratung, Fischer, Frankfurt am Main

9 Kacewicz, Ewa, Pennebaker, James W., Davis, Matthew, Jeon, Moongee, Graesser, Arthur C. (2014). Pronoun Use Reflects Standings in Social Hierarchies. Journal of Language and Social Psychology, 33(2), 125–143. https://journals.sagepub.com/doi/abs/10.1177/0261927X13502654

10 Obertreis, Sarah (2023). Wie man Einfluss gewinnt. Interview mit Zoe Chance, *FAZ*, 16.1.2023. https://www.faz.net/aktuell/karriere-hochschule/karriere-kurs-fragen-sie-oefter-und-bitten-sie-um-mehr-18269646.html

11 Angelehnt an: Schulz von Thun, Friedemann (2014). Miteinander reden 2: Stile, Werte und Persönlichkeitsentwicklung, Differentielle Psychologie der Kommunikation. Rowohlt, Reinbek bei Hamburg. S. 134.

12 Schulz von Thun, Friedemann, Kumbier, Dagmar (Hg.) (2010). Impulse für Kommunikation im Alltag, Kommunikationspsychologische Miniaturen 3, Rowohlt, Reinbek bei Hamburg, S. 238

13 Keith G. Allred, John S. Mallozzi, Fusako Matsui, Christopher P. Raia (1997). The Influence of Anger and Compassion on Negotiation Performance, Organizational Behavior and Human Decision Processes, Volume 70, Issue 3, S. 175–187, https://doi.org/10.1006/obhd.1997.2705

14 Campagna, Rachel L., Mislin, Alexandra A., Bottom William P. (2019), »Motivated by guilt and low felt trust: The impact of negotiators' anger expressions on the implementation of negotiated agreements«, Journal of Behavioral Decision Making, 32: 450–470. https://doi.org/10.1002/bdm.2119

15 Harinck, Fiecke, van Kleef, Gerben A. (2012). Be hard on the interests and soft on the values: Conflict issue moderates the interpersonal effects of anger in negotiations. British Journal of Social Psychology, 51, 741–752. https://doi.org/10.1111/j.2044-8309.2011.02089.x

16 Brooks, Alison Wood (2020). Verhandeln mit Gefühl, in: Harvard Business Manager, 28.6.2020. https://www.manager-magazin.de/harvard/stra

tegie/psychologie-welche-rolle-emotionen-in-verhandlungen-spielen-a-00000000-0002-0001-0000-000154550881
17 Hahlweg, Kurt; Richter, Diana (2010): Prevention of marital instability and distress. Results of an 11-year longitudinal follow-up study, https://doi.org/10.1016/j.brat.2009.12.010
18 Boghossian, Peter, Lindsay, James (2020). Die Kunst, schwierige Gespräche zu meistern, riva, München, S. 192
19 Goleman, Daniel (1997). EQ. Emotionale Intelligenz. dtv, München
20 Frankl, Viktor E. (1998). Trotzdem Ja zum Leben sagen: Ein Psychologe erlebt das Konzentrationslager. dtv, München
21 Covey, Stephen R. (2007). Der Weg zum Wesentlichen: Der Klassiker des Zeitmanagements, Campus, Frankfurt am Main/New York
22 Thomann, Christoph (2004). Klärungshilfe 2, Konflikte im Beruf: Methoden und Modelle klärender Gespräche, Rowohlt, Reinbek bei Hamburg
23 Torre, Jared B., Lieberman, Matthew D. (2018). Putting Feelings Into Words: Affect Labeling as Implicit Emotion Regulation, Emotional Review, March 20, 2018, Band 10, No. 2, S. 116–124. https://journals.sagepub.com/doi/full/10.1177/1754073917742706
24 Feldman Barret, Lisa (2018). How emotions are made, the secret life of the brain. Pan MacMillan, New York City
25 Zelano, Christina u. a. (2016). Nasal Respiration Entrains Human Limbic Oscillations and Modulates Cognitive Function. Journal of Neuroscience, Journal of Neuroscience, 7 December 2016, 36 (49) 12448-12467. https://www.jneurosci.org/content/36/49/12448
26 E. Aronson, T. D. Wilson, R. M. Akert (2008). Sozialpsychologie. Pearson Studium. 6. Auflage
27 Wirtz (Hrg.), Lexikon der Psychologie, Dehumanisierung
28 Fisher, Roger, Ury, William, Patton, Bruce M. (1984). Das Harvard-Konzept. Der Klassiker der Verhandlungstechnik. Campus, Frankfurt am Main/New York
29 Bierhoff, Hans-Werner, Ozimek, Phillip (2020). Schubladendenken überwinden: Stereotype – Funktion, Wirkung, Reduktion. Ruhr-Universität Bochum. https://www.researchgate.net/publication/339076734_Schubladen denken_uberwinden_Stereotype_-_Funktion_Wirkung_Reduktion
30 Mnookin, Robert (2010). Bargaining with the devil. When to Negotiate, When to Fight. Simon & Schuster, New York
31 Ekman, Paul (2010). Gefühle lesen: Wie Sie Emotionen erkennen und richtig interpretieren. 2. Auflage, Springer, Berlin, 2003, S. 56–59

Teil 3: Online-Kommunikation und ihre besonderen Herausforderungen

1 Hill, Sharon N.; Bartol Kathryn M. (2018). Five Ways to Improve Communication in Virtual Teams. New research reveals simple strategies that boost performance. In: MIT Sloan Management Review, 60(1)
Thompson, Leigh & Nadler, Janice (2002): Negotiating via Information Technology: Theory and Application. In: *Journal of Social Issues*, 58(1), S. 109–124

2 Instagram, BILD, Post vom 17.3.20233

3 Allport, Gordon W. (2023). Nature of Prejudice. Addison-Wesley Pub., Boston

4 Infratest dimap (2022). Gutes Miteinander im Kleinen, jedoch nicht im Großen, 7.1.2022. https://www.infratest-dimap.de/umfragen-analysen/bundesweit/umfragen/ard-themenwoche-wir-gesucht/

5 Bail, Chris (2021). Breaking the Social Media Prism. How to Make Our Platforms Less Polarizing, Princeton, Princeton University Press

6 Allner, Christian (2017). Vorsicht viral! Emotionen und emotionale Ansteckung im Internet, Social Media Magazin. https://www.researchgate.net/publication/323535767_Vorsicht_viral_Emotionen_und_emotionale_Ansteckung_im_Internet/link/5a9a8c1eaca2721e3f2e8ad8/download

7 Allner (2017), S. 6

8 Businesspunk Redaktion (2022). 10 Sätze, die zeigen: Der Zwinker-Smiley ist der Soziopath unter den Emojis, Business Punk, 13.10.2022. https://www.business-punk.com/2022/10/zehn-saetze-die-zeigen-der-zwinker-smiley-ist-der-soziopath-unter-den-emojis/

9 Kozyreva, Anastasia, Wineburg, Sam, Lewandowsky, Stephan, Hertwig, Ralph (2022). Critical Ignoring as a Core Competence for Digital Citizens, Current Directions in Psychological Science 2022 32:1, 81–88. https://journals.sagepub.com/doi/full/10.1177/09637214221121570

10 Tocqueville, Alexis de (1956). Über die Demokratie in Amerika. S. Fischer, Frankfurt am Main

11 Folgende Quellen sind die Basis für die Geschichte von Daryl Davis:
Ornstein, Matt (2016) [DVD]. Accidental Courtesy, Daryl Davis, Race & America. USA, North Central Regional Library
Duwe, Morena (2020). Daryl Davis: the black musician who converts Ku Klux Klan members, The Guardian, 18.3.2020. https://www.theguardian.com/music/2020/mar/18/daryl-davis-black-musician-who-converts-ku-klux-klan-members
Haas, Michaela (2016). »Ein schwarzer Pianist entmachtet den Ku-Klux-Klan«, *Süddeutsche Zeitung Magazin*, 16.12.2016, https://sz-magazin.sueddeutsche.de/wild-wild-west-amerikakolumne/ein-schwarzer-pianist-entmachtet-den-ku-klux-klan-83122

Leverage (2020). Accidental Courtesy with Daryl Davis, 12.11.2020. https://optimizeautomateoutsource.libsyn.com/accidental-courtesy-with-daryl-davis
Love and Radio (2014). »The Silver Dollar«, 27.2.2014. https://loveandradio.org/2014/02/the-silver-dollar/

12 Boghossian, Peter; Lindsay, James (2020). Die Kunst, schwierige Gespräche zu meistern. riva, München

LITERATUR

Bregmann, Rutger (2020): *Im Grunde gut: Eine neue Geschichte der Menschheit.* Rowohlt Taschenbuch Verlag, Reinbek bei Hamburg

Cialdini, Robert (2007). *Influence: The Psychology of Persuasion.* Collins Business, New York

Dobelli, Rolf (2021). *Die Kunst des klaren Denkens: 52 Denkfehler, die Sie besser anderen überlassen.* Neuausgabe, Piper, München

Eckert, Hartwig; Kambach, Andreas (2014). *Dynamisch verhandeln. Entscheiden, was andere entscheiden.* Reinhardt, München

Feldman Barret, Lisa (2018). *How emotions are made, the secret life of the brain.* Pan MacMillan, New York City

Fisher, Roger; Ury, William; Patton, Bruce M. (2018). *Das Harvard-Konzept. Die unschlagbare Methode für beste Verhandlungsergebnisse.* DVA, München

Frank, Robert H. (2018). *Ohne Glück kein Erfolg, Der Zufall und der Mythos der Leistungsgesellschaft.* dtv, München

Glasl, Friedrich (2020). *Konfliktmanagement: Ein Handbuch für Führung, Beratung und Mediation.* Haupt Verlag, Bern

Herrmann, Sebastian (2013). *Starrköpfe überzeugen: Psychotricks für den Umgang mit Verschwörungstheoretikern, Fundamentalisten, Partnern und Ihrem Chef.* Rowohlt, Reinbek bei Hamburg

Kahnemann, Daniel (2012). *Thinking, Fast and Slow.* Penguin Books Ltd., London

Lakoff, George, Wehling, Elisabeth (2016). *Auf leisen Sohlen ins Gehirn: Politische Sprache und ihre heimliche Macht.* Carl-Auer, Rosdorf

Lilley, Roy (2016). *Dealing with difficult people.* Kogan Page, London

Pinker, Steven (2021). *Mehr Rationalität. Eine Anleitung zum besseren Gebrauch des Verstandes.* S. Fischer, Frankfurt a. Main

Pörksen, Bernhard; Schulz von Thun, Friedemann (2021). *Die Kunst des Miteinander-Redens, Über den Dialog in Gesellschaft und Politik.* München, Hanser

Schranner, Matthias (2001). *Verhandeln im Grenzbereich: Strategien und Taktiken für schwierige Fälle.* Econ, Berlin

Schulz von Thun, Friedemann (2010). *Miteinander reden 1: Störungen und Klärungen: Allgemeine Psychologie der Kommunikation.* Rororo, Leipzig

Schulz von Thun, Friedemann; Barghaan, Dina (2007). *Miteinander reden: Fragen und Antworten.* Rororo, Leipzig

Thomann, Christoph (2004). *Klärungshilfe 2: Konflikte im Beruf: Methoden und Modelle klärender Gespräche, 9. Auflage*, Rowohlt Taschenbuch Verlag, Reinbek bei Hamburg

Zoller, Karen (2016). *Schwierige Mitmenschen: So gehen Sie souverän mit ihnen um.* Rowohlt, Hamburg